现代酒店经营与管理

高级酒店服务与管理专业主干课系列教材

主　编：谢亚峰
副主编：肖莲珍
　　　　黄传禧
　　　　赵新民
　　　　张　倩

中国商业出版社

图书在版编目(CIP)数据

现代酒店经营与管理(修订)/谢亚峰主编.—北京:中国商业出版社,2004.9(2023.4重印)

ISBN 978-7-5044-5149-1

Ⅰ.现… Ⅱ.谢… Ⅲ.饭店—商业管理 Ⅳ.F719.2

中国版本图书馆 CIP 数据核字(2004)第 089714 号

责任编辑:张超美

中国商业出版社出版发行
(北京广安门内报国寺1号 邮编:100053)
新华书店经销
北京军迪印刷有限责任公司印刷

787 毫米×1092 毫米 16 开 14.75 印张 290 千字
2004 年 9 月第 1 版 2023 年 4 月第 3 次印刷
定价:46.00 元
* *
(如有质量问题,本社负责调换)

编 写 说 明

科学化是 21 世纪高级酒店服务与管理的主流,要求各类酒店拥有一批掌握高新技术和具备高级管理能力的酒店类专业人才。为促进和推动酒店业服务与管理水平,适应酒店专业教学发展需要,我们受全国职业培训教学工作指导委员会商贸专业委员会的委托,组织编写了这套高级酒店服务与管理专业系列教材,共计 11 本,分别由中国商业出版社和中国物资出版社出版。

本系列教材根据部颁教学计划的要求,将重点放在学科体系、内容体系、结构体系创新上,既有简明易懂的理论知识,又侧重强化知识的应用和可操作性,具有一定的科学性、新颖性、实用性和示范性。

本书作为高级酒店服务与管理专业的系列教材,对中外酒店的发展现状、经营管理观念和方法、饭店的产品战略、竞争战略、营销观念、现代酒店的人力资源的开发与管理、现代酒店的全面质量管理及酒店的信息流通、办公自动化的管理,进行了全面的论述。既有理论,又有案例及评析,是培养酒店服务与管理专业复合性、实用性人才的必修基础课程。本书可作为中、高职院校师生教学教材,也可供酒店员工职业培训学习选用。

本书由西安商贸旅游学院谢亚峰老师主编,西安商贸旅游学院赵新民老师、广西(桂林)商业技师学院黄传禧老师、聊城市商业技工学校肖莲珍老师任副主编。参加编写的人员有:西安商贸旅游学院谢亚峰(第一章、第六章),赵新民(第五章、第七章)、赵景(第八章),广西(桂林)商业技师学院黄传禧(第二章),山东省城市服务技术学院邢晓宇(第三章),西安工程技术学院张倩(第四章、第九章),聊城市商业技工学校肖莲珍(第十章),全书由谢亚峰总纂。

本书在编写过程中,参阅大量的专著和书籍,在此对参考和借鉴的书刊、资料的作者深表谢意。同时本书在编写过程中得到全国商业职业教育教学指导委员会副主任康书民、广西(桂林)商业技师学院、山东省城市服务技术学院等院校领导及同事的热情帮助和大力支持,以及北京科丰华文化发展有限公司的通力协作,在此一并致谢。

由于编写时间仓促,本书疏漏之处在所难免,我们企盼在今后的教学实践中,能有所改进和提高,恳请读者不吝赐教,以便进一步修订,使之日臻完善。

高级酒店服务与管理专业教材编委会
2023 年 2 月

目 录

第一章　现代酒店概述 …………………………………………………… (1)
第一节　现代酒店的含义和特点 ……………………………………… (1)
第二节　现代酒店的类型与等级 ……………………………………… (4)
第三节　酒店业发展历史 ……………………………………………… (7)
第四节　中国酒店业现状与未来发展趋势 …………………………… (11)

第二章　现代酒店管理基础理论 ………………………………………… (19)
第一节　酒店管理的理论基础 ………………………………………… (19)
第二节　酒店管理的基本职能和方法 ………………………………… (24)
第三节　酒店经营管理的理念 ………………………………………… (32)

第三章　现代酒店组织管理与规章制度 ………………………………… (37)
第一节　现代酒店组织机构设置的基本原则 ………………………… (37)
第二节　酒店组织形式和组织结构 …………………………………… (42)
第三节　酒店的管理体制和规章制度 ………………………………… (47)

第四章　现代酒店战略管理 ……………………………………………… (56)
第一节　酒店战略管理概述 …………………………………………… (56)
第二节　酒店产品战略 ………………………………………………… (59)
第三节　酒店竞争战略 ………………………………………………… (63)

第五章　现代酒店营销管理 ……………………………………………… (74)
第一节　现代酒店营销概述 …………………………………………… (74)
第二节　现代酒店营销基本任务 ……………………………………… (79)
第三节　"4P'S"市场营销和"4C'S"市场营销 …………………… (86)
第四节　现代酒店营销新理念 ………………………………………… (98)

第六章　现代酒店人力资源开发与管理 ………………………………… (110)
第一节　现代酒店人力资源开发与管理概述 ………………………… (110)
第二节　酒店员工的招聘与录用 ……………………………………… (115)
第三节　酒店员工的培训 ……………………………………………… (119)
第四节　酒店员工的激励 ……………………………………………… (123)

第七章　现代酒店财务管理 …………………………………（130）
  第一节　现代酒店财务管理概述 ………………………（130）
  第二节　现代酒店资金成本费用管理 …………………（131）
  第三节　现代酒店经营成果与财务分析指标 …………（142）

第八章　现代酒店主要接待部门管理概要 ………………（147）
  第一节　前厅部管理 ……………………………………（147）
  第二节　客房部管理 ……………………………………（155）
  第三节　餐饮部管理 ……………………………………（163）

第九章　现代酒店质量管理 ………………………………（173）
  第一节　酒店质量管理概述 ……………………………（173）
  第二节　酒店质量体系 …………………………………（184）
  第三节　酒店服务质量控制 ……………………………（188）
  第四节　现代酒店全面质量管理 ………………………（193）
  第五节　酒店 ISO 贯标管理和绿色管理 ………………（198）

第十章　现代酒店信息管理 ………………………………（206）
  第一节　酒店信息系统 …………………………………（206）
  第二节　现代酒店办公自动化 …………………………（212）
  第三节　酒店决策支持系统 ……………………………（215）

附录一 ………………………………………………………（223）

附录二 ………………………………………………………（224）

附录三 ………………………………………………………（226）

参考文献 ……………………………………………………（228）

第一章　现代酒店概述

● **学习提要**

　　酒店业与旅行社、旅游交通一起被称为旅游业的三大支柱，是旅游业的重要组成部分，是旅游业经营活动必不可少的物质条件，是创造旅游收入，尤其是外汇收入的重要部门。酒店是旅游者在旅游目的地一切活动的基地，是旅游者的"家外之家"。现代酒店的功能已由最初为旅游者提供单一的住宿服务转变为向客人提供住宿、餐饮、购物、娱乐、健身、商务等综合性服务，并形成拥有各种不同等级、类型规模、经营方式的众多酒店组成的规模巨大的产业。

　　酒店业的发展会刺激和促进国民经济其他部门的发展，可以为社会创造更多的就业机会。酒店业的发展水平，标志着一个国家旅游业的发展水平，也反映了国民经济发展水平及社会的文明程度。作为现代朝阳产业，酒店业不仅在旅游业中起着举足轻重的作用，而且在整个国民经济中占有越来越重要的地位。

● **学习目标**

　　掌握现代酒店的含义和特点；掌握酒店的类型和等级划分。理解酒店业的现状和未来发展趋势。了解酒店业的发展历史。

第一节　现代酒店的含义和特点

一、现代酒店的含义

　　现代酒店是指以建筑物及必要的设备设施为凭借，通过为宾客提供食宿和其他各种综合性服务以获取社会效益和经济效益为目的的服务企业。

　　现代酒店作为一种服务性企业，应具备以下基本条件：

　　1. 酒店是由建筑物及配备好的设备、设施组成的服务接待场所，为宾客提供住宿、餐饮、娱乐、购物等各种综合性服务；

　　2. 酒店的经营必须经政府有关部门的批准；

　　3. 酒店是服务性企业，以盈利为目的，在获取经济效益的同时，应兼顾社会效益和环境效益。

二、现代酒店的地位和作用

(一)酒店是旅游者的活动基地

旅游者外出旅游离不开行、游、住、食、购、娱等活动内容,其中食、宿这两项条件是必不可少的。而酒店正是旅游者食、宿等基本生活的物质承担者,是旅游者旅游活动得以持续进行的物质保证,是旅游者游览观光和商务活动的生活基地、"家外之家"。

(二)酒店是创造旅游收入的重要行业

酒店是旅游业赖以获得经济收入的重要来源。一般来说,游客在酒店里的花费支出约占其全部旅游支出的三分之一或更多,酒店业收入一般都占旅游业总收入相当大的比例。仅2002年我国酒店业营业收入就达到914亿元人民币,上缴税金近50亿元人民币。大量的境外旅游客人,还为酒店带来大量的外汇收入,酒店已成为为国家创造外汇收入的重要部门,在国民经济中的地位日益重要。

(三)酒店为社会创造就业机会

酒店业是劳动密集型产业,能吸纳大量的劳动力,为社会创造更多的就业机会。按我国目前酒店的人员配备状况,平均每间客房配备1.5~2人,若新建一座300间客房的酒店,将创造450~600个直接就业机会。截至2002年年底,我国酒店业直接从业人员已过百万。同时,酒店业的发展还带动、刺激了国民经济其他一些部门的发展,如建筑、装修、食品、纺织、通信、金融等,间接创造了大量的就业机会。根据国际统计资料和我国近年来的实践经验,高档酒店每增加一个房间,可以直接和间接为5~7人提供就业机会;中低档酒店每增加一个房间,则可以为4~5人提供就业机会。

(四)酒店业的发展水平是旅游业发展水平和社会经济与文明程度的标志

旅游业的发展是一个国家国际化和现代化的标志,而酒店业是旅游产业的中坚。在旅游产业发达的国家,有规模、服务质量高的酒店业是支撑产业发展的领军"人物",是产业的"名片"。一个国家或地区酒店的行业规模、管理水平和服务质量是衡量其旅游业发展程度的重要标志,也反映了一个国家国民经济发展水平及社会的文明程度。

三、现代酒店的特点

(一)酒店企业的服务性

现代酒店是服务性企业,它提供的产品就是服务。这种服务产品具有无形性、不可储存性、差异性、同步性等特点。

1. 无形性

它是服务产品区别于有形工业产品的一个重要属性。无形性是指酒店服务流程的科学性、服务项目配备的合理性、服务效率以及服务人员的态度、技能等。这些内容尽管客人看不到，不是实实在在的物品，但只要客人进入酒店，就会时时刻刻感觉得到，而客人购买消费酒店产品通常也只是得到一种无形的主观感受与体验。无形性的特点致使酒店在销售产品时很难具体描述、展示服务项目和内容，顾客在购买服务之前也不可能先检验或试用。因此顾客在选择酒店时，往往只凭他以往对该酒店声誉的了解，所以酒店要创立自己的特色和品牌，树立良好的市场形象。

由于同样的原因，酒店经营人员必须比其他行业的经营者更懂得消费者心理，掌握推销的方法。如在推销某项服务产品时，不宜直接强调该服务本身，应大力宣传享受该服务所带来的好处，因为前者常常因一般化而失去对顾客的吸引力，后者往往能引起顾客的浓厚兴趣。

服务的无形性特点，决定了酒店服务没有专利权，因而决定了酒店服务产品的革新或发明只有短暂的生命周期。要解决这个问题，只有提高创新能力，不断在服务产品方面创新，确保自己的差异化优势，才能在竞争中立足。

2. 不可储存性

酒店产品的不可储存性是指服务的即逝性。即服务不能被保存以备后用。服务行业流行一句话：世界上最不易储存的东西有三样，律师的时间、飞机的座位、酒店的客房。酒店不可能像工厂、商店那样把服务储存起来，以满足将来的需要。一间当天未能出租的客房，这天的销售收入就会永远失去。因此酒店必须制订完善的计划，采取有效的措施开辟客源，充分利用现有的接待能力。

3. 差异性

酒店服务的差异性是指同一家酒店提供的同一产品不可避免地存在着质量、水平的差异。造成这种差异的直接原因在于手工劳动是酒店的主要生产手段，而劳务服务的非物质化、非数量化及宾客直接参与服务的生产、销售过程对此也不无关系。酒店服务的差异性说明了制定质量标准和提高从业人员职业素质的重要性。

4. 同步性

酒店生产销售服务产品的方式与一般生产和销售实物产品的企业不同。实物产品的生产、销售过程是分离的两个过程，而酒店服务产品的生产过程与销售、消费同时进行，只有当客人开始消费，服务产品才能生产提供出来，因此提供服务的过程与服务的结果同样重要。

（二）酒店产品的享受性、情感性、文化性

1. 享受性

所谓酒店产品的享受性是指酒店的产品不仅要满足客人的物质需要，更主要的是满足其精神、心理上的享受性需求。酒店产品享受性的服务特点是其与一般商品和服务的主要区别。

2. 情感性

宾客在购买消费酒店产品时，酒店除了提供相应的服务设施外，还涉及服务人员与宾客之间的情感互动,而情感的满足通常是客人对酒店服务的基本要求。

3. 文化性

文化性是享受性的高层次发展,也就是我们通常说的"酒店氛围"。酒店应积极营造良好的文化氛围,丰富酒店的文化内涵,使酒店的服务蕴含自身的文化特色,让宾客感受到酒店独特的精神享受和精神愉悦。

(三)酒店服务功能的综合性

满足宾客住宿需求是酒店服务的主要功能,但随着酒店市场的规模的扩大和消费者需求的多样化,酒店还提供饮食、娱乐、购物、交通、商务、会议、度假、管家、秘书等一系列服务。产品的种类越来越多,综合性也越来越强。

第二节 现代酒店的类型与等级

现代酒店业由各种类型、各种等级的酒店设施组成。酒店分类、分等级有两大目的:一是有利于酒店的市场营销,能使酒店明确所处市场和销售对象,从而更有效地制订营销计划,更集中地使用广告宣传费,同时,也能使宾客在选择酒店时有明确的目标;二是便于同类型酒店之间相互比较其经营成果。目前,世界上比较一致的分类方法就是按照宾客的特点、酒店的位置、酒店的规模、服务标准来划分。

一、现代酒店的类型

根据不同的划分标准,可以将酒店分为以下几种类型。

(一)根据酒店市场及宾客特点分类

1. 商务型酒店

商务型酒店是指主要为从事商务活动的宾客提供住宿、餐饮及商务服务的酒店。这类酒店大多位于城区和商业中心,交通便利。商务宾客的文化水平较高,经济条件较好,讲究身份地位,因此酒店的装潢要豪华、富丽堂皇,服务质量、服务水准要高,设施设备要先进齐全,特别是为客人开展商务活动所需的国际直拨电话、传真、互联网、洽谈会议场所和秘书服务应一应俱全。

2. 休闲度假型酒店

休闲度假型酒店以接待度假、休闲、娱乐的旅游者为主。度假型酒店一般位于海滨、温泉、山区、森林等风景优美、气候宜人的地区,开辟有种类繁多的娱乐、健身活动项目,如垂钓、爬山、骑马、狩猎、滑雪、划船、潜水、冲浪、网球、高尔夫球等,以此招徕、吸引游客。康复疗养型酒店亦属于此类。近几年,在一些酒店业发达的国家,出现的度假型与商务型相结合的所谓的改良度假型酒店,被公认是现代酒店设施发展的方向。

3. 会议型酒店

会议型酒店是指专门承接各种类型国内、国际会议、商贸展览、科技讲座等活动的酒店。会议型酒店通常设在大都市和政治、经济中心,或交通方便的旅游胜地。会议型酒店除具备相应的住宿和餐饮设施外,还要求有各种类型、规格的会议厅、演讲厅、展览厅、洽谈室等场所。会议设备配备要齐全,如扩音设备、通信设备、音像录放设备、视听投影设备、同声传译设备等。同时还要求有良好的会议服务,有协助会议组织者协调和组织会议事务的工作人员。会议客户消费水平高,人数多,因此成为众多酒店追逐的目标。

4. 长住型酒店

长住型酒店以接待商社、公司、办事机构或家庭等长住客人为主。租用这类酒店的客人与酒店签订租房协议或合同,注明租用时间和酒店提供的服务项目等内容。长住型酒店的客房多采用家庭式布局,以套房为主,配有适合宾客常住的家具、电器设备以及厨房设备。这类酒店服务要求亲切、周到、针对性强,有较浓的家庭式气氛。

5. 汽车酒店

指设在公路干线旁边专为驾车旅行者提供服务的酒店。汽车酒店诞生于美国。早期这类酒店设施简陋,规模较小,仅提供住宿和简单的饮食。随着驾车旅游人数的不断增多,汽车酒店设施方面大有改善,且趋向豪华,多数可提供现代化的综合服务。美国的假日酒店集团、华美达酒店集团等均拥有大量的汽车酒店。

(二)根据酒店计价方式分类

1. 欧式计价酒店

欧式计价酒店客房价格仅包括房租,不含食品、饮料等其他费用。世界各地大多数酒店均属此类。

2. 美式计价酒店

美式计价酒店的客房价格包括房租以及一日三餐的费用。尚有一些地处僻远的度假型酒店仍属此类。

3. 修正美式计价酒店

此类酒店的客房价格包括房租和早餐以及一顿正餐(午餐或晚餐)的费用,以便使宾客有较大的自由安排白天活动。

4. 欧陆式计价酒店

欧陆式计价酒店的房价包括房租及一份简单的欧陆式早餐,即咖啡、面包和果汁。此类酒店一般不设餐厅。

5. 百慕大计价酒店

此类酒店的房价包括房租及美式早餐的费用。

(三)根据酒店设施规模分类

1. 大型酒店

客房数在 600 间以上的,为大型酒店。

2. 中型酒店

客房数在 300~600 间的,为中型酒店。

3. 小型酒店

客房数在 300 间以下的,为小型酒店。

二、现代酒店的等级

(一)酒店分级的目的

酒店等级是指一家酒店的豪华程度、设备设施水平、服务范围和服务质量。酒店分级有利于保护消费者的利益,便于消费者了解酒店、选择酒店,可以保证向消费者提供与其所支付的价格相符合的酒店服务;便于政府加强行业管理,对酒店的经营和管理进行监督;从经营的角度看,酒店分级有利于明确酒店市场定位,有利于同行之间的公平竞争,促进酒店业的发展。

(二)酒店分级的方法

目前国际上有许多种酒店等级制,有的是行业协会制定,有的是各国政府部门制定。虽然世界各国酒店等级划分的标准和方法不尽相同,但各地酒店分级制的依据和内容却十分相似,通常都从酒店的地理位置、环境、气氛、设施、服务、管理等方面进行评价确定。分级制度在欧洲尤为普遍,一般分级以星"★"表示,比较通行的是五星级别,星越多,等级越高。

我国于 1988 年首次公布实施了《中华人民共和国旅游涉外饭店星级标准》。该标准规定我国饭店的星级评定依据主要是:从饭店的建筑、装潢、设备设施条件和维修保养状况、管理水平和服务质量的高低、服务项目的多寡等,进行全面考虑,综合评定为一星至五星五个等级。一星级饭店为经济等;二星级饭店为一般等;三星级饭店为中等;四星级饭店为上等;五星级饭店为豪华等。

由于该标准与我国社会经济发展水平和对外开放程度迅速提高的现状已不相适应,为促进旅游饭店业的管理和服务更加规范化和专业化,使之既符合本国实际又与国际发展趋势保持一致,国家旅游局和国家质量监督检验检疫总局重新修订颁布了《旅游饭店星级的划分与评定》,并从 2003 年 12 月 1 日开始实施。新的标准首次提出了在原有设定的五个星级基础上,在五星级饭店中,增加和包含一个新的等级——白金五星级。获得白金五星级的饭店,档次更高、更豪华。

新标准还打破了星级终身制,规定旅游饭店使用星级的有效期为 5 年,5 年以后根据相关标准重新评定。新标准增强了饭店选择服务项目的灵活性,提高了旅游酒店管理制度建设的要求,增加了饭店品牌、总经理资质、环境保护等内容。

第三节 酒店业发展历史

一、世界酒店业发展历史

食宿设施是人类旅行活动的产物。相传欧洲最初的食宿设施始于古罗马时期,其发展进程大体经历了古代客栈时期、大饭店时期、商业饭店时期等阶段,其间几经起落,盛衰交替。第二次世界大战以后,随着欧美国家经济的恢复,旅游业迅速崛起,饭店业进入了现代新型酒店时期。

(一)古代客栈时期

客栈时期是12世纪到18世纪之间。由于货币的出现,促进了商品贸易的发展,商品贸易往来使人们产生了对家庭以外的住宿和饮食的需求。数千年前的古埃及和古罗马就出现了客栈和饭店。当时的客栈往往是由奴隶或战俘经营劳作。古代经商者组成的商队,就住在沿途各地的商队客栈里。古罗马和古代中国,沿途还有驿站,供皇家使者往来住宿。

中世纪初,贸易很不发达,很少有人旅行。中世纪后期,随着商业的繁荣,贸易活动的兴起,旅行者逐渐增多,对客栈的需求大增。15世纪时,英国等地的客栈由原来仅设几张床,旅客挤于一屋的小客栈发展到有20~30间客房,条件好的还有酒窖,食品储藏室,厨房等较好设施的大客栈。到了18世纪,客栈盛行,除提供食宿外,客栈成为人们聚会、交往的场所,成为当地的社会、政治与商业活动的中心。客栈时期饭店的特点是:设备简陋,只能满足客人住宿和饮食这两项基本需求,没有其他服务,也不安全,饭店一般由家庭进行经营,管理水平低下。

(二)大饭店时期

18世纪后期,欧美各国开始步入工业化时代,随着工业化发展和经济贸易的增长,世界饭店业进入了大饭店时期。这个时期,美国饭店业的发展尤为迅速。1794年,在纽约建成的首都饭店,有73套客房,富丽堂皇,宛若宫殿。1829年,在波士顿建成的特里蒙特饭店,开创了现代化酒店的先河。该饭店拥有170间客房,设有前厅,客房内有脸盆、水罐和肥皂,旅客不必像以前到饭店后院从水泵里接水洗澡。饭店设有200个餐位的餐厅。之后,美国相继出现了许多有名的酒店,其中最负盛名的纽约广场饭店至今仍称得上是美国一流酒店。

这一时期欧洲各国也相继建成一些豪华大饭店。具有代表性的是柏林的凯撒大饭店,伦敦的萨依伏大饭店,巴黎的巴黎大饭店和卢浮宫大饭店等。这些饭店豪华奢侈,讲究排场。

大饭店时期与客栈时期有着巨大的反差。大饭店大都规模宏大,建筑与设施豪华,装饰考究;饭店十分重视服务方式和质量,不惜工本满足客人需要;饭店服务对象多为王公贵族,官宦名流,远离大众消费;饭店投资者和经营者以结交取悦上流社会为目的,不计较经济效益。

这个时期出现了一个杰出人物——瑞士人凯撒·里兹,他提出了"顾客总是对的"的经营格言。他开设的饭店以豪华时髦著称于当世。

(三)商业饭店时期

20世纪初,资本主义经济高速发展,世界范围的商务旅行异常活跃,于是专门为商务旅行者设计的饭店应运而生。其主要代表是由被称为"饭店管理之父"的埃尔斯沃思·弥尔顿·斯塔特勒所建造的饭店。他的饭店是专为旅行者设计的,每套客房都有浴室,这在当时是闻所未闻的。他用统一的标准来管理饭店,不论你是到波士顿、克利夫兰,还是到纽约、布法罗,只要住进斯塔特勒饭店,就保证可以享受到标准的服务。他的饭店里还设有通宵洗衣、自动冰水供应、消毒马桶坐圈、送报上门等服务项目,而且价格低廉,在一般平民所能承受的范围内。斯塔特勒创造了全新的饭店经营思想和方法,他提出的"客人永远是对的"这句至理名言至今仍受全世界酒店从业者所推崇。

商业饭店时期,饭店的特点是:服务对象主要是商务旅行者;饭店的服务与设施不再追求豪华、奢侈,而是讲求方便、舒适、安全与实用;经营管理上,价格合理,注重服务质量,进行标准化管理,努力降低成本,追求最佳利润。

(四)现代新型酒店时期

现代新型酒店时期发展于20世纪50年代至今。第二次世界大战结束后,随着欧美国家经济的恢复和迅速发展,人们在国内、国际间旅游活动日益频繁,加之航空业、高速公路的日益普及,使人类进入了大众旅游时代,从而引起了对酒店需求的剧增。一些有实力的酒店公司,以签订管理合同、授让特许经营权等形式,进行国内甚至跨国的连锁经营,逐渐形成了一大批使用统一名称、统一标识、统一管理方式的联号公司。如希尔顿国际饭店公司、喜来登饭店公司、凯悦国际饭店公司、假日酒店集团等。在新时期,种类繁多的各种类型酒店如雨后春笋般不断涌现,其中以汽车酒店的出现为代表。在美国,汽车酒店的数量占到酒店总数的40%。

在现代新型酒店时期,亚洲地区的酒店业也有了长足发展,其规模、等级、服务水准、管理水平等方面毫不逊色于欧美酒店业。在美国《机构投资者》杂志每年组织的颇具权威性的世界十大最佳酒店评选中,亚洲地区的酒店往往占有半数以上,名列前茅。由香港东方文华酒店集团管理的泰国曼谷东方大酒店,在世界十大最佳酒店排行榜上经常名列榜首。

现代新型酒店的特点是:服务对象从过去以商务旅游者为主转为以观光、度假旅游者为主;酒店注重规模效益,连锁经营;功能多样化,能满足客人吃、住、娱乐、健身、购物、商务等各种需要;经营管理上,注重用科学的手段进行市场促销、成本控制和人力资源管理。

根据以上的叙述,我们可以把世界酒店业从客栈时期到现代新型酒店时期的发展过程列表1-1所示。

表1-1　　　　　　　世界酒店业发展阶段表

发展阶段	服务对象	特　　点
古代客栈时期	商人 传教士 外交官吏	一般建在乡间或古道边；规模小，设备简陋；仅提供食宿，无其他服务，质量差；被认为是低级行业，不安全，信誉差
大饭店时期	贵族 官宦 上层阶级	一般建在大都市；规模宏大，设施豪华；服务质量一流，具有一定规格的接待礼仪礼貌；经营者不重视经营成本
商业饭店时期	商务旅行者	服务设施与服务项目讲求方便、舒适、清洁、安全；经营上开始以顾客为中心；价格合理；重视管理质量标准，降低成本
现代新型酒店时期	大众旅游者	连锁经营，酒店规模扩大；酒店功能多样化，可提供多种多样的综合性服务；经营管理上重视营销，控制成本

二、中国酒店业发展历史

（一）中国古代饭店业

中国最早的酒店设施可追溯至春秋战国或更古远的时期，唐、宋、明、清被认为是酒店业有较大发展的时期。中国古代食宿设施大体上可以分为官办和民办两类。

1. 官办的食宿设施

古代官方开办的食宿设施主要有驿站和迎宾馆两种。

驿站是中国历史上最古老的官办住宿设施，它起源于驿传制度。驿传制度始于商朝中期，止于清光绪年间兴办的"大清邮政"，经历了三千多年。古代交通不发达，政府命令的下达，公文的传递，各地之间书信的往来，均靠专人乘马或乘车来传递，驿站就是为这种驿传制度服务而设立的，专门接待往来信使和公差人员并为其提供车、马交通工具。到了唐代，驿站广泛接待过往官员及文人雅士。元代时，有的驿站建设宏伟，陈设华丽，除接待信使、公差外，还接待过往商人及达官贵人。

迎宾馆是古代官方用来接待外国使者或外民族代表的馆舍。在历代有过"诸侯馆""传舍""蛮夷馆""四夷馆""四方馆""会同馆"等称谓，清末时称"迎宾馆"。"迎宾馆"对中国古代政治、经济和文化交流起到十分重要作用。

2. 古代民办食宿设施

古代民办食宿设施在周朝就已出现，被称为"逆旅"，是古人旅途中休憩、食宿的地方。它的产生和发展与商贸活动的兴衰及交通运输条件密切相关。春秋战国时期，由于商贸活动的增加，民间旅店业已初步形成。秦汉两代商业较为兴旺发达，民间旅店业有了很大的发展。隋唐时期，经济繁荣，旅店业也得到很大的发展，旅店遍布繁华街道两旁。明清时期，民间旅店业更加兴旺。由于封建科举制度的进一步发展，在各省城和京城出现了专门接待各地赴试者的"会馆"，成为当时旅店业的重要组成部分。

（二）中国近代饭店业

中国近代由于外国帝国主义的侵入，沦为半殖民地半封建社会。当时的饭店业除了传统的旅店外，还出现了西式饭店和中西式饭店。

1. 西式饭店

西式饭店是对19世纪初外国列强侵入中国后，由外国资本建造和经营的饭店的统称。这类饭店在建筑式样、设施设备、内部装饰、经营方式、服务对象等方面与中国的传统旅店不同。西式饭店规模宏大，装饰华丽，设备先进。其经营管理人员来自殖民国家。接待对象主要以来华外国人为主，同时也是当时上层社会人物、达官贵人聚会的场所。

西式饭店的出现将欧洲饭店的建筑风格，设备配置及经营管理理论和方法带到了中国，对中国近代饭店业的发展起到了一定的促进作用。

2. 中西式饭店

中西式饭店是由中国的民族资本投资兴建的一大批中西合璧风格的新式饭店。它是在西式饭店大量出现的刺激下，中国民族资本涉足饭店业而产生的。这类饭店在建筑风格、设施设备、服务项目、经营方式上都受到了西式饭店的影响。20世纪30年代，中西式饭店的发展达到鼎盛时期。中西式饭店将欧美饭店的经营观念和方法与中国饭店经营环境相融合，为中国饭店业进入现代饭店时期奠定了良好的基础。

（三）中国现代酒店业

新中国成立后到1978年改革开放前，我国酒店业的主体是各地党政机关、企事业单位的招待所以及一些经过改造的旧酒店，没有独立的经济地位。酒店总体数量稀少，功能单一，设施陈旧，条件简陋。

自1978年改革开放以后，随着我国经济建设的蓬勃发展，旅游业作为现代产业在我国开始兴起，为酒店业的发展带来了前所未有的机遇。短短20多年时间里，酒店业发展速度之快、档次之高，世所罕见。从1978年至今，中国酒店业的发展经历了起步阶段和全面快速发展阶段。

1. 1978～1988年起步阶段

自1978年改革开放，中国打开国门伊始，大量的外国游客涌入中国，中国原有的饭店从规模、设施设备水平到管理水平都无法适应这种新的局面，饭店业成了制约旅游业发展的瓶颈。1982年，我国第一家中外合资饭店——北京建国饭店建成开业，并首次引进了香港半岛管理集团的管理。它标志着我国饭店建设投资步入多元化的格局，大批按国际标准建造的新酒店拔地而起。酒店市场供不应求的状况得到缓解。这段时间，酒店业的体制和经营思想发生了两个转变：即从行政事业单位向企业单位转变，从传统招待型管理向现代经营型管理转变。

2. 90年代至今全面快速发展阶段

自20世纪90年代开始，中国饭店业进入全面快速发展时期，饭店业逐步成为一个规模巨大的产业，经济效益加速扩张。1995年以后，我国饭店业又开始新一轮的快速发展，全国普遍出现结构性供大于求的局面，饭店业从卖方市场过渡到买方市场，市场竞争加剧。而竞争促使中国旅游酒店业服务质量显著提高，涌现出一大批优秀管理人才。为了与国际惯例、规范接轨，我国饭店业开始推行星级评定制度，标志着中国饭店行业走向成熟。1994年，国家旅游局审批公布了16家饭店公司，标志着中国酒店行业走向专业化、集团化。与此同时，我国酒店行业加强了法制规范建设，标志着我国从建立健全法规、标准、规范着手，逐步形成科学、严密的酒店法规体系。

第四节 中国酒店业现状与未来发展趋势

一、中国酒店业的现状

中国酒店业经过改革开放30多年来的发展，取得了举世瞩目的成就。据中国旅游研究院发布《2013中国酒店投资展望报告》指出，截止到2012年，中国共有星级酒店11706家，其中五星级酒店654家，四星级酒店2201家，三星级酒店5545家，一、二星级酒店3306家，共提供客房超157万间。中国酒店业用了30余年的时间走完了西方国家需要几十年才走完的道路，这一跨越式的发展完全可以作为世界酒店发展史上的奇迹而载入史册。如今，我国已具有各种类型、各个档次的酒店。硬件设施也达到了世界先进水平。但从总体来看，中国酒店业的管理水平还不够平衡。呈现出以下特点。

（一）酒店规模急剧扩大，呈现全方位发展态势

在20多年里，中国酒店业的发展出现了20世纪80年代中期和从1993年至今两个大建酒店的高潮时期。80年代中期，酒店建设主要集中在大城市，1993年后则在各省、市(地)、县都建酒店，即使在经济较为落后的地区也不惜巨资建上几个高档次的酒店，因此导致酒店分布日趋分散。一些地方的酒店建设盲目性很大。自1993年以来，全国每年以20%左右的递增幅度扩大，据预测今后几年仍有10%左右的增幅。这种酒店业外延规模的急剧扩大与客源的增长并不平衡，很多酒店的建设并非出于市场需要，而是因为各地构筑外向型经济窗口所需。在这种情况下，全国形成以下三个热点：原有政府招待所经改建、扩建成为高档次宾馆；一些经济部门(如邮电、银行、烟草、电力、煤炭等)也投资建造酒店；房地产项目转

入酒店业，使酒店业呈现出一种全方位发展的态势。

（二）酒店类型齐全，以中小酒店为主体，星级酒店占有重要的地位

至2012年年底，全国11706家星级酒店中，客房数在500间以上的酒店，占0.9%；客房数在300～499间的酒店，占3.6%；客房数300间以下的酒店，占95.5%。全国酒店形成以中小型酒店为市场主体的特色。尤其是像7天连锁、如家连锁、汉庭连锁酒店占中小型快捷酒店的相当地位，从档次上看，星级酒店中高星级酒店占9%，三星级酒店占32%，低星级酒店占58.8%，星级结构基本适合我国旅游业发展的需要。

（三）酒店业管理水准不低，但发展不平衡

全国酒店业中高星级酒店管理水平普遍较高，总体管理水平稳步提高。中国酒店业目前的特点是，代表着整个国家酒店业的最高水平的高星级酒店已经接近或基本达到国际水平，并引领行业潮流。而构成我国酒店业主体的中低档酒店，就整体而言，其经营管理水平还较为初级，距离国际水平还有相当大的差距。可以说，在未来五到十年内，努力提高经营管理的专业化水平将成为我国酒店行业的一项历史性任务，其中高星级酒店目标是力争在总体上达到国际先进水平，而中低档酒店的目标就是向国际标准靠拢。

（四）酒店业总体运行良好，星级管理成为一种潮流

中国酒店业在近几年总体规模持续扩大的情况下，经营效益从1999年开始回升，客房出租率、营业收入、上缴税金等主要经济指标全面回升。2000年，酒店业克服前几年大面积亏损的局面，取得了全行业的盈亏平衡，但酒店行业已进入微利时代。同时，酒店业竞争也日益理性，追求质量竞争和文化竞争已成为一种时尚。中国酒店业日趋成熟。

自20世纪90年代中期以来，国家对酒店业实施了以标准化、规范化、科学化为特点的星级管理，使全国酒店在提高管理水平和服务水平的同时进入星级序列，酒店星级比例显著提高，越来越多的中、小型酒店自觉加入星级化行列。星级化管理将成为中国酒店业的一种潮流。

二、集团化——酒店业发展的必然趋势

酒店集团也称联号酒店、连锁酒店。它是指在本国或世界范围内以直接或间接形式控制多个酒店，以相同的店名和店标、统一的经营程序、同样的服务标准和同样的管理规范，进行联合经营的酒店企业。

（一）酒店集团化经营的优势和方式

1. 酒店集团化经营的优势

（1）经营管理优势。酒店集团具有较成功的管理系统，它为所属的酒店制定统一的经营管理方法和程序，为酒店的硬件设施和服务规定严格的标准，为服务和管理订立统一的操作规程，帮助所属酒店达到经营标准，使酒店保持良好形象。

（2）市场营销优势。酒店集团化经营，各成员之间可以采取统一的名

称、标识，有利于树立酒店集团整体形象，扩大知名度，节约广告宣传费用，加上酒店集团高效率的预定网络，有利于争取和扩大客源。

（3）人才优势。酒店集团有实力聘请和培训各类管理、技术人才，可以随时为集团内各个酒店服务。大的酒店集团还有自己的培训基地和培训系统，有利于提高人员素质。

（4）财务优势。酒店集团内部可以统一调剂资金的余缺，对需要重点开发或经济困难的酒店给予帮助；酒店集团规模大，资本雄厚，信誉好，能为所属酒店筹措资金提高资信度；酒店集团以入股、控股、合资、集资等形式在资金上支持酒店，产权多样化势必会提高各酒店的资金利用率；酒店集团实行统一采购，可以享受单体酒店无法享有的价格优惠，降低各个酒店的运营成本。

2. 酒店集团化经营管理的几种形式

（1）直接经营。酒店集团或管理公司，既是各个酒店的经营者，又是各个酒店资产的拥有者。它可以是酒店集团直接投资建造或购买酒店进行经营，也可以是控股经营。

（2）租赁经营。即酒店集团从酒店所有者手中租赁其酒店进行经营，酒店集团向酒店所有者支付一定的租金取得经营权。

（3）委托管理。酒店产权的所有者聘用酒店集团的管理公司来经营管理酒店。酒店集团与酒店产权所有者签订经营管理合同，酒店收入和盈利仍归酒店产权人所有，但需要按营业收入或盈利的一定比例额给酒店集团交付管理费。委托管理是一种以较小的投资扩展酒店集团规模的方法。

（4）特许经营权转让。也称特许加盟。即酒店集团向其他酒店出售、转让经营权。获得了特许经营权的酒店可以使用酒店集团或公司的名称、标识、经营程序、操作规程、服务标准，并加入该酒店集团预订网络。采取特许经营权转让形式有利于酒店集团迅速扩大集团规模，有比较广阔的发展前途。

（二）酒店业的集团化经营是必然趋势

从全球范围来看，酒店集团化已经发展到相当高的水平。全世界的酒店至少有57%以各种形式隶属于某个集团，成员酒店25%~30%的客源是由集团提供的。世界范围内1600万间客房中，20%以上被10家主要的酒店集团控制。发达国家的酒店集团规模大，集中度高，而我国酒店集团化不仅起步晚，而且发展较慢，酒店集团化程度低，且规模非常小，管理水平普遍较低，效益较差，品牌知名度低。随着中国加入世贸组织（WTO），我国酒店业将直接面对全球市场与国际知名跨国酒店集团展开直接竞争，而这种激烈竞争必将逐步吞噬国内单体酒店的生存空间，组建或加盟酒店管理集团将是中国酒店业跻身于21世纪国际酒店市场的唯一出路。

我国从1984年起，建立了第一家酒店集团（公司）——上海锦江酒店集团，相继又有一大批酒店管理公司或集团在全国各地建立起来，其中上海的锦江、北京的金东和北京的凯莱这三家酒店管理公司已脱颖而出,并先后闯入了世界 300 强之列。

但是从全国范围来看,中国酒店业集团化发展现状是喜忧参半,不容乐观。全国 11706 家星级酒店中只有不到 400 家由中国的集团或公司管理。在全国现有的国产酒店集团或公司中,真正形成规模经济的寥寥无几。所以酒店集团或公司之间联合、兼并与重组已是当务之急。其实国外酒店集团或公司的兼并与重组在 20 世纪 90 年代末已形成全球化规模。比如,连续三年在世界酒店 300 强中排名第二的英国的"巴斯集团"继 1997 年兼并"假日集团"之后,又成功地于 1998 年收购了"洲际集团"。"集团变得越来越大,地球变得越来越小",已成为当今世界酒店业发展的主要标志。

三、我国酒店业的未来发展

人类社会正在走向市场化时代、消费化时代、高科技时代、生态化时代和个性化时代。未来的酒店将呈现如下发展趋势。

(一) 深化管理理念

目前,在信息化和经济全球化的进程中,管理理论正在发生变化,新的管理理论应运而生,管理理论的变革已掀起了第三次浪潮,如何运用新的管理理论、方法经营管理好现代酒店,已成为摆在每个酒店管理者面前的新课题。

1. 对消费者的尊重与人文关怀

酒店面对的是更加成熟的消费者,酒店的一切经营必须建立在对消费者尊重的基础上。酒店从设计、经营、建设开始到日常管理和服务,都要有一种人文关怀精神。所谓人文关怀精神,就是宾至如归,甚至是宾至胜家,就是比家里还要好。酒店要在经营的各个环节充满人文关怀精神,就要进一步了解并高度细分宾客的需求,更准确地把握酒店的市场,有针对性地提供产品和服务,不断提高经营管理水平和服务质量,全面提高宾客的满意度。

2. 管理组织结构小型化、扁平化

传统的组织机构设置主要是站在酒店的角度设置岗位,强调专业化分工、规范化管理。未来的酒店需要更多地站在客人的角度考虑问题,要求酒店管理追求效率、注重沟通、灵活机动和提供针对性服务。酒店尽力提供比竞争对手更有效的服务,提供客人尽可能的便利,提倡一站式服务。这就要求酒店的组织结构克服原有管理层次多、信息传递慢、管理费用高和效率低等弊端,避免组织分工的过细化和专业化。更倾向于管理组织结构的小型化、简单化、扁平化和有机化。

3. "学习型组织"

学习型组织是美国麻省理工学院教授彼得·圣吉在其被誉为"管理圣经"的名著《第五项修炼学习型组织的艺术与实践》中所提出的一个开创

性的概念。他在书中指出:现在全世界的管理和思维方式正在酝酿一个新的趋势,那就是学习型组织企业的诞生。因为未来竞争中唯一持久的优势,就是"有能力比你的竞争对手学习得更快"。当世界更息息相关,更复杂多变时,学习能力也必须更强才能适应变局。未来真正出色的企业,将是能够设法使企业各阶层全身心地投入并有能力不断学习的组织。彼得·圣吉的"学习型组织"企业理论正为各国所重视,在酒店界,管理者将更深入地了解未来酒店企业的经营决胜之道,可以预见,将来会出现更多的真正意义上的"学习型组织"酒店。

4."员工第一",坚持以人为本的管理

未来酒店业的竞争是知识的竞争,但归根结底是人才的竞争。未来酒店的经营者应树立"员工第一"的经营理念,使酒店成为"宾客之家,员工之家"。酒店要注意员工的培养,为员工创造宽松的人际关系、舒适的工作环境,较多的晋升机会和较高的工资福利。因为员工是服务的实施者,只有满意的员工才会提供让宾客满意的服务。通过赋予员工更大的权利和责任,使被管理者意识到自己也是管理者的一员,进而更好地发挥自己的自觉性、能动性和创造性,充分挖掘自己的潜能,在实现自身的人生价值的同时,为企业做出更大的贡献。

(二)品牌化经营

随着经济运行全球化,市场和资源跨国化的影响,世界酒店集团每年都在调整和兼并之中,酒店业的联盟和合并导致更大规模的酒店集团的诞生。与此同时,随着网络技术的发展,酒店销售除了传统方式之外,更多地利用Internet进行网上宣传、网上预订和不同行业间集团联合促销,酒店品牌在Internet上将有巨大的魅力,品牌将显得越来越重要。只有全球化、品牌化,酒店才能在现代经营中得益。为此,中国酒店业应积极实施品牌战略,创造自身的品牌,才能在集团化、品牌化经营过程中取得发展。

(三)酒店智能化程度不断提高

虽然酒店业是一种劳动密集型服务行业,但随着互联网技术的发展和全社会信息化进程的加快,以电子信息技术为代表的现代科技,逐步进入酒店业,酒店的智能化程度不断提高,客人感到更加舒适、方便。网上预订、网上宣传促销将逐步取代传统的方式;客人入住手续方便快捷,完全电脑化操作,客人可以直接从电脑屏幕挑选自己喜欢的房样类型;客人的身份资料也将利用先进的电脑扫描技术录入电脑,免去人工登记、确认等烦琐程序;客房内的电视机具有多媒体的功能,成为客房的信息中心,集图像、动画、图表、音响、语音、电子游戏、传真、通信、电子媒介于一体,并且还可以使双向的信息交流成为现实,可提供自动登记、结账、信息咨询、选择菜单、留言、叫醒服务、旅游路线、预订机票等交互式服务。科技发展将给酒店带来前所未有的革命,酒店要生存和发展,就必须跟上科技的发展,不断提高科学技术在酒店的运用程度。

(四)市场高度的细分化与多元化营销策略

高度地细分酒店市场,是酒店在21世纪中求得生存和发展的一个至关重要原则,也是必然的发展趋势。随着新时代旅游的发展,市场需求呈现多样化、个性化态势,酒店将注重市场需求的细分化,实行"小市场、大份额"战略,通过开发具有针对性的个性化产品和提供个性化服务来赢得特定顾客群。许多有着鲜明特色和明确市场定位的主题酒店将不断增多,其目的就是避免或减少重叠性的市场竞争,实现有序的和细致的市场分割。与此同时,随着顾客需求的变化和市场竞争的加剧,酒店的营销策略呈多元化趋势,以整合营销为主导,以文化营销、关系营销、网络营销、绿色营销、服务营销等营销方式为组合的多元化营销观念和策略将不断涌现。

(五)创建绿色酒店,倡导绿色消费与绿色管理

人类正在走进以持续发展为前提的新时代。创建绿色酒店,倡导绿色消费,推行绿色管理,为社会环保做出贡献已成为酒店发展的必然趋势。

(六)注重企业文化建设

酒店业的发展使竞争更趋激烈。21世纪酒店业的竞争主要体现为文化竞争,"利润的一半是文化,文化也是生产力"。文化竞争是一种更高层次的竞争,文化是企业获得持续发展并最终成为长寿型企业的有效手段。酒店企业文化建设,一方面,要求赋予酒店产品和服务一定的文化内涵、文化氛围和文化附加值;另一方面,在员工中构筑一种共同的价值观,使强有力的组织文化全面地影响酒店各项管理职能的实现和集体效力的发挥。

【案例】
利用品牌优势,发展连锁经营

"好吃吃不够,沈阳小土豆"已经传遍了沈阳城。

创建于1989年的沈阳小土豆餐饮有限公司,由过去一家小酱菜馆发展为具有102家特许加盟连锁店的大型企业,员工总数达3400人,控管资产达2亿元,无形资产价值达1.5673亿元。沈阳小土豆美食已在全国十多个省区建立了102家连锁店。短短十年间,小土豆美食传遍全国。小土豆餐饮有限公司靠品牌优势和特许经营管理模式使企业得到了快速发展。

一、建立完善的特许经营体系

"小土豆"的连锁是典型的品牌连锁,以小土豆的无形资产为纽带发展连锁,并且是直营连锁和加盟连锁相结合,现有直营连锁店10个,股份制连锁店3个,加盟连锁店89个。连锁店连品牌、连标准、连特色、连投入、连质量、连管理模式。

公司规定:作为"小土豆"这一无形资产使用者的各成员企业,一律为

"小土豆"商标所有者,向沈阳小土豆餐饮有限公司缴纳特许经营权使用费及经营管理费。公司通过商标注册评估,使小土豆商标获得法律的保护,具有法律效力。

特许经营的前提是统一和规范。公司把"小土豆"作为标准化形象识别系统在全国的各连锁企业中积极推行。为保证小土豆连锁店达到总部所要求的经营标准,他们建立起特许经营管理体系,强化对各分店主要经营活动的计划、指挥、控制、协调职能。对各加盟连锁店和直营店实行统一品牌、统一标识、统一管理、统一配货、统一价格,全部实行电脑网络化管理。通过特许连锁经营,小土豆餐饮公司实现了良性发展,1998年实现营业额近亿元,上缴国家利税1600多万元。

二、靠科技创新保证品牌质量

1997年4月,国家商标总局批准注册了"小土豆"商标,1997年和1998年"小土豆酱菜"分别被沈阳市政府授予"沈阳地方风味名品"和省大赛组委会授予"辽宁省地方风味名牌食品"。为了保证品牌的独特性,适应市场需要,沈阳小土豆餐饮公司成立了饮食研究中心,适时进行研制、开发、推新、改进。为了保证小土豆各分公司企业的菜品质量和风味统一,公司编制了"小土豆"美食的《菜品量化标准指南》,对百余种特色菜的主料、辅料、调料投放具体到两、钱的量化。为了保证主要原料小土豆的质量,公司在沈阳、铁岭等地投资190多万元,扶植小土豆的种植和发展。

三、强化管理,实行地区建店扩张

发展连锁经营的最大风险是"控制力失控现象"。为此,公司在全国设立若干个区域分公司,强化对各加盟店的监控管理。公司对所有分店的人、财、物进行控管,新建的分店所需要的厨师技术人员、服务员和会计人员全部由总部培训后派往各地。区域分公司实行每周三下午例会制度,各加盟店店长和总厨都要在周三下午到所在地的区域分公司参加例会,汇报分店经营情况,分析顾客对菜品的反映,研究对策。公司总部每季度开一次全体加盟店店长和总厨例会,沟通信息,研究工作。

公司实行区域性集中建店的扩张策略,增加建店地区的分店数量,不断扩展建店地区的规模。集中建店有很多好处,主要是:

1. 区域驻派分公司,经理有充分的经营指导权;
2. 能提高企业在本地区的知名度;
3. 缩短了各店之间的距离和时间;
4. 能阻止竞争对手在商圈内建店,增强企业的竞争力。

四、坚持以人为本的管理

公司积极推行"以人为本"的管理机制,充分依靠分散在全国各地各个服务现场的食品制作人员、服务人员、管理人员,在现场进行控制与把关,保证服务质量。

人才是企业的基石，高素质的劳动者是企业的宝贵财富。公司重视人才的培养，和沈阳一所中专联办了小土豆人才培训基地。将有培养前途的员工和初级管理人员送到各专业学校进行深造。

公司重视员工的福利，凡双职工结婚由公司负责租房，操办婚事，购买生活用品。公司先后为二十对员工举办了集体婚礼。公司还规定每月十六日为当月过生日的员工庆祝生日，每年组织一次旅游活动。沈阳小土豆餐饮公司利用品牌和特许经营的模式向多元化、集团化、集约化发展。他们的目标是——做中国的麦当劳。

分析：

沈阳小土豆餐饮有限公司成功地由十年前一家小酱菜馆发展成为具有102家特许加盟连锁店的大型企业，主要是因为它确立了正确的发展模式，靠品牌优势，进行特许经营管理。越来越多的企业意识到走连锁经营的路子是迅速发展的现实选择，据调查，一个普通新建企业的成功率仅为20%，而以特许经营的连锁分店的成功率却接近95%。

沈阳小土豆餐饮公司还对加盟连锁店实行了严格统一的管理，维护了品牌的形象和企业的形象。他们注重菜品质量和风味，实行了标准化管理。他们实行以人为本的管理，对员工进行培训，关心员工，这也是公司获得成功的基本保证和重要动力。

从本案例中我们可以看出"以品牌为核心，以连锁为模式，以质量为基础，以市场为先导，以人本为宗旨"的模式是企业实现快速扩张最佳方式。

案例思考题：

1. 沈阳小土豆餐饮有限公司靠什么得到快速发展？
2. 为实现特许经营的统一和规范，小土豆餐饮有限公司采取了哪些措施？

重点思考题

1. 酒店的概念是什么？它有哪些特点？
2. 实行酒店等级制度的目的是什么？
3. 简述世界酒店业发展的历史阶段以及各个阶段的特点。
4. 酒店分类有哪些标准？简述各类型酒店的基本特征。
5. 简述酒店业发展的趋势。

第二章　现代酒店管理基础理论

● **学习提要**

酒店管理是以管理学的一般原理为基础，从酒店本身业务特点和管理特点出发而形成的学科。明确酒店管理的理论基础、酒店管理的基本职能、方法和经营的理念，才能在具体的业务管理活动中更好地执行管理职能，运用科学的管理理论和方法，解决实践中的具体问题。

● **学习目标**

掌握现代酒店管理的职能和方法；理解酒店管理的原理与理念；了解酒店管理思想的主要内容。

第一节　酒店管理的理论基础

管理理论的发展经历了漫长的过程，其演变历程与社会生产发展息息相关。在社会发展的不同阶段，管理的思想、内容、方法都不相同，就是在同一时代，各种管理学派的理论和观点之间也存在一定的差异。了解前人的各种管理理论和方法，并善于从中吸收其精华，在酒店管理工作中加以灵活运用及创新，是我们做好酒店管理工作的前提。管理理论的演变过程大致经历了以下几个阶段。

一、科学管理理论阶段

科学管理理论是区别于经验管理的某个特定范畴，是以追求生产效率为目的，运用科学的方法按照生产规律进行管理的理论。它的基本特征是：标准化、制度化、规范化、系统化。摒弃主观主义，以客观规律为管理依据。科学管理理论诞生于19世纪末20世纪初，它的诞生是管理史上的一个里程碑，科学管理理论的代表主要有美国泰勒的科学管理理论、法国法约尔的组织管理理论等古典管理理论。

（一）泰勒的科学管理理论

泰勒（Frederick Winslow Taylor,1856~1915）是美国古典管理学家，因创建科学管理理论而被西方管理界尊为"科学管理之父"。他18岁从一名学徒工开始，先后被提拔为车间管理员、技师、小组长、工长、维修工长、设计室主任和总工程师。在他的管理生涯中，他不断在工厂进行各种试验，系统地研究和分析工人的操作方法和动作所花费的时间，逐渐形成其管理体系——科学管理。泰勒的主要著作是《科学管理原理》和《工厂管理》。他在两部书中所阐述的科学管理理论，使人们认识到了管理是一门建立在明确的法规、条文和原则之上的科学，它适用于人类的各种活动，从最简单的个人行为到经过充分组织安排的大公司的业务活动。

泰勒的科学管理的根本目的是谋求最高效率，要达到最高的工作效率的重要手段是用科学化的、标准化的管理方法代替旧的经验管理。为此，泰勒提出了一些基本的管理制度。

1. 作业方法和作业工具的标准化。合理的日工作量在于合理的单件工作时间，合理的单件工作时间以标准的作业方法为基础。泰勒通过大量的实验，对工厂的每个作业过程进行动作研究，清除作业中的各种不利因素，制定出标准化的作业规程和方法，并确定作业工具标准化，设备、材料及作业环境标准化，为制定合理的日工作量奠定了基础。这就是标准化原理。

2. 确定合理的日工作量。对工人提出科学的操作方法，以便有效利用工时，提高工效。研究工人工作时动作的合理性，去掉多余的动作，改善必要动作，并规定完成每一单位操作的标准时间，制定出劳动时间定额。这就是工作定额的原理。

3. 对工人进行科学的选择、培训和晋升。选择合适的工人安排在合适的岗位上，并培训工人使用标准的操作方法，使之在工作中逐步成长为"第一流的工人"。

4. 实行具有激励性的计件工资报酬制度。实行科学管理后，工人的个体差异必然带来工作结果的差异。为了鼓励完成工作量，实行有差别的计件工资制，对完成和超额完成定额的工人以较高的工资率计件支付工资；对完不成定额的工人，则按较低的工资率支付工资，工资支付的对象是岗位而不是职位，是实际的工作成果而不是工作类别。

5. 管理和劳动分离。管理者和劳动者在工作中密切合作，以保证工作按标准的设计程序进行。为实施标准作业法，应把计划职能和执行职能分开。计划职能是专门研究标准作业法和劳动定额，执行职能是按标准作业法实施作业。这两者的分工使职责明确，有利于提高工作效率。职能分工为以后企业专业化和职能部门的设置提供了依据。

6. 组织上的例外原则。较大规模的企业在制订了计划、规章制度后，一切管理人员和工人都按此执行，管理人员尽量少用自己的主观意志去干扰正常的生产秩序。高级管理人员把处理一般日常事务的权力授予下级管理人员，高级管理人员只须面对"例外"事项实施决策权和监督权。

科学管理不仅仅是将科学化、标准化引入管理，更重要的是泰勒所倡导的"精神革命"，这是实施科学管理的核心问题。许多人认为雇主和雇员的根本利益是对立的,而泰勒所提的科学管理却恰恰相反,他相信双方的利益是一致的。对于雇主而言,追求的不仅是利润,更重要的是事业的发展。而正是这一事业使雇主和雇员相联系在一起,事业的发展不仅会给雇员带来较丰厚的工资,而且更意味着充分发挥其个人潜质,满足自我实现的需要。只有雇主和雇员双方互相协作,才会达到较高的绩效水平,这种合作观念是非常重要的。

泰勒的科学管理主要有两大贡献:一是管理要走向科学;二是劳资双方的精神革命。科学管理的许多思想和做法至今仍被许多国家参照采用。

(二)法约尔的组织管理理论

法约尔(Henry Fayol, 1841~1925),法国人,早期就参与企业的管理工作,并长期担任企业高级领导职务,经过长期的实践和悉心研究,较完整地提出了企业组织管理的理论。法约尔的著述很多,1916年出版的《工业管理和一般管理》是其最主要的代表作,标志着组织管理理论的形成。其主要内容如下:

1. 法约尔区别了经营和管理的概念

法约尔认为,任何企业都有六种基本活动,即:技术活动——工厂的生产、制造和加工等活动;商业活动——企业与社会的交换活动,包括买和卖;财务活动——资金的筹措、资金的运动;安全活动——设备安全、生产安全、职工安全、企业风险的避免;会计活动——对资金运动的记录,对成本、收入、利润的核算;管理活动——计划、组织、指挥、协调、控制。

管理在企业六种基本活动中处于核心地位,因为其他五种企业活动都需要管理。法约尔把经营和管理加以区分,意味着企业中的管理活动是一种较特殊的职能,其他五项活动是具体的业务活动,它们是有区别的。但管理不是独立存在的,它融合在其他五项职能之中。

2. 提出五大管理职能

法约尔将管理活动分为计划、组织、指挥、协调和控制等五大管理职能,并进行了相应的分析和讨论。管理的五大职能并不是企业管理者个人的责任,它同企业经营的其他五大活动一样是一种分配于领导人与整个组织成员之间的工作。

3. 提出十四项管理原则

法约尔同时提出十四项管理原则,包括责权统一、指挥的统一性、组织的稳定性等现代管理仍在采用的原则。

法约尔还特别强调教育的重要性,他认为通过教育可以提高管理水平。

二、行为科学理论

行为科学是以人为研究对象,它从心理学、社会学的角度去研究管理,重视社会、心理对人和生产效率的影响,并进一步研究改善生产环境、组织结构、管理方式,从精神和物质上给员工以激励,目的是充分调动人的积极性，挖掘人的潜力，充分利用人力资源使其达到最佳效果。所以，行为科学就其主要内容来说，就是对企业员工在生产中的行为以及这些行为产生的原因进行分析研究，按照需求动机——行为的规律，挖掘人的才智，达到企业目标的学科。

行为科学的主要理论观点和流派

1. 霍桑试验的结论——人际关系理论

霍桑试验是指美国哈佛大学教授乔治·埃尔顿·梅约等人在芝加哥西方电器公司霍桑工厂进行的人际关系实验。该实验旨在研究企业生产中各种有关因素对生产效率的影响程度，由试验结果提出了著名的霍桑试验结论，即人际关系理论，为行为科学奠定了基础。人际关系理论的要点为：

（1）工人是"社会人"而不是"经济人"。泰勒把工人只看作是追求高工资的"经济人"，主张只要通过工作条件、工作报酬等方面的改进就可提高劳动生产率。但是，霍桑的实验表明，工人是"社会人"，他们的行为并不单纯出自追求金钱的动机，还有社会方面的、心理方面的需要，即追求人与人之间的友情、安全感、归属感和受人尊敬等，而且后者更为重要。因此必须从社会和心理方面来满足工人的需求，才能更有效地激励工人提高劳动生产率。

（2）在企业中，除了正式组织之外还存在非正式组织。这种非正式组织的作用在于维护其成员的共同利益，使之免受其内部个别成员的疏忽或外部人员的干涉所造成的损失。为此，非正式组织中有自己的核心人物和领袖，有大家共同遵循的观念、价值标准、行为准则和道德规范等。梅奥指出，非正式组织与正式组织有重大差别，在正式组织中，以规章制度为其行为规范；而非正式组织是由共同的利益、共同的感情而形成的非正式团体，它是一种无形组织，但它制约成员的行为，对提高劳动生产率有很大的影响。

（3）提高员工的士气在于满足员工的社会需求。生产效率不单受工作方法和工作条件的制约，生产效率主要决定于士气，士气决定于员工对社会、心理方面需求的满足，如归属感、安全感等。这些需求的满足又取决于个人、家庭、社会生活（如上级、同事、社会对个人的认同），以及企业中人与人的关系。

2. 马斯洛的需求层次论

需求层次论是研究人的需求结构的一种理论，是美国心理学家马斯洛首创的一种理论。他在1943年发表的《人类动机的理论》一书中提出了需求层次论。马斯洛把人类的需求划分为五个层次：(1)生理需求，是个人生存的基本需求，如吃、喝、住。(2)安全需求，包括心理上与物质上的安全保障，如不受盗窃和威胁，预防危险事故，职业有保障，有社会保险和退休基金等。(3)社交需求，人是社会的一员，需求友谊和群体的归属感，人际交往需求彼此同情、互助赞许。(4)尊重需求，包括要求受到别人的尊重和自己具有内在的自尊心。(5)自我实现需求，指通过自己的努力，实现自己对生活的期望,从而对生活和工作真正感到很有意义。马斯洛的需求层次论认为,需求是人类内在的、天生的、下意识存在的,而且是按先后顺序发展,满足了的需求不再是激励因素等。管理者应根据人的不同需求去调动他们的工作热情。

3. X、Y理论

X、Y理论也称人性假设理论,是由美国的心理学家麦格雷戈所创立。麦格雷戈认为:管理人员要对人进行管理,有关人的性质和人的行为的假设对于决定管理人员的工作方法是极为重要的。他认为在企业管理指导思想即对员工本性的看法上存在着两种对立的思想,他把这两种思想分别称为X理论和Y理论。

(1) X理论。X理论对人性的假设作了错误的结论,其主要观点为:多数人天生是懒惰的,只要有可能他们尽可能逃避工作;多数人没有雄心大志,不愿负任何责任;多数人生来以自我为中心,不顾组织目标;多数人工作是为了生理和安全需求,他们安于现状,不求进取;多数人符合上述假设,只有少数人能克制感情,鼓励自己,具有解决问题的想象力和创造力;这些人才能担负起管理的职责。

从X理论出发,管理的措施是:管理是少数人的事;管理应按制度从严要求工人听从管理者的指挥;管理者应用软硬两手来对待员工,即用金钱来刺激员工的生产积极性,用严厉的惩罚措施来对待消极怠工者。

(2) Y理论。由于X理论的明显不足,麦格雷戈提出了与之相对立的Y理论,其主要观点为:如果环境适宜,人们运用智力和体力从事工作,正如游戏和休息一样自然。控制和惩罚不是实现组织目标的唯一方法;人们愿意实行自我管理和自我控制来完成应当完成的目标。

对组织目标所承担的义务是同获得成就的报酬直接相关的。在正常情况下,一般人不但能接受而且能主动承担责任。缺乏雄心壮志和过分强调个人安全并不是人的天性。在人们中间广泛地存在着高度的想象力、创造力和独创性。在现代工业条件下,一般人的智力只用了一部分。

根据Y理论,管理应采取的措施有:少用外部控制,在管理制度上给予工人更多的自主权;实行自我控制,让工人参与管理和决策并共享权力。重视人和人际关系,创造一种适宜的环境。让工人担当具有挑战性的工作,担负更多的责任,促使其工作做出成绩,满足其自我实现的需要。

4. 赫茨伯格的双因素理论

激励因素与保健因素理论是美国的行为科学家赫茨伯格提出来的,又称双因素理论。

所谓保健因素,就是使人们能维持现状工作方面的因素。保健因素包括公司政策、管理措施、监督、人际关系、物质工作条件、工资、福利等。保健因素的满足对职工产生的效果类似卫生保健对身体健康所起的作用,有预防疾病的效果,它不是治疗性的,而是预防性的。

所谓激励因素,是指那些能带来积极态度、满意和激励作用的因素。

激励因素包括:成就、赏识、挑战性的工作、增加的工作责任,以及成长和发展的机会。如果这些因素具备了,就能对人们产生更大的激励。从这个意义出发,赫茨伯格认为传统的激励假设,如工资刺激、人际关系的改善、提供良好的工作条件等,都不会产生更大的激励,但它们能消除不满意,防止产生问题,所以保健因素是必需的。只有"激励因素"才能使人们有更好的工作成绩。

行为科学的理论很多,以上只是对行为科学的代表理论作简要的介绍,酒店管理中人的管理比重较大,行为科学对酒店管理有着特殊的意义。

三、现代管理理论

科学管理和行为科学是企业管理中对生产过程、对物的管理和对人的管理的革命。社会的发展使企业状况和社会环境都发生了极大的变化。企业生产过程更为复杂,生产规模日益扩大,企业的社会联系更为广泛。同时现代科学方法和技术特别是计算机技术引入管理领域,管理也在迅速发展。与之相适应,管理理论也随着发展,产生了现代管理理论。

现代管理理论主要有:系统管理理论、决策理论、权变理论、社会技术系统理论以及运筹学等。

以上对管理学的主要原理作了概括的介绍,但酒店运用这些原理时都不能照搬照抄,而要根据酒店的实际情况进行运用,在实践中不断发展和创新管理理论。

第二节 酒店管理的基本职能和方法

一、酒店管理的基本职能

(一)酒店的计划职能

1. 计划职能的含义

简单地说,计划就是酒店预先决定要做什么,如何做,何时做和由谁做,即计划的前提是决策,决策的结果形成计划。所以,计划职能就是指酒店通过周密地、科学地调查研究,分析预测,并进行决策,以此为基础确定未来某一时期内酒店的发展目标,并规定实现目标的途径和方法。因此,在酒店管理中,首先要有科学合理的计划。

2. 计划职能的作用

(1)确立酒店统一行动的目标

酒店管理者和员工分布在各个不同的部门工作,他们一般都非常关注自己部门的利益,不太考虑酒店整体利益,而有一个完整的计划,则可以帮助他们了解酒店的整体利益，增强其全局观念。

（2）充分利用酒店的各种资源

计划职能可使酒店对所拥有的人、财、物等资源进行合理而有效地组合与调配，使人尽其才、物尽其用，减少人力、物力、财力的浪费，从而形成尽可能大的接待能力，并实现酒店效益最大化。

（3）增强适应环境变化的应变能力

计划职能在确定酒店目标的同时也规定了实现目标的途径和方法。这些途径和方法充分考虑了酒店内外环境的变化及其趋势，使酒店在市场竞争日趋激烈、宾客需要日益多变的环境中求生存图发展，变被动为主动，增强了酒店的应变能力。

3. 计划的类型

按照不同的分类标准，酒店计划可分为不同的类型，最常用的是按时间分类和按范围分类。

（1）按时间分类

按时间分类，可以将酒店计划分为长期计划、中期计划和短期计划。长期计划是指酒店在较长时期（一般在三年以上）内有关酒店发展方向、规模、设备、人员、等级等方面的战略性、纲领性计划。由于计划期较长，未来存在着大量的可变因素，所以长期计划不宜过于具体，应符合"远粗近细"的计划原则。

中期计划是计划期在一到三年的计划。中期计划中，在年度计划的制订较多。年度计划是指酒店具体规定计划年度内各部门、各阶段的目标和任务的计划。它是酒店全体员工在计划年度内的行动纲领和依据，是酒店最重要的计划。

短期计划是指酒店以一个季度（季度计划）或一个月（月度计划）为期限对酒店各种工作所做的具体安排。它是年度计划的具体化，是酒店员工实施的执行性计划，所以应尽量详细、具体、明确，具有可操作性。

（2）按范围分类

按范围分类，可以将计划分为酒店总体计划和各部门的分类计划。即部门计划。

酒店总体计划是指确定整个酒店目标和任务的综合性计划，它包括酒店的计划目标的制定、目标的分解及其说明、计划的实施过程及其措施方法等内容。

部门计划是指酒店内各部门为实现酒店的总目标而制订的本部门在计划期内需完成的具体目标和任务的实施性计划。所以部门计划的制订是以酒店总目标和政策为指导的，它包括部门的具体目标、实施细则等内容。

4. 计划的制订

制订计划是管理的基础。酒店制订计划必须充分考虑酒店的各种内外信息，对广泛收集的酒店内外信息进行整理分析。在信息准备基础上，管理者制订酒店计划草案以供相关人员讨论，并根据讨论意见对草案进行反复修改，使之更可行、更具体化。当酒店上下相关人员对计划草案达成共识后，即可把可行的计划确定下来，作为日后工作的依据。

5. 计划的实施

编制计划是为了使酒店所有管理者和员工实施计划，实现计划目标。计划的实施分计划的执行和计划的控制两方面。

（1）计划的执行

酒店计划一旦确定，就应将其分部门、分层次、分阶段层层分解，逐一落实到部门、班组、员工，分解至酒店业务活动的淡季、平季、旺季或月、周等。

计划展开分解后，酒店计划成为各个部门和每位员工的具体工作任务。为有效地完成这些任务，就必须授予相应的权利，并规定达到计划目标后的相应利益，做到责、权、利三者的统一。

在执行计划过程中，管理者还必须通过严格的考核制度和分配的激励机制调动员工积极性，监督计划的执行情况，检查计划的执行结果，及时发现问题，并予以彻底地解决。

（2）计划的控制

管理者通过检查计划的实施结果，将实际结果与计划目标进行比较，找出两者之间的差异，然后针对找出的差异进行认真分析，分析造成差异的原因，根据差异原因修订计划。但无论是局部修订还是总体修订都必须慎重，要反复讨论、论证后决策。酒店还应根据计划实施的实际结果，客观、公正地对计划进行评价，反思计划的制订和实施过程，总结经验教训，为下期计划的科学性、合理性提供参考。

（二）酒店的组织职能

酒店组织职能是指为了有效地达到酒店计划目标，管理者确定组织结构，进行人、财、物、时间、信息等资源的调配，并划分部门、分配权力和协调酒店各种业务活动的管理过程。组织职能是计划职能的自然延伸，它贯穿于酒店管理的全过程。其具体内容如下：

（1）确定酒店的管理体制。

（2）设置合理的酒店组织机构。

（3）进行编制定员，明确各管理层次及相应的责任和权力并选用合适的人员。

（4）建立信息沟通系统，进行各级各部门间关系协调。

（5）进行资源调配，使酒店形成接待能力并开展接待业务。

（6）建立和健全酒店管理制度。

酒店组织管理是否有成效，其结果将直接影响到整个酒店的经营成果。所以，组织职能是实现计划的重要保证，也是其他管理职能的基础和前提。

（三）酒店的指挥职能

1. 指挥职能的含义

指挥职能是指管理者凭借权力和权威，对指挥对象发出指令，使之服从代表决策计划的管理者个人意志，并付诸行动。

指挥职能的含义有以下几点：

(1)指挥是以职权为基础的。运用不同职位的相应权力是指挥的基本特征，也是做好指挥工作的一种手段。必须指出的是，运用权力只能是做好领导工作的一种手段，单纯运用权力而忽视员工行为因素和情绪因素，就会变为独裁而使下属员工明显地感到权力的压力，产生逃避和反抗行为。

(2)指挥是以影响力为诱因的。影响力包括强制性影响力和自然影响力两个方面。强制性影响力主要来源于权力；自然影响力主要来源于管理者的个人因素，如管理者的某种专长、业务能力、道德风貌等，它是建立在下属出自内心认可的基础上。

(3)指挥是率领和指导下属的一种管理活动。"率领"和"指导"有两方面的含义：一是要身体力行地与下属共事，在工作现场进行具体的指挥行为，使下属尽职尽责；二是要了解下属的感受和他们在贯彻管理者领导意图及执行计划任务时所面临的问题，并帮助解决这一问题。

(4)有效指挥的四种要素。有效指挥应具备四个基本要素：酒店的决策计划应该是明确的；指挥者的个人意志及指挥才能是有效指挥的重要条件；指挥对象的素质；组织的习惯和风气。

2. 指挥职能的类型

要使指挥有效，就要求指挥者具有权威性及恰当地使用指挥的技巧。指挥者所处的环境不同，指挥的形式也就不同。指挥的类型可分为以下四种：

(1)直意指挥。直意指挥是指挥者用明确的信息对下属发出指令。在酒店，直意指挥是最经常和大量发生的，直意指挥的形式是直接下达指令。通常采用肯定或否定的语言，简洁的表述，直截了当的方式。直意指挥要明确指出该指令的结果和时限要求，提出执行指令的具体步骤。

(2)启发式指挥。启发式指挥是由指挥者通过引导启发的形式使指挥对象的思路和指挥者的决策相一致，然后再下达指令。启发式指挥的特点是对面临的问题，指挥者和指挥对象的认识不统一，于是通过指挥者对指挥对象的引导启发，让指挥对象发挥能动性而对要解决的问题按正确的思路进行自我思考和自我决策。当指挥对象的思路和指挥的决策相一致时，再下达指令，该指令就会为指挥对象所充分理解，从而能坚决地、自觉地、圆满地执行指令。

(3)归纳式指挥。归纳式指挥是指挥者在做出一个重要指令前，充分听取各方面的见解，然后归纳为一个合理的决策，根据决策下达指令实施指挥。酒店管理者往往会碰到一些复杂的问题，或牵涉到各部门的问题。对这些问题指挥者感到心中无底尚难决断，或无把握断然下令时，可以听取多方的见解，以充分了解情况，集思广益。在归纳多方的见解形成一个较完整的决定后，再下达指令。

（4）应急式指挥。应急式指挥是指挥者在一些较特殊的情况下临时发出的一些较紧急的指令。在酒店经常会发生一些特殊情况，这些情况又需要马上处理。由于时间紧迫又要立见效果，就容不得周密的思考和筹划，只有当即指挥尽快解决问题。应急式指挥只抓住主要矛盾，解决主要矛盾，很少顾及其他。

（四）酒店的协调职能

1. 协调职能的含义

协调职能是管理人员以决策为依据对不同的人、事、业务之间的联络调整等活动，使之相互配合和谐一致，以达到酒店的经营目标。协调是一种职能活动。协调职能是以酒店的决策目标为基本出发点，使各种人和事、各部门各业务能互相配合、互相衔接、互相制约、互相间形成一个和谐的整体。

2. 协调职能在酒店管理中的作用

管理的协调职能对服务质量有重要影响。酒店的服务质量是一个整体，酒店的优质服务是全体员工共同努力的结果，酒店任何一个部门都无法单独完成对客人的优质服务，部门与部门、岗位与岗位只有环环紧扣，通力协作才能产生优质服务。

协调职能是酒店生存和发展的必要条件。酒店是一个系统，是社会大系统中的一个子系统。酒店和社会存在着千丝万缕的联系。而社会是一个极其复杂的系统，酒店就处在这样一个极其复杂的关系和联系之中。因此，正常的、庸俗的各种关系都会掺杂在一起，如果社会关系处理得不好，就有可能危及酒店的生存和发展。协调融合酒店跟社会的关系，保证酒店的生存和发展是协调职能的又一任务。

3. 协调职能的类型和形式

（1）协调职能的类型

①内部协调。内部协调在酒店管理中是大量存在的，酒店内部协调的主要方面有：

组织协调。组织协调是指酒店的组织结构、人员安排、人员调配、信息联系等方面的协调。

常规业务协调。即通常所称的业务协调。当业务按酒店的业务设计正常进行时，对业务的均衡所作的协调，这类协调根据需要进行。

特别业务的协调。特别业务是指非常规性的一些接待业务，如重要的团体会议、有特殊要求的宾客、影响重大的接待任务、突然发生的一些业务或事件。

人际关系协调。人际关系在这里是指酒店里人与人的关系。在我国的酒店里，人际关系是多种多样错综复杂的，各种非工作关系、个人情绪、个人感情，都会掺杂到工作关系中去。

意识与行为的协调。酒店需要的是员工的正确行为，行为是受意识支配的。有了正确的酒店意识,不一定产生相应的行为,协调职能或要帮助员工树立正确的意识,把意识引导到行为,或使行为上升到意识。协调职能注重酒店意识的培养,再用酒店意识规范行为。

指挥系统协调。酒店指挥系统的平衡协调也极为重要。指挥系统是一个命令和信息反馈的通道,保证命令的统一性、及时性,保证信息的及时反馈,都有赖于指挥系统的有效性。而指挥系统最易发生的问题是链环的断裂,信息的走样,有信息而无行动。要消除这些现象,要靠协调职能的功能。

②外部协调。与宾客的协调。酒店和宾客的关系是酒店一切关系的枢纽和中心,酒店一切关系的协调和平衡都应服从酒店和宾客关系协调和平衡的需要。与宾客的协调主要有:保证宾客的权益、了解宾客需求、协调处理好投诉宾客与酒店的关系。

与政府部门的协调。政府部门以法律和法规为依据对酒店实行行业管理和行政监督,政府管理和监督的出发点是维护全社会的利益,支持和促进酒店的发展。酒店经常要和政府部门协调,在行业管理和行政监督中政府和酒店之间能圆满融洽。

与客源单位的协调。酒店与客源单位在客源输送、客流、价格、业务、财务结算、信息等方面经常要协调,使供求双方平衡一致。

与社会各方面的协调。酒店只有与社会各方面之间协调才有可能发展,酒店的总经理有相当部分精力是用在对外协调上,酒店的各部门,特别是公关部都有与社会各方面协调的职责。

(2)协调方法

协调职能不仅是一种管理职能,而且还是一种很有灵活性的管理艺术。协调的主要方法如下:

①计划协调。计划协调是指把计划的总目标和各部门计划目标相互平衡衔接起来。计划协调是从全局整体上着眼。计划不仅对酒店及各部门的目标、指标做出规定,进行平衡;还要对完成目标任务所需的资金、物资、人员、业务安排做出协调和平衡。

②制度协调。协调职能是以硬性的制度和规范为依据。现代酒店制度一方面制定了酒店员工的行为规范,同时制度对正式组织的协调也作了规定。现代酒店管理制度规定了管理中的协调职能。

③思想意识的协调。思想意识的协调主要通过当事人以自己的协调意识、组织观念、质量意识、服务意识等多种观念来支配自己的行为,自我调节、主动配合做好协调。

④指挥协调。指挥协调是指挥者在实施指挥职能时充分考虑达到指挥目标的各种条件和要素存在和发挥作用的条件,使各要素互相平衡。

⑤会议协调。利用会议进行协调工作是现代酒店经常采用的方法。会议协调的好处是多个人在一起,能对问题充分讨论,对各方面各种细节都能顾及,使各部门各岗位充分协调。

（五）酒店的控制职能

1. 控制职能的概念

控制职能是管理人员接受酒店的市场信息和内部信息，按决策目标和核定的标准对酒店经营营业活动进行监督、调节、检查、分析，使之不发生偏差而依照正常的轨道进行，以达到预期目标的管理活动。

2. 控制职能的内容

（1）对计划的控制。制订计划时，要平衡调配酒店的人、财、物，平衡计划指标和计划进度；执行计划时，对完成计划指标，调整计划指标，完成计划进度，各部门计划的落实和完成等进行控制。

（2）服务质量的控制。对设备设施，服务水平，安全保卫工作以及质量对市场的适用性，宾客对服务质量的投诉，质量计划执行情况等进行的控制。

（3）业务控制。对业务运转、业务量、各种不同业务、特殊业务，业务运转中的服务规程实施控制。

（4）人事控制。人事控制主要是对人员的质和量两方面的控制。质的控制是按人事计划和各类人员的素质标准，通过培训、使用、激励等使人员达到素质标准的要求。量的控制是根据组织原则所核定的管理人员岗位和编制定员，配备各类人员，对人员的数量和工资支出实施控制。

（5）财务控制。财务控制是对投入资本金、流动资金、效益的控制。具体地说，财务控制要控制核定资金投入、资金分配、资金周转、资本金构成、还贷付息、成本与费用、营业收入、毛利率、利润与税金、股东利益分配、员工分配、基金的建立与使用、财务运转等。

（6）物资控制。物资控制是成本费用控制的重要方面。物资控制主要有物资采购批量、库存、仓库管理、物资消耗定额等的控制。

以上是酒店控制职能实施控制的主要内容，这些内容酒店都有决策和计划，酒店抓住这些内容实施控制，就能保证酒店的正常管理和运转。

3. 控制的方法和措施

（1）检测实际结果。酒店检测实际结果有两种形式，一是对已形成的结果进行检测与分析，如各种营业及财务指标，各业务过程中每个业务周期结束后的结果，如整房完毕后的检查结果等，结果要明确。二是现场实际检测与分析，即各业务过程进行过程中的情况，如每个业务周期前台各部门的业务过程，棉织品洗涤过程中的质量等。

（2）评估及发现偏差。评估是把检测结果与目标和标准进行比较，比较后无非是以下三种结果：一是偏差在允许值范围内或是无偏差。这种情况是理想状况，一般不作分析或采取措施。二是评估结果发现正偏差。一般来说，对总目标和一般标准正偏差是理想的，某些正偏差如营业额、利润额等正偏差越大越好。但并非所有正偏差都好，对正偏差要作分析。三是评估结果发现负偏差。一般来说负偏差都不是好事，要作分析，如成本费用出现负偏差可能是涨价因素，客流量减少可能是外界因素等。

(3) 查明原因纠正偏差

①查明偏差原因。一般来说，酒店目标和标准在实际业务过程中产生偏差的原因：一是目标和指标的不合理性；二是在业务运转中，因实际工作的误差而造成的偏差；三是因外部环境的较大变化而引起酒店实际情况和目标的偏差；四是几种因素掺合在一起而造成的偏差。只有在确定原因后，才能动手纠偏。

②偏差纠正。酒店管理的控制职能主要围绕对客服务业务过程而发挥功能。控制职能纠正偏差可分为：预先控制，即在业务进行前把可能产生偏差的原因先行去除，保证业务的正常进行；现场控制，即在业务进行时，酒店管理人员在现场指导监督，发现问题及时纠正；事后控制，即在业务周期完成后去发现偏差纠正偏差。

在酒店经营管理中，不同管理层次的管理人员执行管理职能的侧重点是不同的。高层管理人员侧重于计划、组织，而低层管理人员则注重指挥、控制。

二、酒店企业管理的基本方法

管理方法，就是管理者为实现管理目标，而在管理过程中所取的方式、手段与途径。采用科学的管理方法，有利于促进管理目标的尽快实现；采用科学的管理方法，有利于提高管理的效能，进而提高酒店的经济效益和社会效益；采用科学的管理方法，有利于提高酒店企业的管理水平，促进管理的现代化。酒店各级管理者都必须充分认识管理方法的重要性，努力探索各类管理方法的有效作用机制，研究各种方法运用的艺术技巧，提高管理方法应用的科学性、以更好地实现管理目标。

在酒店企业管理中，最基本的管理方法有四种：行政方法、经济方法、法律方法和社会学、心理学方法。

（一）行政方法

酒店企业管理中的行政方法，是指依靠行政机构的权威，通过组织与指挥等行政手段直接影响和干预管理对象，以实现管理目标的方法。

在酒店企业管理中的主要作用形式有：

1. 管理者发出的各种指示、命令、要求等。
2. 上级向下级下达的指令性或指导性计划等。
3. 各种形式的监督、检查、考核等。
4. 各种批评与行政处分等。

（二）经济方法

酒店企业管理中的经济方法，是指依据经济组织，利用奖罚等经济手段，通过影响和调节管理对象的物质利益而促进管理目标实现的方法。

在酒店企业管理中经济方法主要作用形式有：

1. 实行工效挂钩的各种工资形式。
2. 各种形式的奖金及其他物质奖励。

3. 各种集体福利与个人生活待遇。
4. 各种劳动定额。
5. 经济分析与经济核算等。
6. 各种经济处罚。

(三)法律方法

酒店企业管理中的法律方法,是指依据法令、制度,通过法制规范的手段,强制性推动与约束被管理者去实现管理目标的方法。

在酒店企业管理中,法律方法的主要作用形式有:
1. 遵守国家的法律与法令、法规,依法经营和依法行事。
2. 企业制定的较为重要的制度、政策、规范等。
3. 对违法、违纪行为的各种形式的追究与处罚。

(四)社会学、心理学方法

酒店企业管理中的社会学、心理学方法是借助社会学、心理学机制,通过政治教育、思想沟通和社会交往等手段,以满足被管理者的社会心理需要,促其自觉自愿实现管理目标的方法。

在酒店企业管理中,社会学、心理学方法应用领域极为广泛,主要形式有:
1. 企业结合管理目标和酒店业务工作而开展的多种形式的思想政治教育工作。
2. 各种形式的思想沟通,感情交流。
3. 定向疏导、诱发与说服。
4. 人际之间的交往,联络活动等。
5. 尊重人的个性,鼓励兴趣,为员工提供各种自我表现的机会。
6. 开展宣传舆论工作,造就理想的氛围环境。
7. 表彰、鼓励、评优等。
8. 通过工作丰富化等现代工作设计技巧,使广大员工对本职工作满意,这是最有效的工作激励。

第三节 酒店经营管理的理念

一、管理理念

(一)管理理念

酒店企业的正常运转,管理和服务质量的提高,社会效益和经济效益的好坏,都是管理人员的管理行为和服务人员作业行为的结果。所有的管理行为和作业行为都不是盲目的,它们在一定意识的支配下产生。酒店管理者对酒店企业的认识,以及在认识过程中思维所产生的相对稳定的结果,称为管理者的理念,管理理念是管理者进行活动的指导思想。酒店管理的优劣取决于管理的指导思想,理念达到一定的境界,管理也会达到一定的境界。酒店管理者的管理理念决定着其对各种管理理论和方法的认同与否及重视程度,进而影响到酒店发展目标的制定及实施。在酒店业竞争加剧的环境下,一个酒店管理者是否具有创新精神和开拓意识,是否能够面对挑战,正视竞争,直接关系到酒店的生存与发展。

(二)企业环境决定管理理念

在社会主义市场经济体制下,酒店企业作为一个独立的经济实体和经济法人,其各项活动是以酒店内部因素为条件,在一定的社会环境下进行的。企业环境包括外部环境和内部条件。外部环境是酒店本身无法控制的,酒店可以控制的是酒店企业的内部条件。树立现代化的管理理念,就是要根据旅游酒店业的发展的客观要求,强调酒店企业对外部环境的适应性,即针对外部环境的变化及趋向,求得酒店企业内部条件和外部环境的适应与协调。固守传统的管理意识无论如何也不能适应时代发展的要求。

二、酒店现代化经营管理理念

(一)战略理念

战略是决定酒店企业整体发展的关键。因此,战略理念也可称为发展理念。酒店企业的高层管理人员,要把注意力集中在酒店未来的全局发展的重大决策上。必须立足当前,展望未来,具有长远的战略思想,确立酒店企业发展的战略目标。在制定战略目标时,要从酒店企业的长远利益出发,强调对环境变化的适应性,进而对客源、人力资源的开发,价格策略的制订,酒店更新(扩建)的计划等长远和重大的问题进行正确的决策。

(二)竞争理念

在市场经济体制下,竞争是必然的也是必须的。竞争的含义就是优胜劣汰,酒店企业之间的竞争实质上是管理水平和人才的竞争。竞争的结果使管理水平高、服务质量好的酒店获得相对丰厚的利润,同时,竞争的结果反过来作为动力推动同类酒店加强管理。酒店企业的管理人员必须树立竞争理念,时刻意识到自己处于竞争的环境之中,敢于竞争,善于竞争,在竞争中求生存、求发展,促进酒店企业经济效益的提高。

(三)市场理念

树立市场理念就是要求管理人员了解市场,面向市场和开发市场。了解市场是了解国内外酒店企业的管理水平和服务水平,了解竞争对手的情况。面向市场是要密切注意市场发展变化的动向,尽可能提高酒店的市场占有率。开发市场是要努力发掘新的市场需求层次和需求领域,引导消费。开发新的市场可以避免与强大的竞争对手进行直接竞争,而且一旦进入新的市场后,酒店就可以处于比较有利的竞争地位。

(四)消费第一理念

消费第一理念就是满足顾客需求的理念。顾客需求始终决定旅游市场的变化,把握未来顾客需求的发展,就是把握未来酒店市场的发展。在酒店市场日益饱和、竞争日益激烈的情况下,未来酒店的产品能否销售出去,主要不在于销售方式和技巧,而在于产品能否满足顾客的需求。日本人认为,目前企业正经受着一种新型管理理念——CS 的冲击。所谓 CS 是英文 Customer Satisfaction 即"顾客满意"的缩写。在买方市场环境中,企业如果不能做到使顾客满意,就必然会在市场竞争中被淘汰。我国台湾的实业家则提出了消费者的需求比产品的功能更重要,消费者满足需求付出的成本比产品价格更重要等理念。

(五)开拓创新理念

创新永远是酒店企业的制胜法宝,开拓市场是酒店企业取得经济效益的必由之路。现代酒店的特征之一,就是其消费内容的综合性。树立开拓创新理念,要求企业不断开发新产品,打开新市场,满足不同类型顾客和不同消费层次顾客的需求。还必须强调能给人以新鲜愉悦感受的特色服务。

(六)质量理念

酒店是以提供服务这种无形产品为主的服务企业。酒店产品具有的生产与消费的同一性、质量评价的后效性等特性,决定了酒店产品不同于一般的有形产品。一般的有形产品倘若发现质量问题,可以通过售后服务进行弥补,而酒店产品不存在挽回影响的机会。这一区别显示了酒店服务质量的重要性,所以酒店管理人员必须坚定地树立质量是酒店的生命线的思想,加强服务质量的控制,保证酒店的声誉,以使顾客对酒店形成良好的印象。酒店服务质量的高低代表着整个酒店全面质量管理的效果,必须依靠酒店全体人员的共同努力才能取得。

(七)效益理念

管理的最终目的是效益,任何一种管理形式和策略,都直接或间接地服务于效益。酒店作为获取经济效益的企业组织,管理人员必须重视酒店的经济效益,而经济效益的取得又是以社会效益为前提的,只有社会效益是好的,才能建立酒店的声誉吸引众多的宾客,才能保证酒店设施的使用率和酒店服务产品价值的实现。因此,作为一个管理者,需要综合平衡处理好局部效益与全局效益、短期效益与长期效益、经济效益与社会效益的关系。

(八)政策法规理念

现在的中国逐步进入一个法制化社会,政策法规对企业的影响非常大,现代旅游酒店属于涉外企业,政策性很强。这就要求酒店管理人员必须认真学习、掌握、执行国家有关的方针政策,并以这些方针政策作为酒店制定经营目标、方针政策的依据。了解并执行这些政策,才能使酒店的经营管理活动处于主动地位。

另外还有注重分工的专业化理念，注重信息的信息有价理念和注重时间的时间理念。

【案 例】

名企这样对待离职员工

一对夫妻为了离婚打上法庭，"一日夫妻百日恩"被抛在脑后，结果两人成为仇人，创伤和阴影笼罩着两人的下半生；另一对夫妻因性格不协调日子过得磕磕绊绊，两人经努力无果冷静地商量着分手，男人大度地将财产让给女人，但女人只要了属于她的一半并用最后的一天一夜熨好了男人一年四季要穿的所有衣服，之后他们各自成家却成为了永远的朋友。如果你是当事人会怎样选择呢？聪明的人会模仿后者。企业与离职员工的关系与之类似，现在就让我们看看一些企业是怎么做的。

天狮集团——离职面谈 请提意见

天狮集团对离职的每个人员，不管是个人主动离职的还是被集团解职的，人力资源部都要与之谈话，问他们为什么离开？如果时间能倒退，企业怎样做才能留住他？并请离职员工填写离职档案，给公司留下他们的意见。但是有些员工在离职时由于某些原因往往不会如实填写。人力资源部会等到他离开后一段时间再问他，那时候可能他已经没有顾虑了，会将自己真实的原因讲出来。员工离开时，集团公司还要通过不同形式进行欢送，让员工离开得非常愉快。

惠普公司——握手话别 陪送"嫁妆"

惠普（美国）公司有一家子公司，该公司对待跳槽的员工是：不指责、不强留，利索地放人，握手话别。一个离开惠普出去创业的人说：惠普每年要花不少钱用在人才培训上，有的人来惠普就是为了镀金，学了本事待价而沽。对此，公司的管理层认为，人家愿意来，说明惠普有很大吸引力；人家想走，强留也不会安心。再说，电脑业本来流动率就高，当初选进的人才不见得都符合惠普的要求。退一步说，一些优秀人才到外面去服务，也是惠普对社会的贡献，也符合惠普一贯坚持的"互胜"精神。

麦肯锡公司——建立名录 一网打尽

麦肯锡咨询公司有一本著名的"麦肯锡校友录"，即离职员工的花名册。他们将员工离职视为"毕业离校"，离职员工就是他们遍布各处的"校友"，其中不乏CEO、高级管理人员、教授和政治家。麦肯锡的管理者深知，随着这些离职咨询师职业生涯的发展，他们将会成为其潜在客户，无疑会形成一大笔资源。麦肯锡一直投巨资用于培育其遍布各行业的"毕业生网络"，事实证明，这一独特的投资为公司带来了巨大的回报。

Bain 公司——真心牵挂 人走心连

世界著名的管理咨询公司 Bain 公司专门设立了旧雇员关系管理主管，负责跟踪离职员工的职业生涯变化情况。为记录这些变化情况，公司还建有一个前雇员关系数据库，其中存有北美地区 2000 多名前雇员资料，不但包括他们职业生涯的变化信息，甚至还包括结婚生子之类的细节。Bain 公司定期向那些曾在公司效力的前雇员发送内部通讯，邀请他们参加公司的聚会活动。如此感情投资，也是为了有朝一日能有效利用这些"跑了"的人力资源。

分 析：

以上名企均在对员工离职上做到了"以人为本"，运用行为科学理论，做好名企与员工的"人际关系"工作，满足员工的心理需要，尊重员工选择，反之，他们也获得了员工的尊重，获得了社会的尊重。

重点思考题

1. 简述泰罗科学管理理论的内容。
2. 简述马斯洛的需求层次论的内容，联系实际谈谈在酒店管理中如何运用。
3. 如果你是酒店管理者，你怎样认识你的员工？采取什么样的管理方法？
4. 试述酒店管理职能。
5. 酒店经营管理的理念有哪些？你如何理解？
6. 试调查一个小型酒店，分析其管理理论的应用和观念有何不足或经验？

第三章　现代酒店组织管理与规章制度

● **学习提要**

本章主要讲述酒店组织的概念、酒店组织的功能、酒店组织机构设置的基本原则、酒店的组织形式、酒店的工作设计、酒店的组织结构以及酒店宏观的管理体制和酒店内部的管理制度。

● **学习目标**

掌握酒店工作设计要求以及酒店内部规章制度的制定和岗位责任说明书的主要内容。理解酒店组织管理的内容和现代酒店组织机构设置的基本原则。了解直线——职能制组织形式的特点和常见的酒店组织形式以及我国酒店的管理体制。

酒店组织是酒店存在的基本保证,是酒店正常运转的重要条件,酒店组织管理是酒店管理的核心。现代酒店管理的成功标志就是酒店组织的高效率运作,科学地设置酒店管理机构,建立优化的组织系统和劳动组合,把酒店经营活动的各个环节、各个要素紧密地结合起来,是实现酒店高效率管理的必由之路。

第一节　现代酒店组织机构设置的基本原则

一、酒店组织的概念

组织是指为实现一定的职能,达到共同的目标而有计划、有组织建立起来的一种社会机构。它在时间上、空间上协调人们的分工、协作并进行有效的决策。它是由权责的分配和层次结构的建立而形成的,并随着环境的变化而自行调整、适应和发展。

根据组织目标和组织活动的内容,通常将组织划分为经济组织和非经济组织,它们的区别之一在于是否具有盈利性。

酒店组织属于经济组织,它是由管理人员、服务人员和其他各种技术人员所组成的有机整体。这些人员之间有着相互关联的关系,通过运用各种管理方法和操作技术、技能把投入酒店中的资金、物资、信息转化为可供出售的产品,获取效益,以达到酒店经营的目标。

二、酒店组织管理

酒店组织管理是指酒店对实现酒店目标的各种组织要素(人员、职位、职责、关系、信息)和人们在经济活动中的相互关系进行组合、配置的活动。它通过确定酒店的奋斗目标,科学地组织各类人员的结构、确定职位、明确责任、安排各种关系的协调网络来发挥组织的整体效能,从而实现酒店组织目标。

现代化酒店只有通过科学分工、密切协作、有效控制,才能适应经营条件和经营过程日趋复杂的新形势。同时,有效的经营活动必须依靠良好的组织体系,通过高效率的活动来发挥各项管理职能。

酒店内部组织可以划分为管理组织和业务组织两个方面。前者又称为职能系统,是一种横向的专业分工,如酒店中的财务部、工程部、安全部、采购部;后者又称为业务系统,是一种纵向业务的权力分工,如酒店中的前厅部、客房部、餐饮部、商品部、康乐部等。两者都是通过隶属关系、分工协作,形成一个能动的有机整体。

此外,酒店还有行政组织系统,如行政部、总经理办公室等部门。

酒店组织管理是否有成效,其结果将直接影响整个酒店的经营成果。如果组织管理良好,组织内各部门、各级各类人员权责分明、目标明确、工作定量、互相配合、充分协调,则整个酒店的效益将会提高。反之,各部门和各类人员之间互不协调、各自为政、互相推卸责任,将导致酒店效益下降,甚至经营失败。因此,酒店各级管理人员都必须把组织管理工作当作重要工作来抓。

酒店组织管理的具体内容包括:

(一)组织机构的设置

提出目标和任务,设置职位或工作岗位。根据酒店的实际情况和酒店计划所确定的目标,列出达到目标所必须进行的工作和活动,将这些工作和活动合并和组合,设置酒店相应的部门和机构与层次及配备各级各类人员来分别负责这些工作和活动。

(二)岗位责任制的制定

制订各部门和各级各类人员的权力和责任范围,确定酒店组织内部人员之间的权责关系,明确酒店各项工作之间的上下左右协调关系和隶属关系,从而形成酒店的指挥和工作体系。

(三)作业规程的制定

制订一系列的管理制度和规章制度,以保证酒店组织的运转,使酒店组织的效能得到最大发挥。

三、酒店组织机构设置的原则

(一)组织机构设置的含义

组织机构设置是对组织活动和组织结构的设计过程,是把任务、权力和责任进行有效组合与协调的活动。组织机构设置的基本功能是协调组织中人员与任务之间的关系,使组织保持灵活性与适应性,从而最有效地实现组织目标。组织机构设置的结果不仅要形成一整套组织结构,还要建立一整套与之相适应的员工考核、奖励、选拔与发展系统。

组织机构设置应当与组织的战略目标或组织使命及组织中的人员相适应。因此,组织机构设置要适应组织的工作任务和组织环境。不断变化的环境要求组织在结构方面保持有更大的弹性,以适应环境的变化。

(二)酒店组织机构设置的原则

酒店组织人员众多,工种各异,管理过程精细复杂,加上产品中的服务含量大,如果没有一个相应的、严密的、科学合理的机构设置,管理目标不可能实现。酒店组织机构设置原则包含酒店组织机构与岗位的设置原则,以及各机构岗位相互职权关系确定的原则。结合我国酒店业的实际,酒店组织机构设置应遵循以下的原则。

1. 经营需要的原则

管理的组织职能表现在组织结构和管理机构上,就是一种组织形式。组织形式要为酒店的经营业务服务,服从经营业务的需要。

首先,酒店组织形式在结构上要适合酒店业务运转的需要。各酒店经营对象、规模、档次等不同,其组织形式也因此而有所区别。例如,一星级、二星级的酒店没有必要设置西餐厅、游泳池;而四星级、五星级酒店就必须设立这些机构。酒店部门设置,哪些部门是必设的,哪些部门可以不设,完全要根据酒店业务状况而定。其次,酒店组织形式在管理机构方面要注意管理机构设置要适合经营业务的需要。也就是说,管理机构设置时必须明确该机构的功能和作用、任务内容、工作量是否充足。对于酒店的结构层次、管理机构的职位,可设可不设的一般不设。组织紧凑,管理机构层次简洁是组织系统高效率的保证。再次,酒店组织形式应与外部协调。酒店的组织形式和外部环境也有着密切的关系。形成酒店的组织形式时,应和外部环境协调起来。其主要方面有:

(1)与投资者的协调。酒店投资的形式很多,投资者对酒店组织的决策、要求,会影响酒店的组织形式。

(2)与市场的协调。酒店参与市场竞争,组织形式也要适应市场经济。在组织结构上不论对外营销和内部运转,都要适应市场灵活多变的各种局面。同时在组织形式和组织管理上要引进市场机制。

(3)与管理形式的协调。酒店有多种管理形式,有自行管理、委托管理、顾问管理、合作管理等。各种形式的管理都会使组织形式有所不同,酒店组织形式应与管理的形式协调起来。

2. 统一指挥原则

具有同一目的的活动群体，只应当有一个领导和一个计划，这对统一各个成员的行动、协调力量和集中优势是不可缺少的条件。统一指挥原则包含以下两个方面的内容：

首先，由于整个组织是一个系统，其要实现的目的是一致的，因此分工后必须协作，整个组织必须要有一个统一指挥，才能实现这个目标或计划。

其次，组织系统中上下之间形成一条等级链，成为反映上下级权力、责任和联系的渠道。

等级链是组织系统中处理上下级关系的一种基本法则。等级链的基本含义是：酒店组织中从上到下形成了各级管理层次，从最高层次的管理者到最低层次的管理者之间组成了一个链条结构——等级链。这条链条结构反映的组织特点是：第一，它是有层次有等级的。各层拥有的权力、担负的责任、管理的范围不同。第二，等级链上的各环都是垂直并相互联系的。这条链条结构是一条权力线，是发布命令、指挥控制、信息反馈的途径。

由等级链原则引发产生以下的组织管理原则：

（1）权责对等的原则。权，即职权。是人们在一定职位上拥有一定范围的指挥权、决策权；责，即职责，是完成一定目标的义务和责任。权责对等原则要求设置机构、确定职位、配备人员时，必须在划清职责的同时，赋予对等的权限，有一定的权力也要负相应的责任。

（2）服从命令的原则。酒店命令代表决策者意志，酒店组织中必须有统一意志，必须强调服从命令。

（3）命令统一原则。所谓命令统一原则是指酒店从最高管理层次到最低管理层次的命令精神应保持一致，每个管理层次发布的命令要与最高决策或上一层次的决策保持一致，各种指令之间不要发生矛盾和冲突；酒店的任何指令，不管要通过多少层次，都应该是发布命令者向直属的下级层次发布指令，一级扣一级，逐级进行而不能越级。越级指挥，架空了中间环节，这样将会使等级链发生断裂，组织会发生混乱，会使受命者无所适从；在命令统一的原则下，要分清命令与监督的不同概念。非直接上司不可以越级指挥，但可以监督检查。

3. 管理幅度与层次的原则

管理幅度又称管理宽度、控制广度、控制跨度，是指一名上级领导者所能直接有效地指挥、管辖、领导下级人员的数目。每一个人的能力、精力都是有限的，因此，每一位上级领导能够有效地领导下属的人数是有限的。如果过多，上级的精力、知识、时间、经验就会不足，无法进行有效的领导；如果过少，不仅要增加管理层次和管理职位，还会影响下层的积极性和创新精神。

适宜的管理幅度因人而异，不存在一个固定通用的最佳方案。处在不同层次的管理人员的管理幅度，一般的规律是：高层管理人员的管理幅度小于中层管理人员的管理幅度，中层管理人员的管理幅度又小于基层管理人员的管理幅度，每一个管理幅度都形成了大小不等的业务范围，从而覆盖全企业。酒店中各层次的管理幅度，从高到低一般以 3~12 人为宜（高层 3~6 人；中层 6~8 人；基层小于 12 人）。

管理幅度大小，还应综合考虑直接关系的上下级双方的能力，工作的复杂性与相似性，工作的程序化与标准化程度，组织内部沟通与信息传达的方式和能力，外部环境的改变速度等。

管理层次是管理者的纵向系统的层次。当一个组织完成它的任务所需的人数超过管理幅度时就需要有两个或两个以上的指挥者分而治之。但是根据统一指挥的原则，在这两个或两个以上的指挥者之间应有一个更高层的指挥者，以保证整个组织指挥的统一性，这就必然产生了多个管理层次。酒店企业一般实行三级或四级管理。

三级管理的层次是：班组（作业层）、部门（中间管理层）、酒店（最高管理层）。四级管理的层次是：总经理（决策层）、部门经理（中间管理层）、主管（次中间管理层）、领班（作业层）。不论几级管理，其结构特点均属金字塔型。如图 3-1 所示。

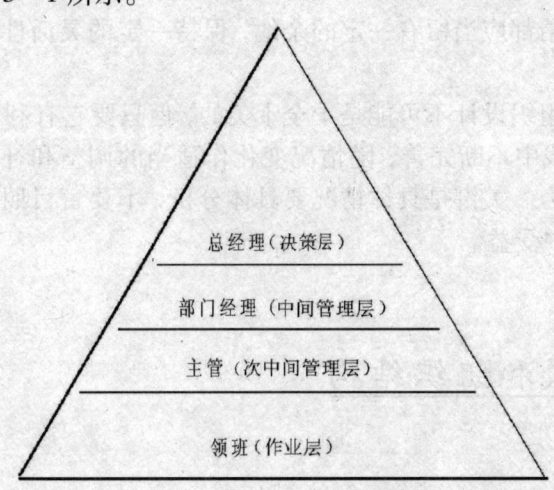

图 3-1　四级管理的层次图

较低一级主管人员的权限由较高一级主管人员授予，各级都有一定的自主权，减少管理层次，意味着取消中间层或减少中间层，这有助于缩短最高主管与基层作业人员的距离，增强亲近感和领导的有效性，减少管理人员和管理费用，扩大下属的决策权，简化管理程序，提高工作效率。

但是不适当地减少管理层次会破坏有效管理幅度，使领导者无力进行有效的指挥、协调和控制。因此，确定管理层次，要同有效的管理幅度以及整个管理体制联系起来，通盘加以考虑。

4. 有效控制的原则

有效控制是对设置组织结构的综合要求,是指酒店组织实现经营目标的能力和发挥能力的程度。科学的组织结构,既要有实现经营目标的决策能力、指挥能力、反馈能力,又要有充分发挥这些能力的机制。酒店组织为了能顺利地完成管理任务,必须对组织中的各个部门或各个岗位进行有效的控制,使整个组织有秩序而高效率地进行工作,这就需要对各部门、各岗位规定各种规章制度,明确各部门和各岗位的责任和权限,明确各部门之间以及各岗位之间互相配合的方法等。

5. 效益目标的原则

酒店经营的目的就是效益。组织设计也要适应效益目标的需要,以能产生最佳效益为原则。遵循这一原则,关键是坚持劳动节约的原则。劳动节约原则是指在劳动组织中尽量减少劳动的浪费和耗费,用合理的劳动投入,取得或超过酒店决策目标。

6. 弹性原则

管理必须具有充分的灵活性,以及时适应客观事物各种可能的变化。管理弹性分为局部弹性和整体弹性两类。局部弹性是指在管理的各个环节上要保证一定的灵活性。整体弹性是指整个管理系统的可塑性或适应能力。

弹性原则是与动态原理相对应的一条现代管理原则。它要求管理人员无论做什么事情都应当留有一定的余地,保持一定的灵活性,切忌教条化和绝对化。

任何一种组织设计不可能是十全十美的,但只要它有利于酒店业务的开展,并在实践中不断完善,随情况变化作适当的调整和补充,就能够成为工作的原动力。关键是具体情况要具体分析,不要盲目照搬,只要顺应规律,就能从中受益。

第二节 酒店组织形式和组织结构

酒店组织是一个由多层次、多部门组合而成的复杂系统,酒店组织形式和组织结构的设置必须有利于提高酒店组织的工作效率,保证酒店各项工作协调有序的进行。酒店组织形式和组织结构设置涉及酒店组织的基本形式、部门划分、组织结构模式等问题,每一家酒店都应在分析酒店自身的特点的基础上确定合适的酒店组织模式。

一、酒店的组织形式

酒店组织形式是指酒店内部所建立的组织管理体系的结构,是酒店中各部门及各层次之间相互关系的模式,包括组织图、职位序列、工作说明书、规章制度、权力关系体系、沟通网络、工作流程等。组织形式决定着所有各级管理人员的职责关系，是组织的重要组成部分，也是实现酒店目标的前提条件。

对不同的酒店规模、经营特点，应采取不同的管理组织形式。酒店中经常采用的组织形式有以下四种。

（一）直线制

这是一种简单的组织形式，又称层级制、军队式组织、直线式组织。是指企业的最高层主管自上而下层层节制，实现垂直领导。

这种组织形式的优点是：结构简单、权责分明、命令统一、不致政出多门；组织程序与业务程序简单而一致，上下级间均按照规章或指令行事，运转敏捷、信息沟通迅速；责任明确、解决问题及时。但是由于没有实行管理劳动的专业分工，各级主管的工作极其繁杂，事必躬亲，容易陷于日常行政事务之中，不利于领导者集中精力研究企业发展的重大问题。由于这种形式的管理职权都集中在一个人身上，所以要求管理者必须具有全面的知识和才能，而事实上在现代化的酒店里是很难做到的，因此只适用于产品单一、规模较小、业务单纯的小型酒店。但直线制的组织形式被现代化大型酒店广泛地运用于部门以下的基层管理之中，如餐饮部、客房部、商品部等业务经营部门。

（二）职能制

就是由总经理领导各职能部门，职能部门在本部门的职权范围内又分别领导业务部门有关人员的组织形式。职能制的优点是：管理职能分工化，可以充分发挥专业人员的作用，协助上级指挥，管理较细，因此可以大大减少上级的指挥工作量，集中精力去研究酒店创新和长远发展的规划。

职能制的缺点是：违反集中统一指挥原则，往往政出多门，形成多头领导，令业务部门无所适从，不利于建立责任制，影响管理效能。

（三）直线——职能制

直线——职能制在酒店中亦称为"业务区域制"。这种组织形式克服了"直线制"和"职能制"的缺点，吸收了"直线制"集中统一指挥的优点和"职能制"中发挥专业管理部门或专业人员职能作用的长处。形成了一种统一指挥和建立严格责任制相结合的综合组织结构。因此，这种形式为我国大多数酒店所普遍采用。

直线——职能制是在各级领导之下设置相应的职能部门或职能人员，分别从事专业管理，作为该级领导者的参谋和实施专业管理的助手，各级业务督导实行层层节制，上一级职能机构或人员只能对下一层级的职能机构或人员进行业务指导，而不是直接对下一层级的机构或人员发布命令。但是对于某些特殊的业务部门，如质量控制、安全技术等部门或人员，在坚持直线指挥的前提下，授予一定的调节权和控制权，在授权范围内独立行使。

在直线——职能制的组织结构形式下，酒店的所有机构和部门分为两大类：一类称业务经营部门（业务部门），另一类称职能管理部门（职能部门）。

业务部门可以独立存在,并有自身特定的业务内容,是酒店的直接对客和创收部门,如客房部、餐饮部、商品部、康乐部等。其部门内部多以经营环节或业务内容为对象划分若干作业组织,形成完整的作业流程,如餐饮部可细分为宴会厅、风味餐厅、咖啡厅、厨房等。业务部门按等级链的原则进行组织,实行直线指挥,结构简单,权责分明,效率较高。

职能部门是按酒店专业化分工的要求建立的,如人事部、培训部、安全部、财务部等。它们的主要职责是:运用专业技术手段,收集、整理、分析各种数据和指标,来反映、监督、指导和保障经营活动,对问题提出自己的意见、看法,供业务部门参考,为决策者做好参谋。它们与业务部门是横向指导、监督、保障和帮助的关系,除非总经理授权,否则不得以自己的名义向业务部门下达指标和命令,以避免多头领导,多头指挥。

理想的业务部门与职能部门的关系是:直线部门始终拥有决策权,要注意主动利用职能部门的专业知识和服务;职能部门在积极提供专业知识与服务时,不能侵犯业务部门的决策权力。其具体关系如图3-2所示。

虽然直线——职能制是我国酒店业普遍采用的一种组织结构,但不能不看到这种组织结构的缺点。它的缺点主要表现在:

(1)各职能管理部门之间的横向联系复杂,由于各主管副总经理或总监分兵把口,可能形成权力分割。

(2)组织程序与业务程序繁杂,信息迂回时间长,效率不高。

(3)最高领导层的管理幅度大,例行的琐事多,不利于集中精力研究经营决策等重大问题。

(4)权力过于集中,影响下层人员的积极性和主动性的发挥,对于信息多变的市场和例外事件的处理缺乏灵活性。

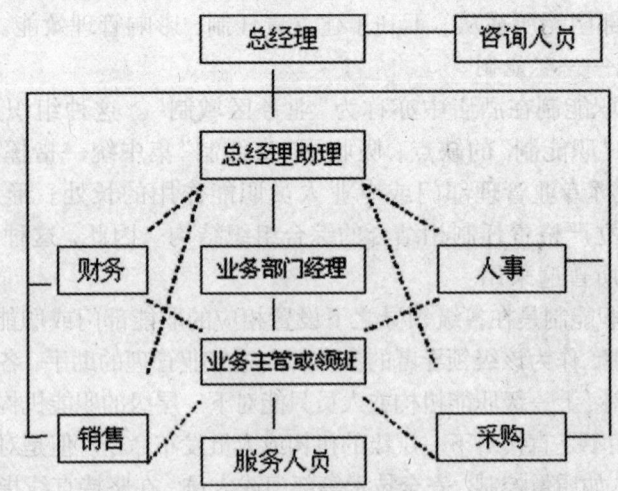

图3-2　业务部门与职能部门关系示意图

注:实线表示指挥命令关系,虚线表示建议、服务、保障和监督关系

(四)事业部制

近几年,随着市场经济的发展及现代管理水平的提高,酒店业专业化管理的趋势越来越明显,酒店业管理的公司化、集团化已成为发展的趋势。事业部制实行集中决策下的分散经营,是一种分权式组织结构,其特点是突出分权管理。事业部组织形式是一种适用于大型酒店、酒店管理公司和集团化经营的酒店的组织形式。

酒店公司针对地区、产品、市场等因素,按经营性质和经营范围将一个大的经营实体划分为几个相对独立的经济实体,成立若干事业总部,每个事业总部即为一个酒店或公司拥有的企业。事业总部具有法人地位,进行独立的经济核算,对事业总部内的计划、财务、销售等方面有决策权。如将大型酒店的客房部、餐饮部、旅游部、商品部等改为事业部,实行独立核算、独立经营。

酒店公司控制事业总部的盈利指标,负责筹集资金和事业总部主要负责人的任免,等等。酒店公司的工作重点是进行市场的开发,新技术的引进工作。酒店公司成立事业总部的核心是为了实现利润指标,所以事业部又称为利润中心或经营中心。各事业部都具有从生产到销售的全部职能,内部设有相应的职能机构,拥有内部的人事、分配、生产、销售、经营等自主权。

事业部制组织结构的优点是:

(1)减轻高层管理人员的负担,最高领导层不受日常琐事纠缠,可集中精力运筹企业的重大经营决策和发展战略。

(2)事业部经营单一产品系列,对产品和销售实行统一指挥,便于根据实际情况灵活快速地做出决策。

(3)事业部领导者和员工的经营观念增强,促使其更加重视经营成果。

(4)有益于锻炼、培养、储备和考核各级管理人员,更好地实施人才战略。

事业部制组织结构的缺点是:

(1)协调事业部横向联系的难度增大。

(2)事业部对公司的整体意识减弱,如果处理失当,容易产生本位主义。

(3)由于各事业部职能部门重复,会使管理人员增加,管理费用增大。

酒店组织形式各异,都各有其利弊。组织形式的选择应有利于酒店的经营管理,有利于提高工作效率,使酒店组织发挥出最大的效能,采用何种形式应视酒店具体情况而定。

二、酒店的工作设计

酒店按具体情况划分各个部门、确定组织结构之后,在各个部门内还应确定各工作岗位及具体的工作内容,制定每个工作岗位的任务、性质、条件和要求的标准,并以此标准来衡量员工的工作表现,它是组织结构设计的延续,通常称为酒店的工作设计。具体地讲,有两项非常繁重、复杂却又非常重要的工作内容,即岗位设计和职务分析及职位说明书的制定。

岗位设计不仅仅指管理层的职位,还应包括操作层的每一个工作岗位。

(一)工作岗位设计

在组织结构形式确定以后,必须设计好每个具体的工作岗位,设计工作岗位必须是实际的和必需的,原则是"因需设岗",切不可"因人设岗"。在设计工作岗位时要注意以下几个问题。

1. 分工是工作岗位设计的基础工作。分工就是将需要完成的工作分解成不同的操作工序,每个职工负责完成其中某一工序。经过分工以后,培训和管理都比较容易奏效,且能提高工作效率。但是,在分工时必须注意到,分工过细会使工作变得重复而机械,使得职工工作兴趣低落从而影响职工的工作情绪。

2. 设计工作岗位要了解目前酒店员工的素质以及社会环境中人力供应的情况。如果仅仅从理想化的角度来设计工作岗位,而无人能够胜任,则对酒店无任何好处。

3. 设计工作岗位必须考虑到任职员工的工作满足感。如果工作内容没有意义且单调重复和机械,都将影响职工的工作积极性。很多研究表明,工作内容的扩大化和丰富化能够激励职工的工作热情,提高工作积极性。

4. 科学技术的发展可以创造新的工作岗位或改变工作岗位的内容,也可能淘汰一些工作岗位。例如:酒店使用计算机,创造了维护计算机硬件和软件运转的工作岗位。由于使用计算机,总服务台订房员的工作内容也发生了很大变化,使用计算机终端成为其主要工作内容。同时,计算机的使用提高了工作效率,将减少人力需求的数量。因此设计工作岗位时必须注意到科学技术发展对人力需求在数量上和技术上的影响。

总之,工作岗位设计要考虑到技术和人事等因素的平衡。因此,这项工作必须由专业技术部门和人事部门共同负责,在有条件的地方,能聘任一些专家共同设计更好。

(二)职务说明书

在设计工作岗位的工作完成之后,还必须对酒店的每个工作岗位(或称为每个职务)进行工作分析(或称为职务分析)。即对每个岗位的工作内容、职责等进行全面的分析、描述和记录。通过职务分析可以明确每个工作职务在酒店中所处的层次,以及该职务与其他职务之间的关系,使得每个任职者的权力与责任分清。

通过职务分析把每个职务的性质、任务、责任、权力、工作内容等用书面形式记录下来即成为职务说明书。制定职务说明书是防止酒店内各工作岗位之间互相扯皮推诿的有效方法,同时,有利于改进工作方法,并可作为招聘、培训、任用、提升、调动、考评等人力资源管理各种功能的依据。职务说明书的内容包括:职务名称、部门、等级、主管、任务、职责、协作关系、培训和任职资格要求。

三、酒店组织结构

组织结构图是表现酒店组织结构的一种典型而有效的方法,其作用是:

1. 可以显示出组织概况。
2. 可以表现出组织结构的各种基本正式关系和各种职位的隶属关系。
3. 通过组织结构图的分析,可以发现和纠正不合理的组织关系。

组织结构图的作用是有限的,它所表现的只是某个时期的剪影,而不能反映组织中的非正式关系、责任、权限、义务和管理过程等。

酒店组织一般都采用纵型组织结构图,它的主要特点是醒目易懂,主管与部属的正式关系、各部门的基本关系、职位、授权的路线一目了然,它是目前国内应用最广泛的一种组织结构图。基本图形如图3-3所示。

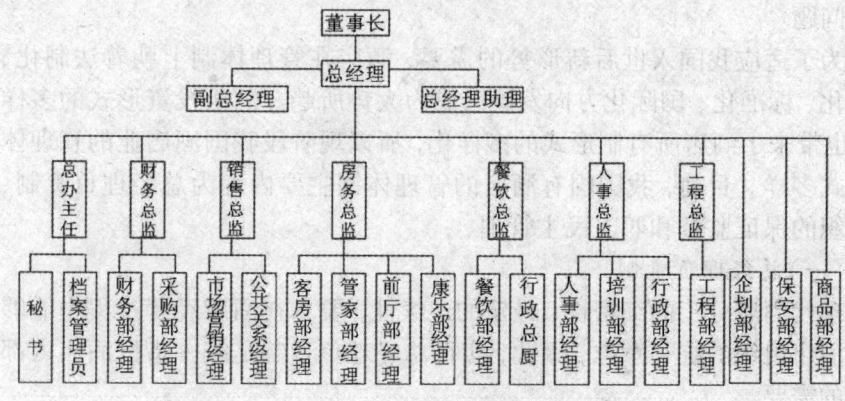

图3-3 酒店组织结构图

实际上酒店中的组织关系还要复杂得多,一些大型酒店还在中层机构下设次一层机构(即所谓二级部、三级部),形成典型的四级管理体制。酒店多用直线职能制形式,但具体的结构则要根据各酒店的性质、特点、规模和经营思想而定。

第三节 酒店的管理体制和规章制度

酒店组织是一个复杂的系统,为了保证这个系统的正常运转,发挥组织的最大效能,就必须有健全的酒店管理体制和严格的规章制度。也就是说要建立科学的酒店管理制度,这是实现酒店组织目标的根本保证。酒店管理制度包括两方面内容：一是宏观的管理制度，指国家、地方、部门、行业针对酒店经济活动所规定的管理规范；二是酒店内部的管理制度，指酒店内部对所有范围经营活动的管理规范。酒店管理制度以酒店管理体制为主体，以岗位责任制度为基础，由业务、人事、财务、信息、行政等若干活动管理制度组成，从而形成一套完整的管理制度体系。具体地说，酒店管理制度主要涉及酒店管理体制（基本制度）和内部的各种规章制度（经济责任制度和工作制度）。

一、酒店管理体制

酒店管理体制反映着酒店资产所有者、经营管理者和生产劳动者在酒店中的权力、地位及相互关系，是酒店中最根本的制度，其他管理制度必须反映酒店管理体制的要求。自改革开放以来，我国酒店业在短短二十多年中从零起步获得了突飞猛进的空前发展，由于受我国产业体制及历史沿革等一系列因素的影响，目前它们仍存在发展战略不明确、管理体制不顺畅等问题。

为了适应我国入世后新形势的需要，酒店在管理体制上朝着法制化、规范化、标准化、国际化方向发展已成为大势所趋。酒店投资形式的多样化，也带来了酒店所有制形式的多样化，所以现阶段我国酒店业的管理体制形式多样。目前，我国国有酒店的管理体制主要内容为总经理负责制、党组织的保证监督和职工民主管理。

（一）总经理负责制

现代酒店分工的细密性、经营的连续性，要求在酒店经营过程中能够体现酒店组织的统一意志，因此，实行总经理负责制是统一指挥酒店内部分工的需要。

市场竞争日趋激烈、瞬息万变，要求酒店对市场做出准确的判断、果断的决策，适时地调整经营活动，因此，实行总经理负责制是酒店适应市场的需要。

在酒店管理中实行的总经理负责制是酒店内部实行的最高管理组织形式，是酒店管理的根本制度。总经理负责制是指总经理是酒店的法人代表，酒店建立以总经理为首的经营管理系统，总经理在酒店中处于中心地位，根据上级主管部门的决策，全面负责酒店的经营和业务，对酒店的物质文明和精神文明负有全面责任的一种管理制度。总经理负责制是适合酒店现代化管理，适合酒店市场经营，适合按酒店规律管理酒店，适合以法治店而产生的。总经理负责制是酒店管理体制的最基本方面。

实行总经理负责制，强调统一指挥、全权负责，但并不排斥在决策过程中发挥集体智慧和发扬民主作风。总经理的行为不仅在客观上受到国家政治、经济、法律的约束，主观上受到国家对企业政治和经济责任的规范，同时还要受到党委和职工代表大会的监督。因此，总经理只应是酒店决策在执行过程中的最高领导者。

(二)党组织的保证监督

中国共产党是我国的执政党,是我国建设社会主义事业的领导核心。党是通过基层组织来保证党的路线和方针政策的贯彻落实,从而坚持社会主义方向的。在企业中建立党组织是我国的基本特点。依靠党组织这个政治核心,发挥战斗堡垒作用,发挥党员的先锋模范作用是搞好酒店管理的重要内容。所以,在酒店实行总经理负责制的同时,必须坚持党组织在酒店中的保证监督作用,坚持党组织对酒店思想政治方面的领导,确立党组织在酒店中的核心地位。党政合作、互相支持,带领酒店员工为实现酒店目标而奋斗。

(三)职工民主管理

在企业内部坚持社会主义民主,保障全体员工充分行使管理企业的权利,并能以各种方式参与企业管理,使员工真正成为企业的主人。它是社会主义企业管理的一条重要原则,是由社会主义企业的性质和民主集中制原则决定的。民主管理既有利于集思广益,提高管理的水平和效率,又有利于发挥员工的主人翁精神,激发其积极性。员工当家作主,便会积极支持总经理行使职权,把酒店的事业当成与自身休戚相关的事业,从而同心同德而不产生对立情绪。民主管理能培养员工的责任意识,使之能自觉担负起对酒店的责任,便于总经理负责制在酒店的贯彻执行。

实行民主管理的基本形式是职工代表大会,职工代表大会制是酒店企业的领导制度之一,它是职工参与决策和管理、监督干部、维护职工合法权益的权力机构。

酒店的工会委员会是职工代表大会的工作机构,负责职工代表大会的日常工作。职工代表大会应当积极支持总经理依法行使职权,教育全体员工维护总经理在酒店的中心地位,同时增强全体员工的团结意识和守纪意识,发动员工献计献策,开展合理化建议活动,努力调动职工工作的积极性和创造性,为总经理负责制的实施创造一种民主和谐、积极向上的氛围。

二、酒店规章制度

酒店规章制度是为了酒店的共同目标,反映酒店各方共同要求,由酒店各方共同达成的行动规范协议。

制度对酒店的每个人的行为有规范制约性,但它首先应该是酒店的每个员工的共同要求。在每个员工意识到为了酒店的繁荣发展,为了酒店的目标,为了自身的利益,酒店和员工应该承担一定义务和责任,享有一定的权利,应该共同遵守一种合乎规律的秩序准则,应该公平地对待自身和对方时,就产生了制度。

制度以条文的形式表达,它根据科学管理的原理,在认识酒店各种规律的基础上制定。制度既然是酒店各方共同达成的协议,是酒店生存和发展所必须的,那么制度就应该是酒店员工人人都应知道的内部法规,每个员工都应自觉遵守执行,自觉维护制度的权威性和严肃性。酒店要经常从理论到具体地对员工进行制度教育,酒店要利用业务指挥系统坚决执行制度。

酒店制度对每个酒店来讲都是绝对必要的,制度本身是酒店管理的重要内容。利用制度来管理酒店是酒店现代化管理的重要方法,制度对酒店管理具有重要的意义。

(一)经济责任制

经济责任制是包括责任制、考核制和奖惩制的"三位一体"经营管理制度。它要求酒店以提高经济效益为目的,责、权、利密切结合,从酒店最高领导到职能部门、业务部门、直至个人,都逐级明确各自在经济上对上一级直至对国家应负的责任,建立生产、技术和经营管理的各项专责制和岗位责任制。它要求正确处理国家、酒店和员工个人三者之间的利益关系,把员工的经济利益同酒店的经济责任制成果及个人的劳动贡献结合起来。

经济责任制包括酒店对国家的经济责任制和酒店内部的经济责任制两方面的内容,前者是前提,后者是基础。

酒店对国家的经济责任制具体表现为酒店对其上级主管部门的经济责任制,酒店要根据上级主管部门的计划和决策,按照国家有关政策、法律和规定,确定酒店对国家应负有的经济责任,这一经济责任包括:酒店应根据计划和市场需要,发挥自身的功能和作用,满足市场需要;酒店以正当的经营手段取得经济效益,在营业收入、上缴利润、上缴税金等方面完成和超额完成国家下达的指标;在确定酒店的经济活动和经济效益目标时,还要提出社会效益目标。国家和上级主管部门应该为酒店提供必要的条件,以使酒店有效地完成经济责任制中的各项指标,如酒店应取得与经济责任制相协调的自主权;对完成经济指标的酒店,在利益分配上一定要兑现;协调好各方面的关系,使社会各部门都能支持和帮助酒店经营。这样才能给酒店创造一个良好的经营环境,才能使酒店更好地实行经济责任制。

酒店内部的经济责任制是以酒店的双重效益为中心,按照责、权、利相结合的原则,把酒店所承担的经济责任加以分解,层层落实到部门、班组和个人。在酒店内部实行经济责任制是打破分配上的平均主义,吃大锅饭的有效办法。实行内部经济责任制可以增强酒店的活力,提高酒店职工的工作责任心,充分发挥他们工作的主动性、积极性和创造性。其主要内容如下:

1. 集体经济责任制

酒店集体经济责任制按管理层次活动分为:酒店、部门、班组的责任制;集体经济责任制应具体落实到责任者——酒店经理、部门经理和管理者。

(1)酒店经济责任制。酒店经济责任制包括整个酒店必须完成的各项经营管理指标,酒店总经理(包括副总经理)的经济责任、工作权限和奖惩条例。

(2)业务部门经济责任制。业务部门经济责任制应包括部门必须完成由酒店整体经营管理指标分解至该部门的具体指标;部门经理的经济责任、工作权限和部门的基础工作及奖惩办法。这些指标主要是:营业收入、成本费用、资金占用、利润、创汇、创利、人员工资总额和服务质量。

(3)职能部门经济责任制。职能部门的工作对酒店的经济效益无直接影响,他们的工作大部分较难用指标来表示,在考核职能部门的工作时,可以用两种方法:

一是指标法。如工作量指标、消耗费用、人员工资总额、设备完好率等。

二是职责法。该部门指导、保障、帮助业务部门或班组进行经营业务活动应负的职责;与其他职能部门协作完成工作的情况及为部门、班组服务的情况;完成酒店基础工作的情况;完成总经理交办的其他工作情况。

同业务部门经济责任制一样,职能部门的经济责任制也必须包括岗位经济责任、工作权限和奖惩办法。

(4)班组经济责任制。管理员是酒店基层的管理人员,其基本职责就是执行部门下达的计划,组织安排班组内具体操作人员的工作,做好经营情况的原始记录和职工岗位经济责任制的考核。

2. 岗位经济责任制

酒店中每个人员应该有岗位经济责任制,岗位经济责任制是酒店其他经济责任制的基础。

各岗位的工作不同,其岗位经济责任制的具体内容也不同,但基本上有四个方面内容:责任指标、工作指标、协作要求、奖惩方法。

(二)岗位责任制

岗位责任制是酒店在管理中按照工作岗位具体规定各岗位及人员的职责、作业标准、拥有权限、工作量、协作要求等的责任制度。它是酒店组织管理的基础工作之一,是员工的工作和行为指南,是酒店服务标准和质量检查标准的依据。建立岗位责任制,就是把生产任务和管理工作的有关规定、要求具体落实到每个员工,使每个员工都明确自己所担负的工作任务、应负的责任以及拥有的相应权力,即有职、有权、有责,并对所有人完成任务、履行职责的情况进行认真的考核。

落实岗位责任制,体现了酒店各层次的职责权限、分工协作等管理内容,有利于酒店各部门、各岗位业务的正常运转。

酒店岗位责任制是一个完整的体系。健全的岗位责任制应该做到:第一,合理设置岗位,每种岗位必须有确定的名称;第二,明确各部门、各级管理人员、服务员的职责范围、服务程序和服务标准,以及应该具备的技能和知识;第三,准确核定岗位工作量,使各岗位的工作量达到饱和;第四,明确规章制度、奖惩条例;第五,明确各部门、各岗位之间的协调关系和工作流程。酒店岗位责任制通常包括酒店总经理岗位责任制；各部门主管和技术人员的岗位责任制；各生产、服务人员的岗位责任制。酒店服务人员的岗位责任制是责任制的基础，也是岗位责任制的主要形式。

酒店岗位责任制可以用岗位责任说明书的形式来明确。岗位责任说明书主要包括以下内容：

(1) 岗位名称、上下级关系。

(2) 本岗位职责、任务范围。

(3) 岗位工作量。

(4) 服务质量标准、工作质量标准、生产量标准。

(5) 交接班的内容、程序和制度。

(6) 对设备的使用、维护和保养。

(7) 对物资的使用和保管。

(8) 安全生产的要求。

(9) 工作关系的协调。

(10) 培训标准。

(11) 任职资格和技能要求。

岗位责任说明书与酒店经济责任制不同，岗位责任说明书仅对岗位工作内容进行描述、记录，但不含有奖惩的内容，而经济责任制则突出权、责、利相结合以及劳动所得与成果的结合。

(三) 员工手册

员工手册是作为酒店基本制度的又一个重要方面，它是规定全酒店员工共同拥有的权利和义务，共同应该遵守的行为规范的条文文件。员工手册是酒店里最带有普遍意义，运用也最为广泛的制度条文，与每个员工息息相关，员工手册能够使员工对酒店的性质、任务、宗旨和指导思想、酒店目标、酒店精神、酒店文化有一个充分的了解，使员工树立主人翁精神和产生责任感，便于规范员工的行为举止，从而提高员工素质和酒店的整体素质。

员工手册的主要内容有：

1. 管理层致辞。主要是酒店董事长或总经理致员工的欢迎词，对员工加入酒店工作，成为酒店大家庭的一员表示欢迎，并提出希望。目的是使员工有一种亲切感，被尊重感，使员工和酒店在感情上更加融洽。

2. 酒店简介。介绍酒店的规模、设施、星级和经营特色。

3. 酒店文化。介绍酒店的企业精神、企业理念、企业使命、经营宗旨、经营目标和指导思想，使员工对酒店产生信赖感、归属感和自豪感。

4. 组织结构。说明酒店的组织形式、组织结构和部门设置。

5. 劳动管理。提出有关酒店员工的工作时间和加班的规定以及报酬的支付方式、员工招聘、培训、录用、辞职、辞退和除名等基本规定。

6. 员工福利。规定员工的社会保障、医疗费用、病事假和其他请假制度以及有薪假期和膳食补贴等。

7. 员工纪律。包括奖励和惩处的有关条例，以及员工所必须遵守的制度和违纪处分等一系列的操作性条款。

8. 安全手册。提出在酒店万一发生意外时，员工必须遵守和执行的条款及应尽的义务和责任。

9. 其他内容。根据酒店性质的不同以及规模、要求的不同，提出一些其他有关内容，如员工交通、员工建议、员工投诉、本人教育、子女教育等。

10. 员工签署。这是员工手册最后向每位员工提出的要求。每位员工在学习、认可员工手册所提出的各项条款后，必须签名，交人事部门备案，以便将来对照实施。

员工手册的条文要与国家政策法规、酒店特点和国际酒店惯例相一致，要印刷成册，人手一册。

（四）工作制度

为了建立和完善酒店组织，使其协调有效地运转，必须将组织的有关原则、各职位的职责权限及其相互关系、沟通联络渠道、业务工作程序、例外工作程序以及其他的有关事项加以条文化、制度化。工作制度主要包括部门制度和专业管理制度。

1. 部门制度

部门制度是指各部门根据自身的业务特点所制定的适合本部门需要的一些制度。这是因为酒店各部门的业务内容是不同的，适合各部门业务运转需要的规章制度也是不一样的。酒店部门制度的内容主要有：

（1）业务运转责任制度。业务情况，业务活动记录制度，业务统计制度，例外事件报告制度，考勤与交接班制度，服务质量考评制度，卫生制度等。

（2）设施设备管理制度。设施设备运转记录制度，设施设备操作制度，设施设备保养制度，设施设备使用及状况记录制度。

（3）部门纪律。行为规范要求、部门特有的纪律规定。

（4）物品管理制度。物品用具分级管理制度，物品使用制度，物品保管责任制度。

（5）人事考核制度。任务分配、工作安排制度、人事考评和原始记录制度，奖金分配制度。

（6）财务制度。部门收款制度，使用凭证、现金管理制度，资金审批制度，流动资金部门管理制度。

2. 专业管理制度

专业管理制度是根据专业化分工的原则，由专业的职能部门制定，而全酒店都要执行的规章制度，主要有：

（1）行政性制度。如行文制度、报告制度、发文制度、保密制度、内部接待制度，以及其他与行政有关的一些制度。

（2）人事制度。酒店技术职称等级制度、人事管理制度、奖惩制度、工资奖金制度、晋升制度、人员培训制度、福利制度。

（3）安全保卫制度。保安制度、消防制度、门卫制度、会客制度、户籍管理制度、涉外安全制度、对违法犯罪行为的管理制度、对有害和危险物品的管理制度、更衣室安全制度。

（4）财务制度。财务管理基本制度、资金管理制度、财务报表制度、财务审计制度、采购制度、仓库管理制度、现金管理制度、收银制度、差旅费报销制度。

工作制度是执行酒店控制职能的具体保证，也是实施经济责任制，使酒店组织正常运行的基本保证。

制度的制定不是一成不变的，制度要有其合理性，随着情况的变化，制度要适应新的情况，也要作相应的调整和改进，只要在实践中发现制度有不合理的地方，就要及时予以调整，使制度更切合实际，更易于操作。

【案例】

收银划归何部门

江西九江宾馆的会议室内，正在举行部门经理协调会，专题讨论一件由于收银服务引发的客人投诉事件。

事情的经过是这样的：昨晚8点半左右，一住店客人提着行李匆匆来到总台，告诉接待员，他因商务方面的原因当晚必须马上赶到南昌机场，专车已经在外等候，必须立刻结账。不巧的是，收银员不知何故此时却不在总台。接待员因不能结账而只得请大堂副理出面安抚。足足15分钟后收银员才回到岗位。结账时由于有些账务需询问有关部门，又耽搁了10分钟，客人火气很大，当即填写了宾客意见书向大堂副理投诉。最后，尽管大堂副理多次诚恳致歉，客人还是气红了脸离开酒店。

会议由沈总经理主持，他请大家就收银员的设置问题，各抒己见，展开讨论。

前厅部王经理首先发言。他说，这类事情并非偶然。由于目前总台收银员属财务部管辖，前厅部不便管理，纵然发现个别收银员态度欠佳，遵守纪律不够，也往往眼开眼闭。我认为，现在已经到了"动手术"的时候了。

餐饮部刘经理的意见和王经理大同小异。他说，由于餐厅收银员归属财务部，餐饮部很难对他们严格管理，在一定程度上影响了服务质量，客人颇有微词。

财务部唐经理则重申了各处收银员归财务部管理的重要性。他举了总台收银员和接待员相互勾结，侵吞营业收入的一些例子。最后他说，按正规酒店的组织机构，收银员均归属财务部。至于目前管理方面出现的问题，主要是因为收银员人手少，负荷大。昨天那位收银员就是因为一连忙了几个小时后，感到身体不适，便去后台稍许休息了一会儿。我已给她开了过失单。然而，让她们整天站着，也真的太累了，应该增加几个人才行。

人事部胡经理马上重申宾馆已超编，不能再增加人员了。

接着，沈总作总结发言，他肯定了各部门经理在加强收银管理方面所做的许多工作。他特别强调九江宾馆是一家中小型酒店，不能照搬国内外大型酒店的组织机构，根据酒店的实际情况，安排在各部门的收银员归财务部利少弊多，因此，他认为将收银划归各经营部门比较适合九江宾馆的实际情况。

分　析：

对于收银员划归哪个部门管理的争论在许多酒店都发生过，至今还有不少酒店在研究这个问题。

显而易见，收银属财务部管辖，从专业对口方面分析，比较合理，国内外许多大型酒店的组织体系都是这样安排的。大型酒店由于员工定额多，因此这样安排具有一定的可行性。但在中小型酒店里，由于编制紧等原因，把收银划归财务部会引起诸多弊端，其中，最大的弊端是一线的服务质量难以保证。酒店里压倒一切的工作是为宾客提供高满意度的服务。既然中小型酒店的收银划在财务部有降低服务质量的可能，那一定是不足取的。

然而，收银工作有其特殊性。它的服务形式与内容不同于前厅和餐饮等部门。酒店可以在财务部的岗位职责中规定他们有对各部门收银员进行业务指导和监督的任务。这样，各部门的收银员便既可以在一线同其他员工一起做好面对面的为客服务工作，又可以在具体业务上保持与财务部比较密切的联系。

重点思考题

1. 什么是酒店组织？
2. 什么是酒店组织管理？组织管理有哪些任务？
3. 酒店组织机构设置应遵循哪些原则？
4. 什么是统一指挥原则？
5. 什么是直线——职能制？举例说明。
6. 什么是酒店制度？酒店制度有哪几大类？
7. 什么是岗位责任制？岗位责任说明书包括哪些内容？

第四章　现代酒店战略管理

● **学习提要**

本章主要介绍酒店战略管理的概述以及酒店战略管理中酒店产品战略、酒店竞争战略的基本知识。

● **学习目标**

掌握战略管理的概念和重要性。理解酒店战略管理过程；理解酒店产品——市场发展战略的类型和内容；理解酒店基本竞争战略的种类。了解战略管理的三个层次和基本属性；了解不同的市场地位的酒店营销战略。

第一节　酒店战略管理概述

战略一词来自军事用语，是指有关战争全局的计划和策略，在企业管理中正式使用这一概念则源于20世纪60年代安索夫的《企业战略论》一书的出版。在企业经营的历史上，70年代的美国企业管理者认识到外部环境对企业生存和发展的重要影响，开始把管理的重点从满足职能领域的有效管理转移到制定和实现企业的总目标和总策略上，使企业适应外界环境的变化并保持稳定增长。如果说职能领域的管理职能是决定如何做，即如何以最佳方式完成一项工作，那么战略管理则是企业确定做什么，即确定自己的发展目标和决定一个组织应该做些什么。

一、酒店实施战略管理的重要性

（一）企业战略的含义

企业战略是指有关企业全局性或决定性的谋划，是企业为生存和发展而确定的企业目标与达到目标采取的各项政策的有机结合体。企业战略可以分为两大类：企业整体战略和经营战略。整体战略应该考虑的是，企业应该选择进入哪种类型的经营业务；经营战略考虑的则是企业一旦选定了某一类型的业务，应该如何在这一领域里进行竞争或有效运行。安索夫指出：企业在制定战略时，首先要按照产品系列的特性或按照产品系列的技术确定自己的经营性质。无论企业如何确定自己的经营性质,目前的产品和市场都与未来的产品与市场之间存在一种内在的联系,这种联系就是共同经营的主线。企业通过分析共同经营主线,可以把握企业的方向,恰当地指导自己的内部管理。

(二)酒店战略的历史进程

作为服务行业的酒店,其战略管理主要经历了四个历史阶段:

从内部职能管理向战略管理过渡的计划与控制阶段。在这一时期,酒店管理的主要关注领域是企业内的职能管理,如服务流程设计,标准化与规范化,质量控制等。具有战略性质的管理活动的重点则是对企业规划与计划的控制,这种控制的基本假定是过去酒店经历的事情,在未来一定会重新出现。

20世纪50年代初期开始进入长期计划阶段,战略管理活动的重点在于预测企业的成长,其主要原因是第二次世界大战以后国际旅游业兴起,导致酒店市场一方面呈急剧扩大的趋势,另一方面呈日益复杂化的趋势。并依据这样的基本假定,企业过去所面临的情况必将延续到将来。

由于经营环境的变化,从60年代后期起,已具备了战略性质的规划取代了企业的长期计划职能。其核心在于经营者认识到,通过企业过去长期计划的延续性运用来预测未来是远远不够的,企业必须制定有效经营战略,以适应政治、经济和市场变化的冲击。

20世纪70年代中后期,酒店战略管理得到真正意义上的兴起。在这一时期,由于非酒店业资本、特别是航空资本对酒店业的介入,以及国际性企业兼并运动的冲击,酒店市场开始呈现买方市场态势,而且随着高新技术的引进、环境保护的兴起、酒店集团化发展加剧,酒店市场环境也越来越复杂化。它所依据假定是面对迅速变化的外部环境,过去有一定周期的计划制度已经不能满足应付变革的需要。它克服了计划周期的束缚,改变了重计划不重实施的习惯做法,开始转向制定、评价与实施并重。我国酒店从20世纪80年代开始大发展,但由于受计划经济体制的影响,酒店管理水平落后,对战略管理不够重视。90年代中后期,我国酒店进入重大的历史转变时期,我国酒店一方面要完成转换经营机制、建立现代企业制度、进行再造的任务,实现由计划经济向市场经济体制的转变,由粗放型经营向效益型发展的转变;另一方面,我国酒店还面临着较为严峻的市场形势,国内大多数地区的酒店呈供大于求的买方市场,酒店市场需求增长缓慢,国际旅游市场更因东南亚金融危机、美元汇率下跌、西方经济发展缓慢而动荡不定,外资酒店与内资酒店的竞争日益激烈,酒店经营环境日益复杂,需要将日常管理与战略管理结合起来,进行更高层次的战略管理。

二、酒店战略管理的概念和基本属性

(一)酒店战略管理的概念

结合企业战略的内涵与酒店业的实际情况,我们可以这样定义酒店战略管理:在研究有关酒店经营全局性规律的基础上,为有效地组织和利用酒店内部的各种资源,使之适应外部环境,酒店决策管理人员做出的指导整个酒店在未来一个相当长时期内经营活动的总体谋划。它不仅包括酒店的发展方向、中长期发展目标和战略方针,而且规定了战略实施阶段的划分和实现战略目标的基本途径,以及实现酒店经营环境、自身资源状况与酒店经营战略目标三者之间的动态平衡和统一,以便使酒店或酒店集团拥有持久的竞争优势。

(二)酒店战略管理的基本属性

一般来说,酒店的战略管理有以下特征:

1. 长期性

它包括两层含义,其一是酒店战略着眼于未来,它不对当前的经营和环境的暂时滤去做出适时反映;其二是酒店战略是谋求企业长期的持续发展的长期规划。人们常把有无长远观点当作有无战略观念的主要标志,这就要求酒店正确处理好当前利益与长远利益之间的关系。把未来作为当前行为的出发点与归宿,同时,酒店目前行为也是企业未来的依据。

2. 竞争性

酒店战略是为了在激烈的市场竞争中谋求生存和发展,向未来挑战,向竞争对手挑战,以赢得市场上长期的竞争优势。就战略的某一阶段来说可以是进攻性的,也可以是收缩性的,但总体上是竞争性的。

3. 风险性

由于酒店战略是以未来为主导,与不可控制的外部环境相联系,而且它也只是给企业提供一个未经实践证明的大致方向,能否正确把握未来变化而做出决策,就不能不带有相当程度上的主观性与随机性,因此酒店战略有风险性。具体地说,酒店战略风险性的产生一方面来自环境变化的不确定性,这与对酒店产品的消费受制于旅游业的发展这一产业特点和相关市场的特性有着直接关系;另一方面来自酒店对环境认识的有限能力和酒店内集体加工信息过程中的非可控因素。

4. 社会性

由于制定战略的酒店多为一些大型的酒店或酒店集团,其已经达到了一定的程度,以至于其进一步的发展必须要对社会承担相应的责任。或者说,社会(包括政府、民间团体、消费者)的某些现实及潜在的需求如果在酒店战略系统中得不到反映,那么在酒店战略的实施过程中就会受到某种程度的阻碍。

第二节 酒店产品战略

一、酒店产品——市场发展战略

产品—市场战略最先是由世界著名战略学家安索夫提出的。他认为,企业战略有现有产品、新产品、现有市场、新市场四项要素。应当指出,尽管在全球经济增长时期,安索夫的这四项战略帮助企业获得了很大的发展,但是该矩阵并没有完全包括企业创新开拓型发展战略的所有类型。尤其是进入21世纪以后,科技日新月异,消费者需求变幻莫测,竞争也越发激烈,企业的发展战略就不能仅仅沿用传统的渐进式发展战略,而应该积极采取创新开拓型发展战略。因此,为了完整地表达企业全方位的发展战略,就需要将安索夫模型进行扩展。扩展后的安索夫模型见表4-1所示:

表4-1 产品—市场战略矩阵模型

市场＼产品	现有产品	相关产品	新产品
现有市场	市场渗透	产品发展	产品更新
相关市场	市场发展	多元化	产品发明
新兴市场	市场转移	市场创造	全方位创新

(一)市场渗透战略

市场渗透战略是由现有产品领域与现有市场领域组合而产生的一种企业成长战略。是指企业通过加强广告宣传、促销力度、改革流通渠道等手段,扩大现有产品在现有市场的销售额,从而提高企业市场占有率。

其实施方法有:①提高现有顾客群中使用本产品/服务的使用次数;②吸引竞争者的顾客;③在现有目标市场里,使非使用者转变为本产品/服务的使用者。

市场渗透战略有其利弊。与其他战略相比,它只需较少的资源,实施成本低。如与改变现有设施,或者增加服务(产品开发战略),或开拓以前从未使用该酒店设施的新细分市场(市场开发战略)相比,市场渗透战略需要的组织资源和技巧少,其相关费用较低,因此,市场渗透战略的风险相对较小。市场渗透战略通常也能够阻止竞争者进入该市场,尤其是采取低价策略。

但是市场渗透战略也有其局限性。第一,与其他战略相比,它风险低,回报也低。第二,它是短期的,在现有的市场内拓展的可能性是有限的,一旦市场成熟,市场渗透的机会就消失了。市场渗透战略的有效性受制于现有市场的潜力。第三,市场渗透战略易引起竞争者的报复。竞争者很容易通过增加推销预算或降低价格等措施来增加市场份额。第四,市场渗透战略比较适合于一个新的正在成长的市场,不适合比较成熟的市场。成熟的市场销售量相对较稳定,从竞争者那里夺取市场份额的花费大,而且容易导致竞争者的报复;同时,消费者的消费行为也较稳定,已有了一定的品牌忠诚度,此时不容易改变消费者的品牌偏好。

(二)市场发展战略

市场发展战略是指酒店在原有市场的基础上,去寻找和开拓新的市场,进一步扩大产品、服务销售,从而促进企业的成长和发展。这种战略适用于企业的产品在原有市场的需求量已趋饱和,需要开拓新的市场,打开新的销路,以使企业进一步得到发展。这一战略又可分为市场经营范围的扩大、地理扩张策略和进入新的客源细分市场。市场发展的重点应当放在市场调研、价格、渠道与促销等四个方面。市场发展战略比市场渗透战略风险性大。这种战略迫使管理人员放开眼界、拓宽视野,重新确定营销组合。但此战略仍是一个短期战略,它仍然不能降低因为客户减少或技术上落后而导致的风险性。

(三)产品发展战略

产品发展战略是指现有企业依靠自己的力量,努力改进老产品,开发新产品,发展新品种,提高产品质量,从而使现有企业不断成长和发展。

产品、服务开发一般有两种做法:一种是利用现有技术增加新产品/服务;另一种是在现有的产品、服务的基础上,增加更多的花色、品种、风味等。这种战略,一般适用于经营管理素质较好、产品开发能力较强的企业。企业采用这种战略,就要积极创造条件不断进行产品开发工作,以求保持自己的产品和服务在技术上的先进性和功能、质量、价格等方面的优势。

国外著名酒店集团往往采用产品开发战略,使其酒店产品层次化,为消费者提供较丰富广泛的酒店产品系列。如假日集团有着较广泛的酒店产品组合,超豪华型(洲际酒店)、豪华型(皇冠广场系列)、中档型(假日酒店、Sunspree度假村)、经济型(快捷假日、假日花园、公寓酒店)。

产品发展战略的优势在于针对不同的细分市场发展独特的产品,市场营销更有针对性,而且由于经营范围广,有助于分散经营风险,但所需要的企业资源也较多。

对于独立经营型酒店,也可采取酒店产品开发战略,通过各种方式改变其现有的酒店产品组合,如增加娱乐、餐饮设施,会议设施,改变现有客房产品种类(如增加商务客房、减少标准间等)。

(四)产品更新战略

产品更新战略是企业在原有目标市场上推出新一代产品的发展战略。这种战略比传统的产品发展战略向前迈进了一步。企业的重点虽然是原有的目标市场,但通过新技术的运用,企业产品性能有了显著的提高,原有的产品或许会再生产几年,但是企业已经运用最新技术生产新一代产品。

(五)产品发明战略

产品发明战略是指企业发明别的企业从未生产过的新产品,并进入别的企业已成熟的市场。这种战略具有创新开拓精神,体现了创新开拓型战略的高风险、高收益特征。当企业向一个其他企业已经形成的市场推出自己第一代产品时,企业的风险来自两个方面:一是新产品不一定正好适合市场顾客的需要,二是企业对新市场缺乏第一手资料和实践经验。当企业从事这种风险投资时,它就是在运用全方位创新战略上跨出了成功的第一步。

(六)市场转移战略

市场转移战略是指企业将现有产品投入到别的企业尚未进入的、刚刚开始形成的处女市场。市场转移战略的最主要优点是早期投资少,企业对现有产品无须做大的改进,就可以进入正在形成的新兴市场。如果市场前景看好,企业会进一步调整自己的市场营销组合以适应市场特点。另外,企业也可以通过建立营销网络或与别的企业合作投资进一步增强实力。

但是,这种战略的运用存在很大的风险性。企业能否取得成功完全依赖于它的市场营销组合是否适合于新出现的独一无二的市场。同时,一个新出现的市场意味着市场原材料的缺乏和基层销售网络力量的薄弱。

(七)市场创造战略

市场创造战略是指企业在新兴市场上投放别的企业已经在成熟市场上经营的产品。由于本企业要生产别的企业已经生产的产品,因此不必从头开始新的技术开发,可以直接通过购买许可证、和别的企业联营或通过兼并的办法获得生产该产品的权力。

市场创造战略比市场转移风险更大。市场转移战略的风险是单方面的,因为企业向新兴市场提供的是企业原有产品,企业只对市场不了解;而市场创造战略的风险是双方面的,即企业对新兴市场和准备投放的产品都缺乏经验。

一家酒店集团成功地运用了市场创造战略。该集团的管理层认为,由于飞机票涨价和恐怖主义、交通不便等原因,今后将用电话、电视会议逐步取代面对面的会议。到1995年美国很大一部分商务旅行被电话、电视会议取代,该集团的电话会议市场总额从之前的10亿美元上升到80亿美元。

(八)全方位创新战略

全方位创新战略是市场创造和产品发明战略的组合,是指企业向一个新兴市场推出别的企业从没有生产过的全新产品,抢先占领该市场。当市场化非常快时,企业只有运用这一战略才能立于不败之地。

(九)多元化战略

多元化战略是由新产品领域和新市场领域组合而产生的成长战略。它是通过对未曾涉足的新市场投放新产品,开发新的经营领域而使企业获得发展的战略。根据企业新的产品与市场领域和原有产品与市场领域的"关联性"，可分为以下三种形式：①同心多元化，即企业利用原有的技术、特长、经验等发展新产品，增加产品种类，从同一圆心向外扩大业务经营范围。②水平多元化，即企业利用原有的市场，采用不同的技术来发展新产品，增加产品种类。③集团多元化，即大企业通过收购、兼并其他企业，或者在其他行业投资，把业务扩展到其他行业中去，新产品、新业务与企业现有产品、技术、市场毫无关系。也就是说，企业不以原有技术也不以原有市场为依托，向技术和市场完全不同的产品或劳务项目发展。它是实力雄厚的大企业集团采用的一种经营战略。

二、酒店的稳定型战略

酒店的生存和发展是一种有节奏的运动过程，不可能像人们所希望的那样永远处于迅速发展之中。有时由于环境因素的变化，出现了一些障碍性因素，会妨碍酒店的发展；有时酒店在经历了一段高速发展之后，需要进行调整，巩固已有的成果，积蓄力量，争取新的发展。

稳定型战略是指酒店遵循与过去相同的战略目标，保持一贯的成长速度，同时不改变基本产品经营范围的经营战略。它是对产品、市场等方面采取以攻为守，以安全经营为宗旨，不冒较大风险的一种战略。稳定型主要有以下几种类型：

（一）无变化战略

无变化战略就是基本没有什么变化的战略。采用这种战略时，酒店保持经营方针的连续性；也就是说，如果酒店每项经营活动都进行得很顺利，企业战略就不必改变。企业内部环境和企业外部环境不发生变化是无变化战略成功的前提条件。

（二）维持利润战略

维持利润战略是指为了维持目前的利润水平而牺牲企业未来成长的战略。这种战略注重短期效果而忽视长期利益，其根本意图是渡过暂时性的难关，因而往往在经济形势不太景气的情况下被采用。但是运用不当的话，维持利润战略就可能会使企业元气受到伤害，影响长期发展。

（三）暂停战略

经过一段时期的快速成长之后，企业可能变得缺乏效率，或者难以管理。通过购买或内部发展而新增的事业部或分公司使管理人员过度缺乏，造成资源过于分散。暂停战略就是在一段时期内降低企业目标水平，放慢快速成长的步伐。暂停战略作为企业进行内部整顿的一种方法，一般都是暂时性的。

（四）谨慎前进战略

如果企业外部环境中的某一重要因素难以预测或变化趋势不明显，酒店的某一战略决策就要有意识地降低实施进度，步步为营，这就是所谓的谨慎前进战略。

三、酒店的收缩型战略

收缩型战略是指酒店企业从目前的战略经营领域和基础水平收缩和撤退，且偏离战略起点较大的一种经营战略。这种收缩和撤退可能出于多种原因和目的，但基本的原因是现有企业的经营状况、资源条件以及发展前景不能应付外部环境的变化，难以为企业带来满意的收益，以致威胁企业的生存、阻碍企业的发展。只有采取收缩和撤退的措施，才能抵御对手的进攻，避开环境的威胁，保持企业的实力，以保证企业的生存，或者利用外部环境中有利的机会重新组合资源，进入新的经营领域。收缩型战略具有以下几种类型：

（一）转变战略

转变战略是指企业经营由危机状况转变为正常状态的战略，其重点是改善经营效益。在企业经营充满问题，但还不很严重的情况下，采用这种战略是比较适宜的。

（二）放弃战略

放弃战略较转变战略更进一步，就是企业卖掉其下属的某个战略经营单位（子公司或事业部），或者将企业的一个主要部门转让、出卖或者停止经营。放弃战略的目的是去掉经营包袱，收回资金，集中资源，加强其他部门的经营实力，或者利用腾出的资源发展新的事业领域，或者用来改善企业的经营素质，伺机抓住更大的发展机会。

（三）清算战略

清算战略是指企业受到全面威胁，在接近破产时，通过企业的资产转让、出卖或者停止经营业务结束企业的生命。毫无疑问，对任何一个企业的管理者来说，清算都是其最不期望、最不乐意的选择，通常只有在其他战略全部失效时才采用。

第三节　酒店竞争战略

当前酒店市场竞争日益激烈，竞争的手段日益多样化，酒店企业的竞争超越了单纯的价格、产品、功能、质量的范畴，而延伸至服务/产品的设计、品牌、形象、营销、公共关系、人力资源等全方位的对抗竞争，范围扩大，程度加深。因此，我国酒店企业要在竞争中谋求生存和发展，占领市场，获得最大利润，就必须掌握和运用竞争战略。

一、酒店竞争环境的结构化分析

一般来说企业竞争环境可以从五个要素方面进行分析。所谓"五要素"即五种竞争作用力——进入威胁、替代威胁、买方砍价能力、供方砍价能力、现有竞争对手的竞争,五个要素构成了产业竞争环境。这五种作用力共同决定产业竞争的强度以及产业利润率,最强的一种或几种作用力占据着统治地位,并且从战略形成的观点来看起着关键作用。竞争战略就是在这种由产业经济和技术形成的竞争环境中确定的如图4-1所示。

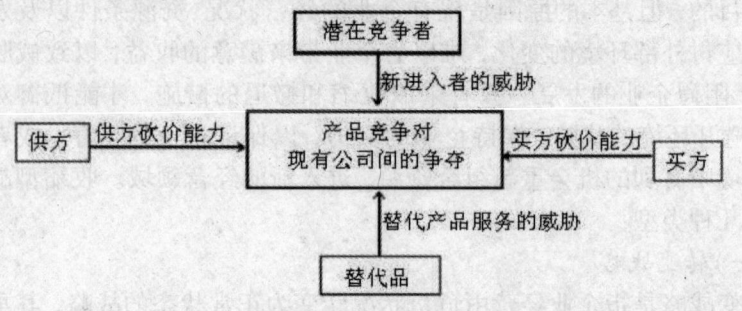

图4-1 竞争战略的五力模型

(一)进入威胁

加入一个产业的新对手会引进新的业务能力,也常常带来可观的资源,并有获取市场份额的欲望,结果是价格可能被压低或导致守卫者的成本上升、利润率下降。进入威胁的大小取决于进入壁垒以及准备进入者可能遇到的现在守卫者的反击。一般来讲,存在以下壁垒:规模经济、产品歧视、进入市场的资金要求、转换成本、获得分销渠道、预计的报复、立法或政府行为等。对于酒店业来说,由于消费者对住宿产品多有各自的偏好,消费者对住宿的选择较审慎,需求差异大,所以,酒店业的进入壁垒主要是产品歧视、消费者对现有酒店产品的偏好、获得分销渠道、转换成本、管理上的经验曲线作用等。

(二)供求双方的力量

所有的组织都必须要在猎取资源的同时提供商品服务。买方与卖方在约束组织战略、影响组织的盈利等方面起着重要的作用。当出现供方是集中供应而不是分散供应、从一个供应商到另一个供应商的"转移成本"供应商的品牌很有名等情况时,供方讨价还价的能力就大,对企业经营产生不利影响。我国酒店企业的供应方主要是酒店所使用的各种机器、设备、低值易耗品、餐饮原材料等的供应商,由于大多数物资较易采购到,对我国酒店企业来说,供应方的讨价还价能力较有限。我国酒店企业产品的需求方主要是国内外旅游者,其购买数量大,又有较多的同类产品可供选择,所以具有较强的讨价还价能力,对酒店企业的竞争结构和行业利润率都有重要影响。

(三)替代品的威胁

首先需要辨识企业的替代品是什么,替代品的存在会增加消费者的选择余地,增加竞争程度,降低行业利润率。近年来我国房地产业,公寓设施,各类度假村等有了较大的发展,它们是我国旅游酒店产品的重要替代品。

（四）行业内竞争

对单个企业来说，企业更关心行业竞争程度、企业与主要竞争者之间的敌对程度。竞争最激烈的市场是那些容易进入、又有退出壁垒、存在着替代品的威胁或者由买方或供应方进行控制的市场。此外，行业内竞争者的均衡程度、市场的成熟程度、产品的差异化程度等因素都是行业竞争程度的影响因素。酒店产品具有不可储存性，酒店经营固定成本比例高、变动成本比例低的费用结构，以及酒店业退出壁垒、资源转换成本较高等，都是造成酒店企业激烈竞争、进行价格战的深层原因。

以上介绍了酒店竞争环境的结构化分析方法，酒店应在全面分析竞争环境的基础上制定其竞争战略。

二、酒店基本竞争战略

竞争是企业成败的关键，竞争优势归根结底来源于企业为酒店创造的超过其成本的价值。竞争战略就是要在竞争发生的产业宏观舞台追求一种理想的竞争地位。这种战略可以分成三种：成本领先战略、差异化战略和专一化战略。其中专一化战略又可分为单一市场的专一化和多个市场的多元化。另外，企业追求持久的优势必然要实施长期化战略。

（一）成本领先战略

成本领先是企业竞争战略中最明确的一种，它的指导思想就是使本企业成为其产业中的低成本企业。如果企业能够创造和维持全面的成本领先地位，那它只要将价格控制在产业的平均或接近平均的水平，就能获取优于平均水平的经营业绩。在与对手相当或相对较低的价位上，成本领先地位将转化为高效益。但它的一个前提是企业的产品能够满足市场需求，也就是说，追求成本领先的企业并不能完全忽视产品的差异化。

企业的成本领先地位来源于其经营活动中的成本行为。成本行为即能够在不改变产品质量的情况下使成本降低的行为，它取决于影响成本的一些因素，包括：规模经济、生产模式、组织机构、经营时机、产业政策、地理位置和员工素质等。成本优势的获得不但与企业各个部门、环节有关，也同企业经营活动的开展以及市场环境有关。实现该战略的基本条件有：①最大可能地吸引更多的消费者，获得规模经济效益，从而降低单位成本；②应具有较高的销售增长率和市场占用率；③具有较高的管理水平和控制成本的能力。实施该战略的潜在前提是：消费者对某种产品、服务的需求是同一的，没有严格的按照消费者行为等因素来细分市场，因此，产品或服务被标准化。其市场营销针对整个行业或市场，通过大众化的销售渠道、促销手段以及大众化的产品或服务，来获取一个较大的市场份额。企业一般也只有较短的产品或服务线，这样才能取得经营或营销的规模经济。

（二）差异化战略

差异化战略不是说企业可以忽视成本，而是认为企业的根本战略目标不是成本。差异化可以表现在企业生产经营活动的各个方面，如产品设计、生产技术、性能特点、销售网络及其他方面。如果差异化战略成功地实施了,它就成为企业赢得高水平收益的积极战略,因为此时,消费者缺乏选择余地,并逐渐对该产品产生了信任,因而对价格敏感程度下降,来自买方的压力缓解,从而使企业避开相对严酷的竞争。在遇到替代者威胁时,其所处的位置也较其他竞争者更为有利。

影响企业实施差异化战略的市场因素主要有以下两方面:

1. 产品存在差别是由于消费者认为它们不同。也就是说,尽管某酒店的产品从服务等级(星级)、设施设备等方面来看是相同的,但如果消费者认为产品不同,那么产品实际上便存在差别。如每个酒店提供的标准大陆式早餐在内容和式样上可能相同,但就餐环境和服务水平的不同会使消费者感觉到包含在产品中的差别。

2. 当两种产品是关系密切的互代品时,一种产品的定价对另一产品的定价有较强的约束力。对于酒店产品来说,很难找到具有完全垄断特征的产品,因此,也就意味着每一品牌的产品的定价都无法摆脱市场上其他竞争力同量的影响。替代程度的大小、替代者的多少和替代者的规模将直接影响该企业品牌的产品定价。

在企业之间的产品或服务成本越来越接近的情况下,市场竞争的重点就在于差异化。差异化战略就是提供与同行企业不同的产品和服务。具体地说,企业在品种、质量、价格、预订的方便程度等方面应创造独特的、与竞争者不同的特点与优势。它不仅能满足消费者的需要,而且在一定时期内,同等竞争者是难以取代的。

产品差异只要条件允许是一种可行的战略,企业在此基础上可保持长久的优势,可以很好地抵御竞争力量,在同行业中获得超过一般水平的利润。实行差异化战略的目的在于使顾客形成对该品牌的较高忠诚度,进入者要进入该行业则需要先克服这种产品的独特性和顾客的对老品牌的忠诚。同时,由于顾客对品牌的忠诚,当产品价格发生变化时,顾客的敏感程度低,产品差异化能够增加边际收益。实行差异化能够增加边际收益。实行差异化战略,酒店可以在两个或更多的细分市场中经营。

实行差异化战略的主要条件有:企业产品的研究和开发上具有较强的伸展能力、较好的适应能力和应变能力;企业在市场营销中要有明确的目标市场,并能采取有效的经营手段和方法。

对酒店企业来说,营造和扩大差异化有许多方式,如产品设计、服务质量、技术特点、客户服务、经销网络及其独特性,其中一些是实体性差异,一些为心理上或观念上的差异。

(三)专一化战略

专一化战略的经营思想的核心是很好地为某一特殊目标市场(细分市场)服务。这一战略的前提是:公司业务的专业化能够以更高的效率、更好的效果为某一狭窄的战略对象服务,从而超过在广阔范围内竞争的对手。专一化战略的实施有两种基本形式,它们或单独存在,或兼而有之。

1. 在细分市场上实现低成本

由于在细分市场上积累的经验和对该市场上消费者需求的准确把握，酒店企业通常能更有效率地满足消费者的需求，通过服务技能的提高、新技术的掌握、协作者之间的默契配合、产品的改进、资产利用率的提高以及适应市场变化的组织结构等实现成本的下降。

2. 在细分市场上实现差异化

对于许多中小型的酒店来说，与规模较大的竞争者在成本方面竞争是不现实的，企业对顾客的需求有较深入的了解，提供较高质量的服务和具有很好的声誉，更有较利用自己更加专业化的优势在细分市场上更好地满足消费者的需求。从而在一个小的细分市场上获得相对优势。

（四）多元化战略

是指企业根据自己的实力和优势选择几个细分市场作为竞争的场所，而这几个细分市场之间通常以种种方式相联系。例如，一家酒店打算开办旅行社业务、管理度假村或主题公园，这些业务具有较强的相关性，能使企业某方面的竞争优势（如强有力的促销组织）在不同的细分市场上得以充分发挥。例如，同一促销队伍可以为不同类型的买方服务，或同一销售网络可以出售旅游线路、机票、房间或订餐服务。多元化战略一般包括以下一些基本步骤。

1. 划分细分市场

要求企业能够辨识产业中对产业结构或竞争优势有影响的因素，如不同的产品类型、买方类型、销售渠道和地理区域等。运用这些因素来划分细分市场时必须注意这些因素的区别是显著的，并尽量将划分的市场个数减少。

2、分析不同细分市场的吸引力

吸引力包括该细分市场的利润率、市场规模和增长率，这是决定企业在何处竞争的关键。如一些高档酒店看到了大众快餐市场的吸引力，便很有可能利用自己的服务和品牌优势进入该市场。

3. 确定细分市场间的关联和企业的竞争优势

同时在几个细分市场上开展经营活动，一部分资源可以共享。如果共享的资源成本代表总成本中很大的一部分或对产品的差异化具有影响，就是紧密关联的细分市场。如在服务业中的餐饮业、娱乐业无论在企业品牌、管理方式、员工服务技巧等方面均与酒店业具有较大的相关性，资源共享可以降低较大一部分的成本；同时，跨越细分市场的品牌共享又形成了产品的差异化，一个跨越细分市场又共享相关资源的企业，相对于单一市场的竞争对手，通常能够获得较大的竞争优势。

（五）长期化战略

长期化战略是为了保持竞争优势的持久性而建立起来的企业之间和企业内部的长期交易系统，这一系统是经过企业在市场竞争中不断地试验和改进而建立起来的，其基础就是基于长期共同利益的相互交流和了解。长期交易关系的建立能使企业在信息积累和分享、市场专业化、质量改进等方面保持优势,这就需要构建一整套机制来保证,即实施长期化战略。

1. 抵押机制

又称为"人质"机制,是一种交易双方的专用性资本,市场流动性极低,一旦投入交易过程,其价值只能在双方的交易活动中得到体现;一旦中止交易,这种资本的价值就不能在普通的市场中得到实现。这种抵押机制存在于信息、资本和支付方式等方面。如在管理合同中,目前业主都要求管理方投入一定的股份,以此表明其长期交易的决心。

2. 声誉机制

设计声誉机制是为了在本行业内建立起必要的信号显示机制,以使业内的企业能够较容易地获得有关交易对手的信息,从而选择与之合作或不合作。声誉机制可以帮助企业挑选那些好的交易对手并与之合作。建立声誉机制的途径,一种是企业长期合作过程中积累关于对手的信息,然后以此形成一套评判交易对手的档案。如酒店可以根据交易过程中旅行社的表现来对不同的旅行社进行评估,排出等级,并选择较好的旅行社与之继续合作。另一种途径是通过权威组织的评比,根据各种量化和非量化的指标对企业进行考评,建立起有关业内企业声誉和质量等级的一整套信息档案,并将结果通过媒体公布于众。如中国酒店100强、酒店星级评定等。

3. 激励机制

长期交易关系的形成改变了竞争的形式,使得企业从追求自身利益最大化变成追求交易共同体利益最大化,但在这个前提下,交易双方还是会就自身利益的多少同交易对手讨价还价。激励机制最重要的方面就是利益分配制度,利益的分配可以通过协议在交易之前确定下来。如在现实的酒店市场中,许多酒店采用折扣的方式对长期交易对手进行激励,即根据交易对手合作期限长短及销售量的大小定出不同的折扣价格。

4. 道德机制

一个市场的稳定主要靠法律来维系,但法律的维系同时又需要费用。在用法律手段解决问题的费用较高时,人们更倾向于交流和合作,这时道德在人们的交易中就起到重要的作用。哈耶克曾经这样论述过道德在市场中的作用:"对于一个个人主义的社会的正常运转而言,传统与惯例都相当重要。这些传统与惯例在自由社会中进化发展而来,不需要被强制实行,它们建立一些十分灵活,但是可以正常观察到的原则,从而使他人的行为在很大程度上变成可以预期的行为,……共同的惯例与传统在一个团体中的存在,将使得人们能够和谐有效地在一起工作。"显然,道德和传统在其执行过程中社会抵制力较小,因而其运行成本较低。长期交易关系的道德机制实际是社会所具有的"团队精神",它是一种兼顾个体利益的合作精神,同时也是市场有效运行的重要保障。

三、市场营销竞争战略

依据酒店市场地位和在竞争中所处的位置，可以分为领导者酒店、挑战者酒店、追随者酒店和专业户酒店，不同类型的酒店在选择和实施战略时所采用的模式也各不相同。

（一）实施领导者战略

当某一酒店处于市场领导者的地位时，它很可能是某一市场的垄断者，即它的生产规模、品牌、市场占有率、服务和管理模式等项指标已达到一定程度，以至于其它任何一家酒店的行为都不可能对其构成威胁。实施领导者战略模式的主要策略有：

1. 维持

当处于领导者地位的酒店只想维持目前的地位而暂时不想发展时，它会选择这一策略。维持策略主要可以采用四种方法加以实现，即积累、多样化（产品系列化）、正面攻击、阻挠。其中前两种是在市场状况没有什么变化，其他的酒店只是追随者和专业户时，领导者的最佳选择。后两种是在市场上出现挑战者时的反应策略。市场的本质决定了一家酒店不能长期采用维持战略，因为市场上一些追随者和一些以大型酒店业和非酒店业的企业集团为背景的新进入者，随时都有可能成为其挑战者。另外，维持战略只是一种权宜之计，决不能把它等同于不思进取。

2. 扩张

扩张策略是处于市场领导者地位的酒店在面临其他酒店的挑战，或即使没有挑战者，但是他不满足于维持现状，而向自我进行挑战时所采取的战略实施模式。扩张战略具体又分为市场扩张、产品扩张和多种经营（多角化）三种类型，如图4-2所示。

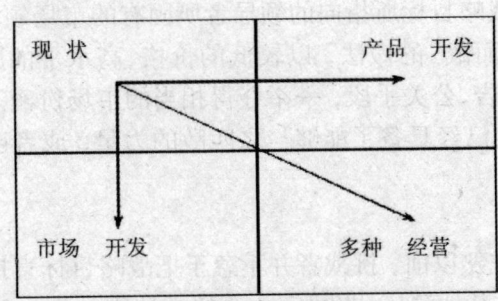

图4-2 领导者酒店扩张战略实施途径

（1）产品开发子模式。这是酒店持续不断地为其产品系列增加一整套与它最先的产品相类似的新产品（产品开发），或者为酒店现有的产品寻找新的功能与用途，领导者意图通过这种方法来巩固自己的市场地位。比如某一旅游胜地酒店集团利用自己的地理位置优势和市场营销网络系统，开发出新的会议产品系列，以巩固它在更大范围内的市场地位。

（2）市场开发子模式。处于领导者地位的酒店或酒店集团为了打击市场上现实和潜在的竞争者，它会为现有的产品提供新的市场，或对不同的市场提供多种产品。像这样一种以新的市场为媒介来进行扩充的酒店战略，被称为"市场开发战略"。新的市场可以是新的地区市场，也可以是新市场的某个部分。

（3）多角化经营（多种经营）子模式。如果一家酒店同时利用开发新产品和开发新市场这两种手段来求得生存的战略目标的实现，就被称为"多角化经营"。这一模式多见于大型的酒店集团，它们不仅向旅游市场上提供酒店产品和酒店相关产品，还会经营旅游代理、交通运输、食品、酒类、甚至钢铁、汽车等产业项目。多角化经营有助于酒店充分利用现有的生产能力和市场营销网络，而且有助于分散经营风险。但是企业规模的扩大肯定会带来管理费用和内部其他费用的上升，这是它的不利之处。而且如果产品、技术的关联性太低，也会给集团的协调带来困难。

（二）实施挑战者的战略

挑战者是指在市场上已经具备了相当实力的酒店，其经营的产品在市场上的占有率仅次于领导者，内部所拥有的资源结构得到了相应的优化，更主要的是，这些酒店的战略目标是以动摇领导者酒店的市场地位为目的的。挑战者战略的可选模式主要有以下几种：

1. 蚕食

重点是加强市场渗透，如通过创新销售方法，大力推销其原有产品和新产品，增大市场销售额。这种形式的挑战者战略在 19 世纪的制造业领域就非常普遍，当时绝大多数市场的规模正在迅速扩大，所有者因此能够利用这种形式保持对企业的控制。

2. 偷袭

与蚕食策略的"小步走"的做法不同，此策略的关键在于突然性和彻底性。挑战者对其战略目标所指向的领导者所固有的市场领域，经过周密的准备，采取"不宣而战"的做法，以较低的价格、高水平的服务，辅之以有效的市场营销、广告、公关手段，一举夺得相当的市场份额。这样等到竞争对手反应过来，它已经具备了能够与之匹敌的力量，或者已经成长为新的市场领导者。

3. 兼并

在时机没有成熟以前，挑战者并不急于把战略目标直接指向市场领导者，而是通过兼并其他酒店、非酒店企业的方法来壮大自己的力量。这样做的结果，表面上看来，挑战者酒店并没有进入领导者酒店传统的市场领域，领导者市场占有率也没有变化。但是，它通过集中被兼并企业的力量和市场份额，加大酒店业的集中程度，其实质是增强了自身的竞争能力，同时改变领导者市场占有份额的相对数，使领导者的市场地位被削弱。

（三）实施追随者的战略

在市场上处追随者地位的酒店多为一些中小型单体酒店，它们或者由于成长初期力量不够强大，或者由于酒店市场领导者和挑战者的地位过于稳固,所以无力在市场上与后者相抗衡,因而采用产品跟进、价格服从、避免竞争等战略以保存实力,谋求一定约束条件下的利润最大化。

1. 仿制

追随者由于可利用的资源有限,无力独立进行产品创新,所以在酒店产品线的组织与设计上,采取模仿领导者酒店的做法。如一些低星级的酒店就很少率先增加酒店的有形设施和服务项目。这样,可以节省追随者的产品研制与定型时间,避免创新带来的风险,而且可以集中精力在现有产品质量的提高上。

2. 拉常客。也称固守现有市场策略。追随者无力进行市场渗透和寻找新市场的情况下,只得集中精力守住现有的市场。通过提高产品质量、增加产品销售中的感情色彩和各种市场营销、公关等手段,稳定自己的老客户,从而维持已有的市场份额。

3. 降低成本。当产品开发和市场开发都无法进行时,追随者为了增加利润,就会想方设法将战略目标指向酒店内部。通过降低生产成本和管理费用的方法来实现自己的战略意图。这一构想的理论依据是"收益(可变)=销售额(固定)-成本(可变)-费用(可变)"。

4. 合理定位。尽管追随者无力在所有的市场上同处于领导者地位的大酒店或集团展开竞争,但是,中小型的酒店毕竟也有大酒店不具备的优势地位。比如,在中低阶层的旅游市场上,一些中小型酒店相对于大酒店而言显然存在着价格上的优势。所以,追随者可以通过合理的市场定位,避免了与领导者的直接竞争。这一战略实质上也是营销学中市场区隔理论的具体运用。

(四)实现专业户战略

酒店市场上的专业户是指那些只经营某一单一酒店产品,提供较少的服务项目,服务特定的旅游者和当地居民的酒店。它们的资本构成单一,人员数量少,组织结构一般实行直线制,在市场上无力同大中型酒店竞争。但是在激烈竞争的酒店市场上,它们一方面面对领导者、挑战者和追随者的市场渗透威胁,另一方面又面临着其他专业户酒店的产品和市场竞争。所以,专业户酒店要想生存下去,并取得一定的发展,也必须以相应的经营策略作为自己的指导。

上述的四大类模式并没有穷尽所有可资酒店利用的战略选择,只是列出了一些样板,而且这些样板的具体运用也不是一成不变的,一个酒店可能在本期实行扩张战略,下期又实行维持战略,也有可能在同一时期实行两种或两种以上不同类型的战略。总之,要视酒店的具体所处的外部环境和内部资源状况而定。

【案例分析】
山居小客栈如何面对大型宾馆的竞争?

山居小客栈位于一个著名的风景区边缘,旁边是国道,每年有大批旅游者通过这条公路来到这个坐落于两个大城市之间的风景名胜区游览。

罗生两年前买下山居小客栈时是充满信心的,作为一个经验丰富的旅游者,他觉得自己明白游客真正需要的是朴实而方便的房间——舒适的床、标准的盥洗设备以及免费的有线电视。像公共游泳池等没有收益的花哨设施是不必要的。而且他认为重要的不仅是提供的服务,而是管理。但是在不断接到顾客抱怨后,他还是增设了简单的免费早餐。

然而经营情况比他预料的要糟,两年来的入住率都维持在55%左右,而当地的旅游局统计数字表明这一带旅店的平均入住率是68%。毋庸置疑,竞争很激烈,除了许多高档的酒店宾馆外,还有很多家居式的小旅社参与竞争。

其实,罗生对这些情况并非一无所知,他觉得高档宾馆太昂贵,而家庭式旅社则很不正规,像山居小客栈这样既具有规范化服务特点又价格低廉的旅店应该很有市场。但是他现在感觉到事情并不是他想的这么简单。最近又传来旅游局决定在本地兴建更多大型宾馆的风声,罗生越来越发觉处境不利,甚至决定退出市场。

这时他得到一大笔亲属赠予的遗产,这笔资金使得他犹豫起来。也许这是个让山居小客栈起死回生的机会呢?他开始认真研究所处的市场环境。

从一开始罗生就避免和提供全套服务的度假酒店直接竞争,他采取的方式就是削减"不必要的服务项目",这使得山居小客栈的房价比它们要低40%,住过的客人都觉得物有所值,但是很多游客还是转转然后去别家投宿了。

罗生对近期旅游局发布的对当地游客的调查结果很感兴趣:
1. 68%的游客是不带孩子的年轻或年老夫妇;
2. 40%的游客两个月前就预定好了房间和旅行计划;
3. 66%的游客在当地停留超过三天,并且住同一旅店;
4. 78%的游客认为旅馆的休闲娱乐设施对他们的选择很重要;
5. 38%的游客是第一次来此地游览。

得到上述资料后,罗生反复思量,到底要不要退出市场,拿这笔钱来养老,或者继续经营?如果继续经营的话,是一如既往,还是改变山居小客栈的经营策略?

分 析:

罗生的经营战略总体是对的,其实行的是差异化战略和专一化战略,其出发点是对的,避免与设施齐全的大酒店正面竞争,但其不足之处在于没有正确认识到顾客的需求:这是一个旅游度假区,客人是度假的,那就必须有一些娱乐设施和必要的娱乐服务项目。

重点思考题

1. 酒店战略管理的概念是什么?
2. 为什么要实施酒店战略管理?
3. 作为一家酒店,怎样才能更好地实施长期化战略?
4. 酒店营销战略的含义是什么,其在酒店总体经营竞争战略中处于怎样的地位?
5. 酒店如何才能判断自身在行业中的地位及相应战略?
6. 酒店有哪几种基本竞争战略,实施这几种基本竞争战略的要求和内容是什么?
7. 处于不同市场地位的酒店各应采取何种营销战略?

第五章 现代酒店营销管理

● **学习提要**

现代酒店营销管理是酒店管理组成部分之一,它主要从市场营销的角度对酒店的经营管理活动进行全面、系统的分析和研究,帮助酒店企业探寻酒店营销活动的规律,使企业在现代社会市场营销的观念指导下,搞好营销组合,赢得经济利益。

● **学习目标**

掌握现代酒店营销的基本知识;理解现代酒店营销的基本任务;了解4CS市场营销及现代酒店营销新理念。

第一节 现代酒店营销概述

一、现代酒店营销的含义

现代酒店营销的概念提法很多,众说纷纭。但说来道去大家总是围绕这几个方面活动加以界定的。

1. 了解掌握市场需求状况。
2. 指导生产经营,使产品和劳务能满足消费者的需要和愿望。
3. 将产品劳务的性能、特点及价格等信息传递给消费者。
4. 解决好产品或服务的营销渠道和促销等问题,使产品或服务能顺畅地销售和转移到消费者手中。
5. 搞好销售后服务,收集销售后服务意见反馈给企业,保证生产和销售的发展。

根据上述问题可以总结出,所谓酒店营销是指通过研究酒店市场供求变化,以满足消费者需求为中心,为顾客提供并开发适销对路的酒店产品,使宾客满意,使酒店获得最大社会效益和经济效益的经营管理活动的总和。

二、现代酒店市场营销的导入与发展

市场营销最初产生于西方发达国家的制造业。随着服务业的发展,便慢慢地从制造业导入到服务业。服务业市场营销的发展大致经过下面几个时期,见表 5-1。

表 5-1　　　　　　　　　服务业市场营销的发展

大约的时期	市场营销阶段
1920~1930	生产导向时期
1931~1950	销售导向时期
1951~1960	市场营销部门时期 ⎫ 市场营销导向时期
1961~1970	市场营销公司时期 ⎭
1971~现在	社会市场营销时期

现在我们具体来看看酒店服务业营销的发展:

(一)生产导向时期

在这一时期,酒店是以生产观念作为经营指导思想。生产观念是指酒店所有的经营活动都围绕生产而进行,强调酒店产品的生产,而无暇顾及顾客的需要,这是一种典型的传统生产营销观念。"我生产什么,就卖什么。"一切活动均是从这个基础出发的。当然,在这种观念的指导下,酒店经营者更多考虑的是如何生产出更多的产品来获取利润;如何降低产品成本,控制各种消耗;如何提高服务质量;怎样提高酒店员工的生产工作效率;等等。一切的一切,都是围绕利润的增加或者说利润的最大化来展开的,与这一观念相适应的现象有大搞酒店的扩建,有目的地新建,加强接待能力。

与生产观念相近的,还有一种经营观念,即产品观念。这种观念与生产观念相比较有了一定的进步。它由上述的强调生产,转而关注产品。它认为只要产品好,质优价廉,又有特色,产品就一定可以售出,而无须考虑推销活动。如果细致深入地分析,大家不难看出:生产观念关注生产,强调生产,要以量取胜;而产品观念则强调产品的质量,要以质取胜。从实质上来看,两者虽然有差异、有不同,但仍然属于同一观念范畴,都是围绕生产做文章,一个强调质,一个强调量,目的趋向仍然是酒店目标利润的最大化。

(二)销售导向时期

20世纪30年代以后,酒店业得到了高速发展。各地兴建了许多大酒店、大宾馆,酒店业的竞争时代已经到来。特别是西方发达国家,如美国在这一时期,许多大型现代化酒店在各大城市拔地而起,酒店越来越受到旅行者的青睐。加之更多资本的介入,使得酒店之间的竞争态势已经形成。与此同时,市场形态也在悄悄地发生变化,由原来的卖方市场逐渐地向买方市场转化。批量生产的概念在旅游酒店业的出现，也为酒店业的发展起到推波助澜的作用。旅游者收入的增加，闲暇时间的增多，使得他们对酒店产品也提出了最高的要求。他们选择酒店的机会也得到了大大的提高。他们不再像以前那样，只是被动接受。他们的地位已经发生了变化，他们慢慢成为消费需求的中心。在这种情况下，酒店也一改过去那种传统作风，而采取积极主动的手段招徕客人。于是，酒店的工作重点开始转向产品或服务销售，从此便进入到销售导向的经营阶段。

在这一阶段时期，酒店是以销售观念作为经营指导思想。从实质上讲，这种观念仍然没有摆脱传统营销观念，它是一种"被动的主动"。所谓"被动的主动"是指酒店经营者仍然是从自己生产的产品、服务出发，积极主动的进行推销，去追求自己的利润目标。但仍有一样，就是忽略了市场需求的变化，忽视了广大宾客消费的具体需求，整个营销活动倍显被动。所以说这种观念仍未超出"以产定销"的传统经营思想范畴。

（三）市场营销导向时期

市场营销导向是今天竞争环境的本质，它将对酒店经营者的事业有所帮助。那么，市场营销导向都是些什么呢？市场营销导向意味着市场营销观念的接受和采用，即宾客的需要是第一优先的。

世界经济的发展，使得旅游业、酒店业也得到飞速的发展。各种各样的酒店如雨后春笋，破土而出，如豪华宾馆、暑期酒店、度假村、经济等级酒店、全套间酒店等。原来被动可怜的消费者，一下子成为"上帝"，各种各样的"仆从"，都想在博得"上帝"欢喜的过程中赢得自己的利益。于是乎，各路商家纷纷上马，亮出自己的看家本领，向宾客大献殷勤，期望殷勤过后能有丰厚的利润回报。在这样的市场环境下，酒店一改过去那种传统单纯的做法，尽可能地贴近宾客，依据顾客的需要，系统、全面地研究酒店的整体营销活动和计划，力求全方位与消费者进行往来、沟通，使酒店的产品、价格、服务等都适应顾客的需求。从概念内容看，该观念是一种全新经营观念，与前边所提到的观念相比，已发生了质的变化。它不再是"以产定销"的传统观念的重复，而是"以销定产，适销对路，产销结合"的现代市场观念的体现。

（四）社会市场营销时期

20世纪70年代至今，酒店市场营销的发展进入了一个全新的发展时期。著名的社会市场营销观念就是在这一时期提出来的。社会、经济的发展给我们所生活居住的空间带来巨大的压力。如人口和计划生育，资源过分利用，生态环境的恶化，都在向我们人类敲起警钟。部分业主、经营者只关心个别和眼前利益，目光短浅或在思考、计划上缺乏远见，患上了"市场营销近视症"。更有甚者，有些人为了牟取最大利润，不惜以假充真，以次充好，缺斤短两，甚至用那些损害消费者自身健康和危害消费者安全的产品欺骗消费者，使得信用威信大大滑坡，严重影响酒店企业经营利润的实现。社会市场营销观念的出现，恰好顺应了这一历史发展的必然。

所谓社会市场营销观念,它强调酒店向市场提供的产品和劳务,不仅要满足消费者的个别的、眼前的需要,而且要符合消费者总体的整个社会的长远利益。酒店企业要正确处理宾客欲望、企业利润和社会整体利益之间的矛盾,统筹兼顾,求得三者之间的平衡与协调。

在这种思想的指导下,人类于是提出了许多新的观念,如"人道营销观念"(the humanistic marketing concept)、"理智的消费观念"(the intelligent consumption concept)和"生态营销观念"(the ecological imperative concept),等等。与此同时,一些国际连锁酒店开始在这方面进行尝试和努力,如提供再生纸做的卫生纸;非正式文件利用电传纸背面;在客房利用小册子进行环保宣传;进行ISO14000环保认证;创建绿色酒店等。世界旅游组织也鼓励酒店业参与环境保护,曾在1990年表彰了在这方面做出成绩的美国华美达(Ramada)酒店集团。

三、现代酒店营销活动的特点

现代酒店营销活动的特点可以归纳为以下几个方面:

(一)酒店产品无形性

酒店产品无形性特点使酒店营销活动带有相应的脆弱性。酒店企业提供的产品是以服务为主体的组合型,且具有无形性。宾客在首次购买酒店产品前无法具体接触或明确感觉它们,这就给企业的营销活动带来很大的难度。为了取信于宾客,酒店就须通过各种措施、手段,使无形产品有形化,巧妙地利用各种证据吸引宾客,让宾客眼见为实。总的一点,要把宣传、交流寓于服务之中,充分利用酒店有形设施、环境、人员、广告,把无形产品与有形设施融为一体,使之成为一种观念上的标志。

(二)酒店产品的不可储存性

酒店产品的不可储存性特点增添了酒店营销活动的艰巨性。酒店产品的不可储存性向营销人员提出了挑战。酒店产品与制造业工业品不同,它具有效用瞬时性的特征。就是说营销人员未能将当天的产品售出,则产品的价值将永远无法收回。这种瞬间即逝的特征,更加增添了酒店营销活动的难度。因此酒店在提供产品时,要掌握恰当的时机,提高产品的时间效用,恰当的时间里提供恰当的产品,尽量实现产品使用价值,减少损失。

(三)酒店产品的不可运输性

酒店产品的不可运输性特点使营销活动缺少一定的灵活性。酒店产品的提供是依托酒店本体来进行的,离开了酒店本体,酒店产品就会"烟消云散"不复存在。这无疑又给酒店的营销活动增加了难度。酒店产品这种不可运输性,决定了酒店规模必然受到区域性的限制。就是说必须受空间范围的限制,这使得企业的市场范围受到一定的局限。近几年来,行业上兴起的酒店连锁经营,共同促销的方式,都在不同程度上降低了不可运输性所带来的局限,有效地实现酒店产品与服务的灵活销售。

(四)酒店产品大规模生产和销售的限制性

酒店产品大规模生产和销售的限制性局限了酒店营销活动的规模效应。因为酒店产品不可储存性、不可运输性等特点,决定了该种产品难于集中批量生产。然而如何解决这一问题,这几年里企业作了这几个方面的尝试,如通过组建酒店联盟,利用团队促销方式,统一服务标准、服务程序、服务风格,达到酒店产品的规模生产、规模销售。

(五)酒店产品消费的随意性

酒店产品消费的随意性,使营销活动必须着眼于刺激宾客的消费欲望。酒店的服务对象是宾客,而大部分的宾客则是旅游者。众所周知,旅游是人们收入水平提高后产生的一种休闲活动。所以酒店产品的消费也具有极大的随意性,它易受宾客感情、兴趣、动机等心理因素的影响支配。这就要求酒店企业认真分析宾客心理状况,把握心理活动的变化规律,利用各种富有个性特色的产品,激发宾客的消费行为和活动,完成企业的营销活动。

(六)酒店产品的非专利性

酒店产品的非专利性要求营销活动具有独特性和创新性。酒店产品具有非专利性的特点,这使得酒店产品只有不断地依靠创新,挖掘产品的独特个性,才能吸引大批的宾客消费者。

(七)酒店产品的非均质性要求酒店强化服务营销意识

酒店产品的非均质性要求酒店强化服务营销意识。酒店产品的非均质性是指酒店服务产品质量缺乏稳定性,易发生波动。由于酒店经营工作的主体是人员,而人员易在生产经营过程中受诸多因素的干扰,自然服务质量的稳定性就会受影响,加之宾客对产品或服务的评价也带有浓厚的个人色彩。鉴于上述特点和情况,我们要强化企业人员的服务营销意识,认真贯彻产品的全面质量管理,搞好酒店的质量认证工作,最终确保产品与服务的相对稳定。

(八)酒店产品的文化性要求强化文化理念

酒店产品的文化性要求强化文化理念。强化酒店企业的文化理念,这是酒店产品文化性的要求。旅游是在知识经济背景下产生的一种文化现象,它的目的就是探求异地文化。这样文化就成为人们的需求热点,因此酒店就必须适应这种旅游文化现象和思潮,广泛研究文化性产品,利用文化进行市场营销活动,使营销成为一种突出文化的经济活动。

第二节 现代酒店营销基本任务

一、市场调研

了解市场,认识市场,把握市场是现代酒店营销的基本任务。市场是一个复杂多变的综合体,要想了解和认识它,就必须进行深入的市场调查,掌握其内在的变化规律,为酒店企业经营服务。

所谓市场调研,是运用科学的方法,有目的、有计划、有系统地收集、整理和分析研究市场经营方面的信息,并提出调研报告,以便帮助经营决策者了解市场环境,发现问题和机会,作为市场预测和经营决策的依据。市场调研是获取和分析市场信息的过程,是酒店企业开展营销活动的起点。酒店企业要在市场上开展营销活动,就须准确把握市场变化的脉搏,探测市场环境变化的基本特点,并在此基础上,科学制订营销计划。

(一)宏观环境调研

客观地讲,酒店企业进行市场调研的目的是把握市场营销环境。众所周知,酒店业是个比较脆弱的行业,易受各种环境因素的影响,特别是宏观环境因素,影响尤为深远和突出,所以利用宏观环境调研,充分规避市场环节带来的风险,已成为酒店企业进行经营的当务之急。

1. 消费习惯

研究消费者消费习俗的目的,是为了给宾客提供具有针对性的产品和服务,是为了迎合其不断变化的需求。那么,何为消费习俗?所谓消费习俗是一种消费方面的风俗习惯,它是人们在长期的经济、社会生产中形成的,它包括人们的信仰、饮食、节日、服饰等精神与物质方面的产品消费。依据约定俗成的标准,消费习俗可以划分为政治性、信仰性、纪念性、禁忌性、喜庆性及地域性等。企业通过对不同性质消费习俗的调研,提供相应产品或服务,满足宾客需求,主动开创酒店经营新领域。

2. 人口环境

分析人口环境,无论在国内营销还是在国际营销中都是很有意义的。所谓人口环境是指酒店所在区域的人口状况,包括人口分布、性别比例、年龄结构、流动状况、文化水平、家庭结构、民族种类等。

在对人口环境进行研究时,应突出以下几个方面的问题:

(1)人口的数量和变化趋势。人口的数量和市场的容量有着密切的关系,在某一地区或国家开展市场营销活动首先要了解所在地的人口总量。

(2)从不同角度划分人口构成。①不同年龄结构层存在着生理与心理的差别。随着我国老龄化时代的到来,未来的老年用品市场应该引起企业的足够重视。因为银发市场将成为未来市场的一支生力军。②不同性别的消费者除了具有对商品或服务的不同需求外，还存在着购买习惯与购买行为的较大差别。随着社会生活水平的提高，妇女就业人数的增加，现代化知识女性在社会生活中已真正成为"半边天"，更多的产品和服务都会有男性、女性之分。因此，酒店营销在研究不同性别目标宾客时，应充分考虑女性的消费偏好，并采取相应的营销措施。③人口的职业构成、文化构成、受教育程度和宗教构成等，是形成不同需求和购买方式的重要因素。酒店企业在提供各种消费品和服务时，应充分考虑消费者的职业差异、文化差异、受教育程度和宗教信仰的不同，有助于全方位的满足宾客需求，实现酒店企业的经营目标。

（3）人口的密度和地理分布。这是企业确定目标市场和渠道分布的前提。

除上述之外，我们还可对人口的流动状况、家庭结构及民族种类进行进一步的研究，探索其影响企业营销活动的规律。

3. 价值观念

价值观念的发展变化，势必对消费者消费观念产生巨大影响。随着我国经济改革的日益深入，传统的价值观念越来越多地受到西方文化价值观念的冲击，一种融中西方文化于一体的价值观念渐渐产生，如崇尚个性解放，注重时间观念，健康意识觉醒等，这些都是酒店企业在确定营销策略时所必须关注的问题。

4. 法律政策

法律政策是酒店经营必须严格遵循的规范。任何一家企业在生产经营时都必须依法经营。企业对法律政策的研究，主要是围绕国家主管部门及省、市、自治区颁布的各项法规、法令、条例等展开的。企业通过了解法律，熟悉法律环境，既可以保证企业自身严格依法办事，不违反各项法律，又有自己的行为规范，同时又能够运用法律手段保障企业自身利益。企业必须知法、懂法、用法，才能做好市场营销工作，否则就会受到法律的制裁。

5. 经济状况

一定的经济发展水平阶段形成的消费水平和结构呈现一般的规律性。据统计，当一国人均 GNP 达到 3000 美元时，电视机可以普及，其中彩色电视机占 30% 左右；当其达到 5000 美元时，机动车可以普及，其中小轿车约占 50%，其余为摩托车或其他类型机动车。从以上统计我们可以看出，GNP 的增长对顾客消费的影响。当然，对一国经济状况的研究分析，除了 GNP 外，还有物价指数，居民可支配收入等。只有认真分析研究每一问题，才能对企业营销活动有一个全面的打算和安排。

6. 地域气候

在进行市场调研时，对不同地区气候的研究，也是不容忽视的。这里主要强调地域气候对企业市场营销活动可能产生的影响。

(二) 微观环境分析

微观环境分析可以从以下几方面展开。

1. 酒店内部环境

酒店企业的经营方针、发展目标、控制管理模式、人力资源、服务模式、经营项目、物资支持、规章制度、总体形象等构成了企业酒店内部环境的全部内容。

2. 酒店的供应商

与酒店各种原料、物资的供应商关系相处的如何，往往决定着酒店企业能否正常运营，影响酒店生产经营活动，所以对此我们绝不能掉以轻心。

3. 酒店的中间商

中间商是联系产销两环节的中介。中间商是生产厂家与客户的客户和伙伴，通常与企业的营销力量一起构成企业的分销网络。

4. 宾客

宾客是酒店企业服务的对象。它既是酒店营销活动的起点，又是终点。酒店营销的最终目的也是在满足宾客需求的基础上获取利润。这里同样强调宾客需求的满足。

5. 竞争者

常言道：知己知彼，百战不殆。对竞争对象的调查研究，可以使酒店经营者能够正视竞争者，围绕竞争对手的活动，采取一系列行之有效的措施，使企业在竞争上力争超过对方，为企业今后的发展创新提供条件。

6. 相关公众

指与酒店有各种关系的所有个人与组织，如社区居民、新闻单位、旅行社等。

市场调研的方法多种多样。既可以采用观察法、问卷法，也可以用资料法、调查法。总之，为了酒店的市场营销活动，一切均可为我所用。

二、市场细分

市场细分是酒店营销的第二大任务。所谓市场细分是指酒店经营者依据选定的细分标准或因素，将一个错综复杂的酒店异质市场划分成若干需要和要求大致相同的同质市场，从而使企业有效地使用和分配有限的资源，进行多种营销，以取得经济效益的过程。市场细分是酒店企业目标市场选择和市场定位的基础和前提。

(一) 市场细分的方法

酒店在进行市场细分时，应有效选择不同的细分标准，以与宾客需求差异紧密相关的某一细分标准为主，在此基础上选择其他与宾客需求差异相关的细分标准，将其按由粗到细，由大到小的顺序对市场进行多次划分，直到找到最满意的市场为止。

市场细分可以依据下列标准进行。

1. 地理环境

地域环境不同,人们的消费观念、消费偏好、消费口味也不尽相同。地域环境主要包括地区、国家、城市或乡村、地形、气候、距离等方面的因素。企业依据自己所处的地域环境或细分后的具体市场,合理确定其经营重心和经营特色。

2. 经济因素

经济因素是酒店企业划分市场的又一因素和标准。消费者在消费方式、消费额度、消费偏好上的不同,决定了不同宾客归属于不同的具体市场。酒店应该在明确宾客收入水平的基础上为其定位。推出具有本店特色的产品和服务。

3. 宾客的心理以及社会因素

在划分市场时,酒店企业更多的考虑是宾客的生活方式、价值观念、年龄、受教育程度及其职业特点,注重宾客的心理和社会方面的因素。如目前参考这一细分标准对市场进行划分,从而确立了两大焦点市场:银发市场和儿童市场。

4. 宾客的购买行为

酒店在市场细分时,可以根据宾客的购买行为特点进行市场细分。这里的宾客购买行为主要包括购买时追求的利益取向、购买方式、购买动机、购买次数、服务或广告的敏感程度,对酒店产品的信任程度、购买中的决定因素等。

5. 宾客消费目的

宾客消费目的不同,使其对应的具体市场不同,使酒店企业围绕其设计的市场营销组合策略也不尽相同。

(二)市场细分要点

1. 细分的依据应与酒店要达到的目标相一致。

2. 市场细分的结果应明显表现出各细分市场宾客在购买动机和购买方式上的差异。

3. 酒店应根据细分市场之间的差异,采取必要的措施来调整酒店的营销组合策略。

4. 讲究市场高度细分。

5. 市场细分不要贪大求全。

三、市场选择

市场选择的目的就是酒店企业根据自己的实际情况,合理选择适合自己今后发展的目标市场。所谓目标市场是指在需求异质性市场上,企业根据自身能力所确定的欲满足现有和潜在的消费者群体的需求。目标市场的选择是在市场细分的基础上完成的。明确了目标市场,酒店企业才可提供适当的产品或服务;依据目标市场的特点制定相应的措施和策略,才能实施有效的市场营销组合。

（一）评估细分市场

为了选择适当的目标市场，酒店企业必须对有关子市场进行评估。

1. 宾客分析

了解、分析宾客的目的，是为了满足其现实和潜在的需求。众所周知，宾客是企业的衣食父母。企业的一切利益都是在满足广大宾客的消费需求基础上实现的，没有宾客的消费，也就无所谓企业的利润。当然，为了把握这种目标市场的需求，就须对宾客的具体数量情况、年龄结构、受教育程度、收入水平、民俗风格、有关潜在信息、居住分布等进行全面的了解。除此之外，还须对各细分市场上宾客的生活方式、消费心理、购买习惯、购买季节等特点进行深入的分析。

2. 竞争者分析

在对竞争者分析中，主要了解竞争对手的基本情况，诸如对手数量，成本的优劣，环境的好坏，经营习惯，特色服务，主要宾客群，地域分布等。在现代市场营销活动中，我们提倡合作，讲究双赢，而不是传统意义竞争敌手。当然，我们这样讲并不是否定企业间合理、适度的竞争。

3. 市场机会与营销机会分析

通过对市场机会与营销机会的分析，使酒店经营者明白市场机会并不等同营销机会。有了市场机会，能否转化为营销机会，还要看是否具有了相应的条件，只有具备了相应的条件，市场机会才能转化为营销机会。在实际工作中，酒店企业往往把工作重点放在酒店资源与市场机会的结合上。通过结合，谋求市场机会向营销机会的转变。

（二）选择目标市场的条件

目标市场的选择，具有其条件性。

1. 可进入性

酒店借助于广告和其他促销活动，能极大程度地开拓、占领某一目标市场。

2. 可衡量性

可衡量性指目标市场能用某种数量指标和数量单位来衡量。因为只有这样，才能保证对企业确定的目标市场有充分的了解。

3. 充足性

充足性是指目标市场必须有一定的规模值得去开发和经营，并能为酒店带来可观的利润。

4. 可行动性

酒店应具备吸引这类市场的能力，包括服务人员的服务能力，设施设备，地理位置等综合接待能力。

5. 稳定性

指在一定时间内，酒店选定的细分市场所具备的差异性应能保持相对不变。

(三)目标市场营销策略

在具体工作中,常用的目标市场营销策略有三种:

1. 无差异市场营销策略

企业把整个市场作为目标市场而无须细分,对所有宾客只提供一种产品,采用一套市场营销方案。这种营销策略的优势在于成本、费用的节约上,它适应于供不应求的卖方市场条件下或在酒店推出新产品时使用。这种无差异市场营销策略,忽视了宾客需求的个体差异,不利于企业之间合理竞争。

2. 差异目标市场营销策略

这种市场营销策略,是在市场细分的前提下制定出不同的营销组合策略。该策略的重点在于各细分市场之间的差异性。即针对各具体细分市场的需求特点,分别设计不同的产品或服务,满足各个细分市场上不同的需求。该策略的最大优点是扩大销售,减少风险,提高市场占有率,但唯一的缺陷就是品种多,目标多,成本费用大。

3. 集中目标市场营销策略

集中目标市场营销策略是指酒店企业选择一个或少数几个子市场作为目标市场,制定一套营销方案,集中力量为之服务,争取在这些目标市场上占有大量份额。这种策略适合于中小型酒店进行市场开发,虽具有较高的风险性,但仍不失为一种好的营销策略。在实施该种策略时,一定要十分关注风险,必须对具体的细分市场的变化保持高度敏感。

四、市场定位

酒店企业在市场细分的基础上选择了自己的目标市场,并确定了目标市场策略,这就明确了企业的服务对象和经营范围,接下来将面对的问题就是市场定位。

(一)市场定位的概念

企业在选择目标市场后,就要确立自己在目标市场上所处的位置。酒店企业在市场营销中如何树立自己的形象,则形成市场定位策略所要解决的基本问题。

所谓市场定位是以了解和分析宾客的需求为中心和出发点的,其本质是让酒店的产品或服务走进宾客心灵深处,设定本酒店独特的、与竞争者有显著差异的形象特征,引发宾客心灵上的共鸣,留下印象并形成记忆。

市场定位的基本出发点是竞争,是一种帮助酒店企业确认竞争地位,寻找竞争策略的方法。通过定位,酒店可以进一步明确竞争对手和竞争目标;通过定位,酒店也可以发现竞争双方各自的优势与不足。

(二)市场定位的原则

酒店在进行市场定位时,应遵循以下原则:

1. 宾客导向原则

酒店营销活动的中心是宾客。酒店在进行具体营销活动时,应细致分析宾客的特点,了解他(她)们喜欢什么,厌恶什么,追求什么等,并以此作为酒店定位的基本导向,谋求产品品质与宾客需求的有效对接。

2. 差异性原则

差异性原则要求企业在市场定位时,更大地关注宾客需求的差异与不同,通过提供与众不同的产品或服务,满足宾客的相关需求,使酒店企业的差异性策略得到展示,吸引广大宾客消费。当然这种差异包括多方面的内容,如产品差异、服务差异、人员差异、环境差异、形象差异、促销差异和价格差异等。

3. 个性化原则

所谓个性是指酒店产品和服务在宾客心目中形成的一种定型感觉,它是酒店企业的内在品质的体现,它并不等同于差异化,但是酒店在市场定位时追求差异化基础上则可形成其个性化特质。

4. 灵活性原则

灵活性原则要求酒店在市场经营中,应从客观实际出发,随时把握市场变化动态,及时调整企业的经营活动,灵活多变地适应市场需求变化。

(三)市场定位的基本内容

酒店市场定位的内容主要包括:

1. 产品定位

酒店可根据产品的效用、质量、档次、特色等方面的优势进行产品定位。

2. 价格定位

酒店依据产品的市场定位、自身实力、产品生命周期等,确定定价策略。

3. 消费群体定位

即酒店在分析宾客的年龄、职业、经济收入等因素的基础上,准确选择主要目标客源和辅助客源。

4. 服务标准定位

酒店要对各项服务标准做出选择。在确定服务标准时一般应考虑服务态度、服务行为、服务理念、服务语言、服务费用等方面的因素。

5. 竞争策略定位

是指针对竞争对手所采取的一些基本竞争策略,如避强就弱、以牙还牙等。

总之,市场调研、市场细分、市场选择和市场定位构成了酒店营销活动的基本任务体系。酒店企业能否顺利实现市场目标,还须看基本任务的完成情况,所以说酒店企业在市场营销活动中,可谓任重道远。

第三节 "4P'S"市场营销和"4C'S"市场营销

市场营销组合是市场营销理论中一个主要的基本概念,所谓市场营销组合是指企业针对选定的目标市场综合运用各种可能的市场营销策略和手段,组合成一个系统倾向的整体策略,以达到企业的经营目标,并取得最佳的经济效益。

一、"4P'S"市场营销

在市场营销学理论体系中,有关市场营销组合的理论,提法十分繁多,但最为著名则要首推尤金·麦卡锡教授的四大因素的组合法。

营销四大因素组合法,是麦卡锡教授在20世纪60年初提出的。他在进行市场营销研究过程中,把可控的营销因素归纳为四大类:产品(Product)、价格(Price)、地点(Place)和促销(Promotion),即4P。这一提法就是国际上通称的4P'S理论。

4P'S理论,从实质上来讲是以企业目标市场需求为中心,对这四大因素进行适当的组合和搭配,使其协调在一起,从而形成一种综合营销优势,如图5-1所示。

(一)营销组合具有可控性、动态性和复杂性的特点

可控制是指上述四大因素酒店是可以控制的。酒店可以根据自身的市场定位、市场细分、市场竞争状况及消费者的需求和欲望,确定自己的产品结构、销售价格、营销渠道和促销手段。

所谓市场营销组合的动态性,是指市场营销组合不是固定不变的静态组合,而是变化多端的动态组合,而其中的每一个因素中又包含着许多因素,故而其变化甚是丰富多彩。

而复杂性,是指市场营销组合中多次的动态变化组合形成复杂性。

从市场营销的特点上来看,酒店企业在市场营销活动中所取得的优势,很大程度上取决于酒店整体营销策略配套组合的优劣,而并不是某一单个因素、策略的优势。它更是一种"合力"的反映,是一种综合、整体优势的体现。这就使得酒店企业,要从市场整体营销出发,以目标市场的现实和潜在的需求为中心,运用系统工程的方法,把影响市场营销的各种因素与开拓市场的各种手段进行科学合理的组合,使之最为有效的发挥。总之,酒店在目标市场上的竞争地位和经营特色,是通过营销策略组合的特点充分地表现出来的。

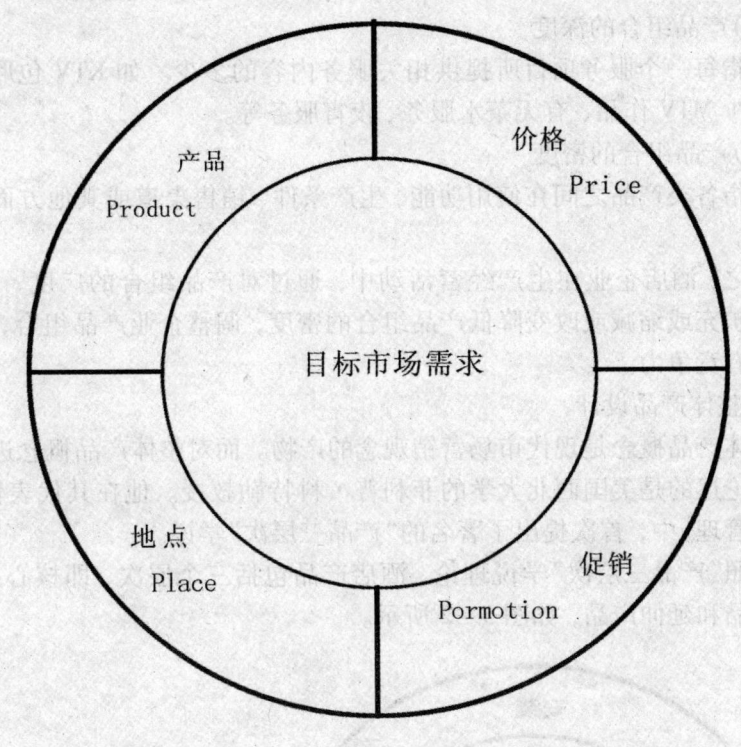

图5-1 市场营销的4P'S组合

(二)产品策略

在酒店市场营销组合中,产品是最为根本的因素。没有产品这个基础,也就无所谓其他市场营销因素了。那么,何为产品呢?人们在长期社会经济活动中逐渐认识到产品应该是能够被顾客理解的,并能满足其需求的,由企业营销人员所提供的一切。这"一切"既要包括提供给消费者的有形利益,即一种物质实体;又要包括无形的消费利益,如服务上、观念上和价值上等满足一切顾客乐于接受而又能够满足其各方面需求的有关属性。重点强调产品应当是有形物质属性和无形消费利益的组合体的最佳统一方式。酒店产品恰恰是这种最传统方式的最好表达,它既向宾客提供客房、餐饮、康乐等有形产品;同时还提供"服务"这种特殊无形产品。

1. 产品组合

酒店在实施具体的产品策略时,可以从产品的广度、长度、深度和密度等四个方面进行产品组合,进而形成不同的酒店产品系列。

(1)产品组合的广度

指酒店所拥有的产品线数量,即酒店经营的分类产品的数量,如客房、餐饮服务、娱乐服务等。

(2)产品组合的长度

是指每一产品线中所包含的不同服务项目的数量,如娱乐服务产品线中包括:KTV包厢、台球室、舞厅、球馆、桑拿中心、网球场等具体服务项目。

(3)产品组合的深度

是指每一个服务项目所提供相关服务内容的多少。如KTV包厢中能提供多少MTV作品、有无茶水服务、夜宵服务等。

(4)产品组合的密度

是指各类产品之间在使用功能、生产条件、销售渠道或其他方面的关联程度。

总之,酒店企业在生产经营活动中,通过对产品组合的广度、长度、深度的扩充或缩减或改变降低产品组合的密度,调整企业产品组合,使企业更具有竞争力。

2. 整体产品设计

整体产品概念是现代市场营销观念的产物。而对整体产品概念进行较为全面论述的是美国西北大学的菲利普·科特勒教授。他在其代表作《市场营销管理》中,首次提出了著名的"产品三层次"学说。

按照"产品三层次"学说理论,酒店产品包括三个层次,即核心产品、形式产品和延伸产品,如图5-2所示。

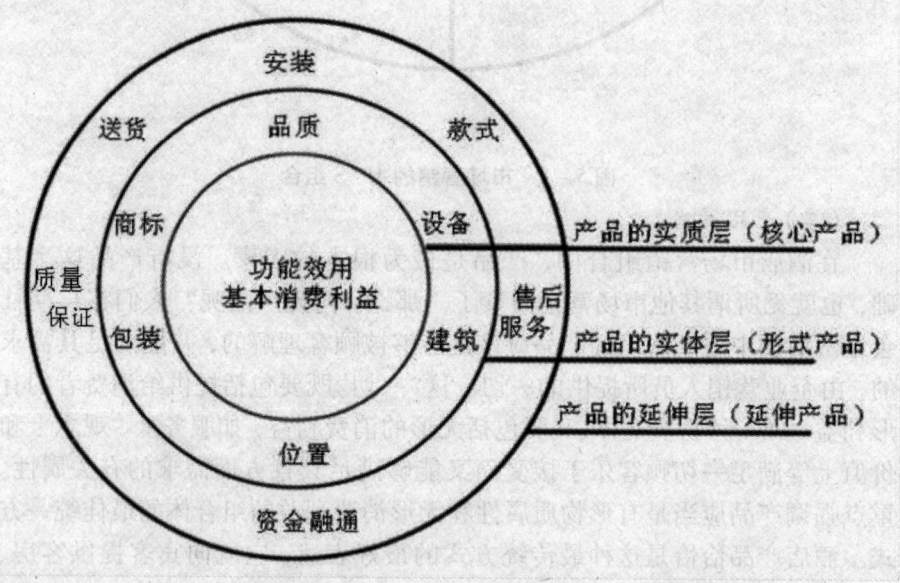

图5-2 酒店整体产品示意图

(1)核心产品。这是整个产品的核心部分,即产品的实质层。具体是指酒店产品得以满足宾客需求的中心内容,它是指产品提供给宾客的基本效用和利益。核心产品主要解决的是宾客购买产品、接受服务的过程中实际利益取得问题。

酒店企业在设计产品时,应当善于发现不同宾客对产品或服务不同的核心需求,理解和依据目标宾客对核心产品的要求,适时开发新产品,发掘有利的市场机会，为企业经营服务。

（2）形式产品。形式产品，也叫产品的实体层，它是酒店产品的基础，是酒店产品的内在表现形式。更确切地说，它是实体产品与无形服务的结合体。酒店的位置、建筑、装潢、设施设备、周围的环境、店内氛围、服务项目和水平都是形式产品。广大宾客通过自己的感觉器官可以接触、感觉到产品的有形部分。借助于形式产品，宾客更为直观、清晰地了解酒店产品的核心利益和基本功能，从而影响他们最终的消费决策。

酒店营销活动过程中，用尽一切办法突出酒店产品特色，创造一种独特祥和的气氛，鼓励和引导宾客消费。如圣诞节、春节期间，通过各种形式产品，突出节假日酒店服务产品的核心利益，吸引宾客消费。

（3）延伸产品。延伸产品是指酒店为宾客提供的全部附加服务和利益，它是对酒店产品意义的延伸。延伸产品，也叫附加产品或引伸产品，它是酒店企业另外附加到产品上的，能给宾客带来更多的利益和更大的满足。如酒店从物质、价格、心理等方面适时向宾客进行追加附加利益和价值。我们经常见到的酒店对宾客、旅行社的质量保证，酒店荣誉宾客奖励俱乐部，酒店免费的停车场和酒店提供的免费往来于旅游点、购物场所、机场的班车等现象，就属于此类情况。

关于整体产品的理论，除了"产品三层次"学说之外，还有一种"五层次学说"。"五层次学说"是从五个方面对整体产品概念进行界定，它们分别是核心利益、一般产品、期望产品、附加产品和潜在产品等。

3. 新产品开发

任何产品都有着各自的生命周期，都要经历从投入、成长、到成熟、衰退等不同的生命周期阶段。酒店产品生命周期实质上就是酒店产品在市场经营活动中的市场寿命，也就是酒店产品从开始构思设计到开发上市直至最终被市场淘汰为止的整个过程。这一过程反映在酒店产品的销售量和利润上，也是一个由弱到强，又由盛到衰的过程。

（1）酒店产品生命周期。一般来说，一个完整的酒店产品生命周期可分为四个阶段：即投入期，成长期，成熟期和衰退期，如图5-3所示。

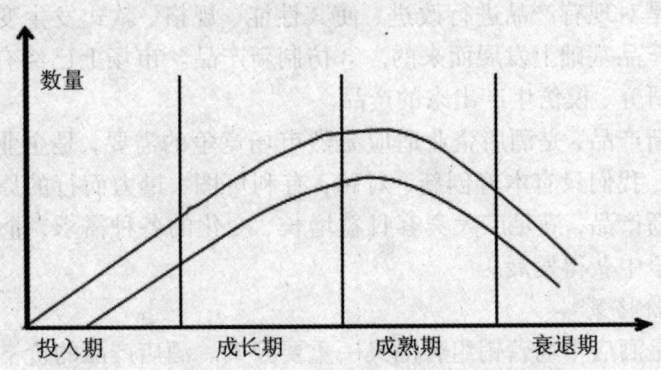

图5-3　酒店产品生命周期曲线

如图 5-3 所反映，在一般情况下，产品由投入阶段开始，销售量慢慢爬升，进入成长阶段，销售量和利润迅速增长，在成熟阶段，销售量仍在增长，但速度缓慢，最后进入衰退阶段，销售量和利润开始急剧下降。当然产品处在不同的生命周期阶段，其具体的阶段特点，营销策略都不尽相同。具体情况详见表 5-2。

表 5-2　　　　　　　产品生命周期阶段特点及策略

	企业情况	市场环境	营销策略
投入期	生产经营不确定，生产经营成本高，销售费用高，利润低。	熟悉产品者少，需求有限，销售渠道不畅，竞争者少	加强促销定位，提高产品价格，鼓励消费者试用，吸引中间商
成长期	产品基本定型，生产经营批量化，成本降低，利润提高。	营销渠道增多，市场占有率提高，涌入竞争者，价格开始下降	产品差异化，市场细分化，树立产品形象，调整产品价格
成熟期	产品定型，销售增长率下降，促销费用上升，利润下降。	消费需求开始转移，营销渠道基本定型，竞争激烈，价格低	改进产品，开拓市场，调整营销组合
衰退期	产量降低，成本回升，经营出现亏损。	消费者需求减少，竞争者退出，促销作用不明显，价格最低	维护微利经营，缩减营销渠道，削价处理存货，停产退出市场

（2）新产品开发。开发新产品是酒店企业具有活力和竞争力的表现，也是酒店适应营销环境变化的一种策略。

所谓新产品，是指在技术、功能、结构、规格、实物、服务等与老产品有显著差异的产品，是与新技术、新理念、新潮流、新需求、新设计相关联的产品。从这个意义上来看新产品大约包括以下三类：①全新新产品。即采用新原理、新结构、新技术、新材料研制而成的全新产品，它是过去人们未曾想到的产品，如客房内 VCD，娱乐场所的镜宫等。②改进新产品。顾名思义是对现有产品进行改进，使其性能、规格、款式发生变化，它是在原有的产品基础上发展而来的。③仿制新产品。市场上已经有了，酒店企业通过研究、模仿生产出来的产品。

开发新产品，是酒店企业适应激烈市场竞争的需要，是企业生存，发展的前提。我们只有本着创新、对路，有利可图，量力而行的原则，不断研制开发新产品，满足广大宾客日益增长、变化的各种需求，企业才能在激烈的竞争中获得发展。

（三）价格策略

价格是酒店市场营销组合的又一重要因素。酒店产品的价格通常是指客房餐饮，康乐及各种服务的价格，是宾客为购买能满足其某一需要的酒店产品或服务而支付的货币总额。酒店价格的大小决定着酒店企业的市场份额的大小和其盈利水平的高低,同时也是构成企业市场营销组合的重要因素。所以制定价格策略最具科学性和政策性。

1. 定价目标

一般来讲,酒店的定价目标有以下几种:

(1)以获得最大利润为目标。这种定价目标把价格定位在"条件极大值"上,是以利润作为定价基本出发点的,这种定价方式多数是依经验定价的。

(2)以争取产品或服务质量领先为目标。这种定价目标是酒店产品或服务优质优价的体现,采用这种定价目标的酒店在行业和消费者心目中都有较好声誉。

(3)以扩大市场份额为目标。采用这种定价目标的酒店是利用低价的方式实现市场渗透,提高市场占有率,扩大市场份额。

(4)以维持酒店生存为目标。这是一种维持酒店生存,避免倒闭破产的定价目标。当酒店在经营过程中遇到严重困难,或产品严重滞销时,这种定价目标,最易引起企业倒闭破产。这是因为此种定价目标,酒店几乎毫无利润空间。

(5)以避免竞争为目标。该种定价目标是参照竞争者的状况,根据酒店实际制定差异价格,以达到避免竞争的定价目的。这是一种较为稳健的定价目标。

2. 定价步骤

酒店产品在定价时,需经六个步骤。第一是评估目标市场购买力。通过各种调查方式,对宾客购买力情况有一个初步的了解。第二是估测产品单位成本。这些都是通过市场预测和判断加以完成的。即利用预测数值来进行估算的。第三是分析市场环境。研究分析竞争对手、政府政策等其他外界因素对酒店经营的影响和威胁。第四是确定定价目标。经认真分析研究后,确定企业自己的定价目标。第五是确定定价策略。在既定的定价目标指导下,科学合理地确定定价策略。第六是确定定价方法。在定价策略的指导下,运用适合企业经营发展的定价方法。总之,价格的制定要以广大宾客的认可作为前提。否则,它很可能成为营销组合中的阻碍因素,最终影响酒店目标利润的实现。

3. 影响产品价格的因素

影响酒店产品价格制定的因素很多,大致有可控因素和不可控因素两大类。

(1)可控因素。可控因素是指营销人员在定价时有能力控制的因素。主要有酒店产品成本,即酒店在生产产品过程中所有的成本开支;定价目标,酒店需最终实现营销目标;酒店产品,主要指酒店产品声誉、酒店产品特色、产品的独立性、产品的市场定位等。

(2)不可控因素。不可控因素是指那些对酒店价格制定有影响,但营销人员又无法控制的因素。主要包括市场供求、市场竞争、汇率、旅游资源差异、国家政策等因素。

4. 定价策略

现代酒店常用的定价策略有：

（1）新产品价格策略。新产品的定价策略有以下几种方法：①撇脂定价法。这是一种高价进入市场的策略。即在新产品入市之初，以高价短期内获得较大利润，当有其他竞争者进入时，则采用降低价格之法限制竞争者的进入。采用这种方法定价的企业，要求所提供的产品应具有无可比拟的优质性和独特性。②渗透定价法。与上述相反，这是一种低价策略。即在新产品入市之时，以较低价格进入吸引消费者，从而迅速站稳脚跟。这种定价策略，可以收到"薄利多销"的效果。③满意定价法。产品以适中的价格进入，它既保证企业获得一定的期初利润，又能为消费者所接受。

（2）心理定价策略。心理定价策略主要有尾数定价策略、整数定价策略、分级定价策略和吉祥数定价策略。这些方法主要是在广大宾客的心理感受上做文章，巧妙刺激宾客的消费欲望来达到销售的目的。

（3）折扣定价策略。折扣的目的，是通过适度让利于宾客，达到及时收款，鼓励宾客消费的目的。折扣定价策略包括即期折扣策略和延期折扣策略。①即期折扣策略。消费者在实施购买行为时立时获得的优惠，它包括数量折扣、季节折扣、时间折扣、现金折扣、功能折扣和有效的整体折扣。②延期折扣策略。指宾客购买酒店产品或服务时获得的在进行第二次购买时才能享受的优惠。包括价值返还、连续购买优惠、代理佣金等。

（四）营销渠道策略

所谓酒店营销渠道，是指酒店企业把产品销售给最终消费者的途径，或者是说酒店产品由生产者经过中间商到达最终消费者的全部经营结构。它在酒店营销活动中，起着桥梁和纽带的作用，联系着酒店与消费者。而不同的营销渠道，决定着营销活动的质量和效果。

1. 营销渠道的种类

（1）直接销售渠道。直接销售渠道，又称零层次渠道。它是一种酒店与宾客直接见面，中间不经过任何中间商的销售渠道结构。这种直接销售渠道的基本结构表现为"酒店—客户"。尽管在实际营销过程中，酒店与客户的互动是通过某种方式或手段来完成的，如客户通过电话、传真、网络等手段向酒店预订产品，或酒店自设零售网点进行销售。但是，最终仍改变不了酒店与宾客直接联系的本质。它们只不过是基本渠道结构的又一表现形式而已。

（2）间接销售渠道。经过中间商转卖到顾客手中而形成的营销渠道称为间接销售渠道。从本质上来讲，该概念不过是经过若干中间商的销售渠道。也就是这若干个中间商，使得间接销售渠道才有不同的长度和宽度，从而使这些间接渠道才有各自的特色与差异。酒店通常有两种间接销售渠道可供选择。①酒店—零售商—宾客。即酒店将产品以较低的价格出售零售商，由零售商组织客源。②酒店—批发商—零售商—宾客。酒店在与批发商进行价格谈判的基础上以大幅度低于门市的价格将其产品销售给批发商,批发商再将其销售给零售商,零售商最终将产品销售给宾客。

2. 营销渠道的选择

(1)选择销售渠道需考虑的因素。选择销售渠道需考虑的因素较多,首先是产品因素。不同的产品在销售时可能因为产品的质量和性质不同,所采取的销售渠道结构不尽相同。有的产品可能适宜采用直接营销渠道,有的则适宜间接营销渠道;有的产品渠道长,有的产品渠道宽。这一切都与产品本身的质量和性质有直接关系。我们应视产品质量、性质来加以选择。其次是酒店自身因素。酒店企业本身的强弱往往影响着销售渠道的选择。一般来讲,酒店实力强,营销管理能力高,基本上都是利用自己的营销队伍占领市场的;反之,则必须借助他人——中间商,来完成对市场的占领。最后,就是营销对象因素。营销对象的人数,分布情况,相关习惯等都会影响酒店企业营销渠道的选择。

(2)选择销售渠道策略时应注意的问题。①酒店客源的类别。这是因为不同的目标市场类别,其选择的销售途径是不同的。②各营销渠道的销售能力。③营销渠道的档次。④营销渠道的商业信誉。⑤各种营销渠道的特点。

(五)促销策略

1. 酒店促销策略的含义

酒店促销是指酒店营销人员为了增加需求量或扩充需求,或者是为了维持良好的需求而进行一切活动的总和。从实质上来讲,促销是营销者与购买者或潜在购买者之间的信息沟通,其目的是能使酒店的供给量与市场的需求量趋于平衡。

而促销策略,是对促销对象或领域、促销任务、促销目标、促销效果、促销投入、各种限制条件等进行科学的选择、配置、控制,使信息宣传,尽量提高促销活动的效果和效率,使之低投入高产出。

2. 酒店促销的基本策略

(1)推拉策略。促销组合最基本的策略就是推拉策略。如图5-4所示。推式策略着眼于积极的上门把本企业产品直接推向目标市场,表现为在销售渠道中,每一个环节都对下一个环节主动出击。这种策略明显的是以人员推销为主,辅之以上门营业推广活动、公关活动等。拉式策略是立足于直接激发最终购买者对购买本酒店产品的兴趣和热情,最终达到将消费者逆向拉引到本企业身边的目的。这种策略以广告宣传和营业推广为主,辅之以公关活动等。

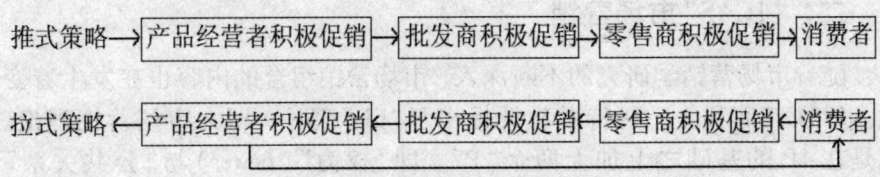

图5-4 推拉策略示意图

（2）锥形辐射策略。锥形突破是锥形辐射策略的精华。这是指酒店企业将自身的多种产品排成锥形阵容，而以唯我独有，最具有招徕力的拳头产品作锥尖，实施开路，以求达到锥形突破的效果，迅速突破目标市场，然后分梯级阶段连带层层推出丰富多样的产品。该种策略多采用人员推销、营业推销为主，辅之以广告宣传的促销组合策略。

（3）创造需求策略。创造需求策略是根据企业自身优势情况或特点，举办一些独具特色的项目或活动，诱发、创造需求的策略。这一策略在原有市场需求的基础上，引导消费者和潜在消费者购买本企业产品。在旅游淡季或对不太知名的企业更宜采用这一策略。在这种策略下，可采用以广告为主，辅以人员推销的方法吸引客源。

3. 常用促销手段

（1）酒店广告。利用广告进行宣传，其目的是通过传递信息，唤起广大消费者的注意，说服宾客进行购买和消费，从而实现企业的经济利益。酒店广告是借助媒体发布完成的，它是一种较为常用的促销手段。

（2）公共关系。酒店为了与公众联系和沟通信息，常常借助于公共关系手段，使酒店与公众之间相互了解，关系得到协调，最终使酒店形象得到树立，知名度和声誉都得到提高。这些依靠公共关系手段来实现企业经营目标的行为，都属于公共关系促销。它们将始终贯穿于酒店企业发展的全过程。

（3）营业推广。营业推广是指企业用来刺激早期需求或引发强烈市场反应而采取的各种短期性促销方式的总称，它也称为销售促进。它的目的在于劝说、诱导宾客购买、消费某一产品。它的具体形式主要有产品展销、现场操作、赠送样品等多种促销方式。

（4）人员推销。人员推销是一种传统古老的推销方式，它的效果好，但促销费用高。这种促销方式发挥了人际交往的优势，通过直接面对面的方式对宾客实施介绍、说服工作，具有十分强大的针对性。这种促销方式的优势在于交易过程中的感情色彩得到强化，有利于培养稳定的交易关系，但成本过大。

通过上述内容的学习，我们大家清楚地认识到，产品策略、价格策略、营销渠道策略和促销策略犹如酒店企业这辆汽车上的四个车轮，共同决定着酒店企业营销活动的成败。

二、"4C'S"市场营销

随着市场营销学研究的不断深入，市场营销组合的内容也在发生着变化。1984年菲利普·科特勒教授提出了"6P"理论，即大市场营销理论。他是在4P的基础之上加上两个"P"，即"权力"(power)与"公共关系"(Public Relations)而形成的。近年又有人提出了以4C为主要内容的企业营销策略的市场营销组合。也就是我们下边要介绍的4C'S理论。

(一)4C'S 市场营销的基本含义

20世纪90年代，美国市场学家罗伯特·劳特伯恩提出了以消费者的欲望和需要、消费者获取满足成本、购买的方便性、沟通为内容的4C理论。为了使大家对4C'S理论有一个全面的了解，我们把它与传统营销理论作了如下对比，见表5-3。

表5-3　　　　　　　　　从4P到4C

卖方立场	买方立场
产品(Product)	顾客需求与欲望(Customer needs and Wants)
价格(Price)	购买成本(Cost to Customers)
地点(Place)	便利(Convenience)
促销(Promotion)	沟通(Communication)

新的市场营销组合策略认为：先把产品搁到一边，赶快研究消费者的欲望和需求，不要再卖企业所能生产的产品，而要卖客户想要购买的产品；暂时放弃主观的定价策略，酒店企业应了解消费者为满足其需求所愿付出的成本；企业还应放弃已成定式的地点策略，而应优先考虑如何向消费者提供便利以购得产品；最后，用沟通来代替促销。这是20世纪90年代市场营销理论发展的新成果。可以这样预言，未来市场上的赢家将是那些能够站在客户的角度，为客户提供更多满意或是超越客户满意的企业。这就是市场营销组合新理论的本质所在。

(二)4C'S对酒店经营的指导作用

4C'S市场营销是一种全新市场营销理论。它完全是从消费者的买方立场出发的，对营销理论的贡献和企业营销实践的指导作用，是不容低估的。

1. 端正经营的第一导向

(1)酒店经营的第一导向表述。酒店经营的第一导向，是指酒店经营中处于主导性的，支配地位的经营指导思想。而经营指导思想，是企业经营活动过程中最理性、最科学、最先进经营意识，经营理念的体现。它对酒店决策层组织全部经营活动起着导向性作用。它是酒店经营活动的出发点和灵魂，亦是实现企业目标市场的关键。

(2)现代与传统的经营第一导向的区别。这两者的区别主要表现在以下四个方面：①在出发点上。传统经营观认为一切以我为中心，一切为了赚钱。正如我们常说的，一切为了多卖钱，卖多钱，卖钱多。而现代经营观认为：一切以满足宾客的需求为己任。在实际营销过程中，更多的是关心消费者有怎样的需求，我们如何去满足；而不是关心看自己企业原来生产，提供的产品怎样销售。②在标的目标上。传统观念更着眼于销售额，利润额与经营业绩；而现代观念更看重市场占有份额，客户满意的程度。③在方法手段上。前者着眼于广告、推销，主要从专业部门、专职人员、技术性因素成份考虑颇多；后者则着眼于了解市场，发现需求，开展全方位、全员的公关销售活动。特别注重在感情上，心理上与宾客沟通。④在效果上。在传统的经营观指导下，即使能获利时，由于导向偏颇，往往顾客怨声载道，最终失去顾客、市场，利润随之失去；现代经营观提倡在满足宾客需求的基础上，获取较大利润，让利于公众，占据更大市场份额，形成良性循环。

(3) 经营导向事关酒店业的成败兴衰。①经营导向对经营成果的正影响。对酒店经营管理而言，经营的第一导向端正了，就会克服一切找市场，了解市场需求，特别是本酒店的目标市场宾客需求，充分发挥企业的优势，想方设法予以满足，形成企业的良性循环和发展，为国家经济发展做贡献。②经营导向对经营成果的负影响。经营导向特别是第一导向出现偏差，这样势必影响酒店企业的经营管理。在决策层次，眼里只有利润业绩，一切都是围绕利润上下打转，这样原本处于平衡的酒店经济利益、社会效益与顾客利益的"天平"就会倒向一方。于是经营导向偏离正常的轨道，一切坑客、宰客现象随即出现。什么质次价高、以次充好、欺瞒顾客、童叟有欺的现象也就没有什么稀奇。在这样的情况下，企业诉事、祸事不断，其结果只有一个，就是被逐出市场，过早地结束自己的生命。

(4) 随时检点并端正经营的第一导向。

2. 树立崭新的经营价值观

(1) 传统的价值观。这是一种比较重视酒店有形资产建设的价值观，它拥有太多太多各种不同形式的资产，但唯独却忽视无形资产在企业经营中的作用。

(2) 崭新的价值观。与上述价值观相比较，它认为有形资产、财富固然重要，但它不是资产和财富的全部，它还应该包括酒店形象、信誉、信息、品牌等无形资产。打个比方来说，有形资产、财富就相当于计算机的硬件设施，而无形资产则就是计算机的软件程序，只有软、硬件结合在一起，才能发挥计算机的无敌作用。

(3) 自觉运用新的价值观。良好的信誉是企业获得持续利益的基础。注重企业信誉、形象建设，是企业长期发展的关键。我们每个经营管理者绝不可掉以轻心。

三、从"4P'S"到"4C'S"

科学地来讲，从4P'S市场营销到4C'S市场营销，是一个科学的扬弃过程。

(一) 转换的必然性

1991年，全世界生产的新产品有12000余种，其不少产品按所谓的4P'S、5P'S，甚至更多的"P"进行营销组合，然而竟然有30%的新产品出师不利，惨遭失败。这一现象，引起当时市场营销学界的大反思。与此同时，有人强调了4C'S营销组合在新形势下的有效性，于是4C'S营销组合就应运而生了。

从时代发展上来看，4C'S市场营销组合的出现并不是偶然的。它的产生、出现及发展，有其密切相关的社会经济环境和历史背景。因为在20世纪90年代，一些重要的资本主义国家曾几度出现了经济不景气，市场竞争更趋剧烈和白热化。此时，若仍然沿用老的、旧的传统营销组合观念，势必出现对经济形势和市场环境的错判，就会出现前边所述的"出师未捷身先死"的现象。于是，本着解决问题的态度，世界营销学界，对以往的4P'S、5P'S甚至是10P'S进行了大反思，当然这并不是要彻底否认4P'S营销组合理论，而是科学理性地去看待这一问题，反思是为了寻找对策，解决当时所面临的市场营销困境。4C'S的问世，的确解了营销理论界的燃眉之急。它的出现为进一步确定以顾客为中心的经营导向，奠定了坚实的理论基础。

从4P'S到4C'S这种过渡，其背后隐藏着这样一个事实，企业的市场营销行为将更多地从站在卖方角度的4P向站在买方角度的4C转化。

（二）4P'S与4C'S之间互补与兼容

4P'S与4C'S并不是对立的，它俩是密切相联的。可以说4C'S的产生与发展，是以4P'S作为基础的，它是吸取4P'S理论中的合理成分和因素发展而成，从新旧营销组合理论的内容、结构、形式，它们之间具有明显的兼容性和互补性。

1. 4C'S并不排斥"促销"

在4C'S理论中，虽然没有明确提及促销，但这不是排斥"促销"。它只是认为在企业经营活动中，促销应坚持以消费者现实和潜在的需求为导向，精心设计易被大众接受的产品，选择适当的宣传媒体，并注意传播过程中信息的双向沟通，既当传者又当受众，一身二任。如此促销，一定能满足顾客需求与欲望。当然在4P'S理论指导下，我们亦可以如此"促销"，促进服务产品的销售。

2. "购买便利"，并不是与"销售渠道"相对立

从实质上来讲，利用销售渠道销售产品，其目的就是想为顾客提供某种购买方便。诚然，销售渠道一经形成，就具有其难变性。但这并不能成为制约企业向广大顾客提供方便、便利的障碍。只要经营的第一导向端正，心里时时有顾客，诸如邮购、直销、电话购物、网上销售、送货上门等销售方式都会在经营者的销售过程中出现，销售过程中一切都会变得"活"起来，并给宾客带来方便。

3. 价格，是刺激消费，调节需求的重要工具

通过对4C'S理论中购买成本的研究，有助于制订合理的价格，排除人为因素的大涨大落，进而指导酒店的经营者，在竞争中应从更高层次的非价格因素上寻找出路。在非要动用价格杠杆，特别是用降低价格手段参与竞争时，也尽可能多地采用对宾客优惠、让利、赠礼等形式，从而体现对宾客尊重。

从上我们可以看出，4C'S与4P'S并非不能相容，相反可以相互渗透，互补互动。

第四节　现代酒店营销新理念

经济的发展，推动了市场营销理论的发展。2012年，我国人均GDP首次突破6千美元，GDP总值为8万多亿美元，国家经济发展步入了快车道。与此同时，旅游业也迎来了前所未有的发展。在过去二十多年的时间里，中国已经成为世界旅游大国，各国旅游业都纷纷翘首以待中国游客。据世界旅游组织预测，到2020年，中国将成为世界国际旅游第一大接待国，年接待国际旅游者将超过1.3亿人次，将有一亿中国人迈出国门。这一切都为我国旅游酒店业的发展提供了一个很好的契机。特别是我国成功"入世"，北京2008年奥运成功举办，这些都为旅游酒店业的发展注入了新的活力。在此大背景下，酒店营销理论也发生了一些新的变化，一些以可持续发展为条件的新观点，新理念，纷纷出现在酒店市场营销活动中，如整合营销、文化营销、关系营销、绿色营销、网络营销、信息营销、服务营销等先进理念，已广泛为酒店经营者所接受。可以说21世纪将是一个多种营销理念并存发展并得以完善的时期，更是一个旅游酒店业飞速发展的黄金时期。

一、绿色营销

20世纪80年代后期，基于环境、能源、人口等世界性问题日益严重，人们的环保意识，可持续性发展的呼声日益高涨。1992年，巴西里约热内卢的联合国环境与发展大会在《里约宣言》中指出："人类应享有与自然和谐共处，过健康而富有生产成果的生活权利，并公正地满足今世及后代在发展与环境方面的需要。"具体到酒店旅游业来讲，可持续发展就是要保护自然与人文环境，为旅游者创造自我实现的机会，保护与提高社区福利。而解决环境、旅游者与东道社区之间的利益冲突是绿色旅游或旅游可持续发展的核心哲学。正是在这种背景下，绿色营销应运而生了。

(一)绿色营销的基本内涵

绿色营销这一个理念的提出，主要是针对产业界的。它是一种产业伦理，是可持续发展观在产业界的具体表现。绿色营销观念认为，酒店企业的服务对象不仅仅是单一的宾客，还包括整个社会、整个环境。它要求酒店企业在营销活动中，关注下一代人的利益，即要保护环境，节约资源，保存与发展当地文化，促进社区发展，不应以短期的、狭隘的利润作为行为导向，而应具备强烈的社会意识和环保意识，维持社会、环境和企业的和谐、均衡、再生、发展。绿色营销概念把企业利益、消费者利益、社会利益有机地统一起来，它是现代社会市场营销观念的高度体现。也是在可持续发展的大前提下，创造和发展市场机会，采取相应的市场营销方式以满足顾客需求并从中获利发展的过程。

(二)绿色营销的特色

1. 从可持续发展角度框定企业的营销目标

绿色营销与传统营销最大的不同在于适度消费。传统营销观念鼓励、诱导宾客最大限度消费,即多消费,甚至高消费。其目的就是实现企业利益最大化,只满足宾客眼前的短期利益,忽略了宾客的长期福祉。人们可能还曾记得某外国公司的一幅香烟广告语"满足的巅峰",就是给你带来这种暂时眼前"巅峰"般感觉的香烟,在你将它消费燃尽时,却剥夺和损害你和他人的长期福祉。而绿色营销是一种科学的营销理念,它是站在战略高度、社会利益、可持续发展的层次上来看待企业的营销活动;它提倡绿色消费,是以不损害未来各代人的产品与服务来满足人们的生活需要,尊重地球生态系统极限。当然,在绿色营销理念中,它本身并不排斥利润,利润仍然是企业经营发展的动力。但是利润的取得不再是企业经营活动的唯一目的,它强调利润的获取与社会环境之间的关联性,即利润必须是在和谐的社会环境下获取的。也就是说企业的营销目标是在可持续发展的大前提下框定的。

2. 从社会范围确定企业的营销对象

传统的营销理念比较狭隘,把人看作具有消费欲望的消费者,营销基本对象是具有消费需求的不同的人,着重强调人的自然属性一面,而忽视人的社会属性一面。绿色营销则从社会范围来确定企业的营销对象。它认为,企业应把整个社会看作营销对象,应在社会背景,环境背景下研究人的消费行为。并通过绿色管理、绿色消费、绿色行为等绿色活动促成消费者从传统消费者向绿色消费者的转变,实现保护自然条件,节约资源,提高全社会人类的生活品质,使国家、地区经济得到持续发展。

3. 从发展角度研究企业的营销活动

提倡长远利益,强调可持续发展已成为21世纪人们所达成的共识。现代社会市场营销观念中所提倡绿色营销就是适应这种趋势和潮流的体现。绿色营销不再像传统营销那样,只盯着宾客的个人需要、当前需要不放,而忽视了宾客的长期福利。它是一个科学、理性的营销观念,是从人类社会长期利益出发的,讲究人、社会、环境和谐发展。在这种观念指导下,企业在营销活动中更注意人的价值,更多地把竞争对手看作共同保护环境的合作伙伴,营销活动中合作、互利、双赢已成为经济交往中的一种趋势。

二、文化营销

21世纪的酒店要高度重视文化营销策略,以文化去适应和影响客源市场,创造竞争优势。文化营销是无形的,但作用是不可估量的。

宾客心目中的文化价值观对其消费决策起着关键性的作用,文化营销正是以此作为经营出发点的。

(一)文化营销的含义

所谓文化营销是有意识地通过发现,甄别培养或创造某种核心价值观来达到酒店经营目标的一种营销方式。具体来说,它表现为产品和服务文化营销,品牌文化营销和企业文化营销三个层次。

1. 产品和服务文化营销

产品和服务文化营销,是依托于产品和服务,通过产品和服务来具体表达价值观和其文化倾向。可以说产品和服务是价值观的实体化,它包括环境、菜肴、服务等宾客能感受到的事项和现象。

2. 品牌文化营销

品牌文化营销,是在产品文化基础上进一步发展的结果,它既包括酒店创品牌的行为,也包括社会对品牌的认可和市场对品牌的选择。

3. 企业文化营销

企业文化营销,是寻求为某一客源市场所接受的价值信条作为酒店的立业之本。优秀的酒店文化只有通过主动的营销活动才能被目标市场的消费者了解,与他们原有的价值观和个人愿望相融合,进而成为酒店和宾客共有的愿景。

(二)文化营销的几个特点

1. 传统文化

中华民族历史悠久,文化博大精深,待挖掘开发的文化资源不可胜数,实际上许多酒店已在这方面做了一些工作,并取得了较好的效果。在今后的经营过程中,利用传统文化,注重对其深度和细度、广度的开发,必将赢得良好经营效果。

2. 创新文化

酒店经营中的文化营销,除了对传统文化的借鉴和传承外,关键还在于创新,在于结合我国传统文化历史,开发出新的企业文化营销内涵。要有创新文化,关键要敢于创新,勇于创新,给本店产品赋予全新的文化内涵,酒店经营不要过于拘泥于精确性,有一定的文化线索和历史背景,均可进行发掘创新。

3. 伦理文化

在当今社会,酒店面临信息管理、环境保护、资源再生、职业道德和员工发展等大问题,这些问题将向企业提出伦理方面的要求。酒店在实际经营过程中,对此若熟视无睹,漫不经心,必将有损形象,影响经营。难怪企业开展绿色创建活动,经常向社会公开承诺,其目的就是为追求活动的社会效益,伦理文化效应。

三、网络营销

(一)网络营销的内涵

随着全球性竞争的加剧,以网络技术,电子通信和数字交互式媒体为手段的网络营销应运而生,使得酒店企业的经营管理活动,跃上了高科技管理新平台。特别需要指出的是酒店智能化管理与服务系统的使用,高科技弱电系统实施都为管理和营销提供了更为广阔的天地。如北京的五星级酒店北京国宾酒店最早开通视频会议系统和 VCD 视频点播系统,建立酒店内部局域网系统与 Internet 连接,为客人提供 2M 宽带的高速接入,使客人借助酒店所提供的各种设备,在国内外所在网站上自由查询种种信息,收发 E-mail 等工作,同时在 Internet 上建立自己酒店的网站,实现对外宣传和网上预订房间,从而扩大和延伸了企业的经营触角。从这个意义上来讲网络营销(Cyber marketing)是借助网络、电子通信和数字交互式媒体的威力来实现营销目标的一种营销方式。

(二)网络营销的特性。

与其他营销相比较,网络营销包括以下几个方面的特性:

1. 可昼夜随时随地的提供全球性的营销服务。

2. 电脑可存储大量的信息供消费者查询,可传送的信息数量与精确度远超过了其他媒体。

3. 能顺应市场需求,及时更新产品或调整价格。

4. 减少印刷与邮递成本。

5. 无店面租金,节约水电与人工成本。

6. 可避免推销员强势推销的干扰。

7. 可经由信息提供与互动交谈,与消费者建立长期良好的关系。

互联网络是一种功能最为强大的营销工具,它同时兼具渠道、促销、电子交易、互动顾客服务以及市场信息收集分析与提供的多种功能。它所具备的一对一营销能力,正符合营销的未来发展趋势。

四、关系营销

(一)关系营销的概念

关系营销是在 20 世纪 90 年代随着大市场营销理念的发展而产生的。所谓关系营销是把营销活动看成一个企业与消费者、供应商、分销商、竞争对手、政府机构及其他公众发生互动作用的过程。关系营销的核心是建立并发展与所有公众的良好关系。关系营销与传统营销相比较,它将营销的重心放在如何吸引更多的宾客重复使用或购买酒店的产品或服务,它注意酒店与宾客们关系的稳定化,以建立长期的交易关系作为营销的目标,最终使人与人之间直接的信息沟通、思想的理解和情感交流达到空前的统一。

(二)关系营销的级别

酒店与营销对象之间关系的稳定程度,通常是用关系营销级别来表示的。一般来讲,这种关系的稳定程度由浅入深划分为三个层次。

1. 购买关系型

购买关系型是最低的级别层次。这种关系类型只是在发生交易行为时才建立的一种较为和善的关系。它离不开财务利益的追加,如酒店向宾客提供的各种优惠、折扣等。换句话来讲，它是通过纯粹的金钱与宾客建立的一种瞬时、不稳定的关系。

2. 社交关系型

与购买关系型相比较，这种关系类型既注重企业与宾客的建立的购买关系，又重视发展与宾客之间的长期关系，采用各种方式与宾客保持定期的联络，加深彼此的感情，如假日旅馆集团，通过这种方式、措施，取得了良好效果。

3. 忠诚关系型。

这是级别最高的一类关系营销。关系营销的核心是宾客忠诚。忠诚的宾客是指他们在众多的产品和服务面前，在长期的大量的购买消费者中，绝不会转而购买或消费别的产品和服务，他们与酒店建立起长期的友好关系，形成一种稳固的关系，进而发展到对品牌的偏好。在市场经济中，宾客是酒店生存发展的基础，是企业最为宝贵的财富。

（三）关系营销的手段

1. 追加附加值

在实际营销活动中，常常可以听到这样口号：来我们酒店，将会给你提供超值享受。或者说：为您提供101%的满意。这里超值部分的享受、额外的1%就是所谓的附加值，即使宾客感到他所享受的服务超过了他的期望。酒店追加的附加值常常体现在以下几个方面：

（1）物质利益的追加。即酒店通过提供某种特殊的物质实体来更好地满足宾客的需要。

（2）财务利益的追加。对于忠诚关系型宾客，在同等价格水平的前提下，使其享受更多更好的产品和服务。

（3）社会利益的追加。所谓社会利益追加是通过提供专门服务、个性服务、超前服务、癖好服务等方式实现的，酒店为重要宾客建立客史档案，据此提供具有针对性的服务，以增加宾客的自豪感和成就感。

2. 减少顾客购买总成本

酒店利用减少购买总成本来增加宾客的满意程度主要体现在以下五个方面：

（1）货币成本。宾客购买、消费酒店的产品所支付的货币总额。

（2）时间成本。是指宾客在购买产品时所付出的时间代价。

（3）体力成本。即宾客在购买酒店的产品时所耗费的体力价值。

（4）精力成本。宾客在购买酒店产品时所承受的心理代价和压力，也就是指宾客在此过程中消耗的精神损耗和成本。

（5）信息成本。宾客在收集酒店信息时所花费的成本。

总而言之，通过上述措施，追加附加值，减少购买总成本，使消费者需求得到满足，最终获得物质和精神的实惠。

五、品牌营销

在市场经济中,品牌之间的竞争是一种不可避免的普遍现象。同种产品或服务往往由许多企业同时进行生产经营。于是,同一产品或服务就会出现许多品牌。这样,同一种类型的产品或服务的不同品牌之间就会展开激烈的市场竞争。在这种市场竞争态势下,那些质量好,价格合理,管理和营销得当,能把握消费者需求的品牌,慢慢地在市场上扎下根,与之相反的有些品牌就会丧失市场,最终被市场淘汰。从这个意义上来看,没有品牌意识,就不可能真正占据市场。所以以品牌为核心的发展道路已成为新世纪企业发展的重要特征。

酒店作为一个特殊的行业,培养品牌意识,进行品牌建设尤为重要。这主要是因为酒店产品的特殊性与宾客消费和评价带有很大的主观性。

(一)品牌观念先导

在进行酒店品牌建设时,首先要解决思想意识方面的问题,即必须对品牌功能有一个全面、正确的认识。所谓品牌是产品、服务的代表和象征,是产品之魂。它既是一种文化现象,又是一种市场现象。从本质上来讲,它是一种有特殊信息意义的集合体。是以最精炼的方式向宾客传递有关产品和服务的信息,使之成为一种主要的识别工具。酒店企业在长期的经营过程中,树立品牌意识,努力创建自己企业品牌产品,使广大宾客对企业品牌有一个本质的认识,一见到本品牌产品和服务,就会联想到那种高品质的质量和优良的服务,可以说它是一个标签,是一种质量和品质的体现。当然这种结果是经营者通过一天天艰辛努力,创造出来的。每经过一次努力,其品牌内容日渐丰富,最终成为一种信誉,代表一种水平,慢慢地成为一种资产,给企业带来财富。如假日集团依据雄厚的品牌资本,不断寻求扩张和增值的途径,使企业达到了前所未有的发展。

(二)品牌实际诊断

品牌诊断是酒店进行品牌建设的基础工作,是以量化指标为基础确定品牌建设的起点,在具体操作时,一般是借助如下指标来进行诊断的。

1. 知名度指标

知名度是指知晓公众与酒店公众之比。它反映了社会公众对品牌的知晓、了解程度及对社会影响的广度和深度。它是一个十分基础的指标。

2. 美誉度指标

美誉度是指社会公众对品牌的信任和赞美程度。具体来说是指美意公众与知晓公众之比。

3. 满意度

酒店衡量产品品质最具有权威性的指标,它是宾客实际所获得的满足程度与其所期望获得的满足程度之比。

4. 忠诚度

品牌忠诚度是指消费者对酒店产品产生的感情的度量。具体来讲是指宾客的回头率和客源总额之比。

(三)酒店品牌定位

酒店品牌定位是以市场空缺为突破口，在品牌诊断的基础上，对消费者的心理采取行为，将品牌的功能、特征，与消费者心理需要联系起来，使得品牌进入消费者的视觉构成，引起消费者的注意和偏好。在酒店进行品牌定位时，如何从自己实际情况出发，选准市场上的空缺，就成为构筑品牌的关键。

一般来讲，可供酒店选择的空缺有以下几种：

1. 经营上的空缺

在经营活动过程中，不断地开发新的经营方式是酒店企业适应市场变化、市场需求的客观要求。通过提供更多更好定制化服务项目，充分考虑了宾客消费需求方面的个体差异，为企业经营开拓新天地。

2. 年龄上的空缺

年龄阶层上的差异，决定了消费习惯上的不同。酒店可以依据消费者的消费偏好来进行定位。针对不同年龄阶层的消费者，采用不同的营销手段和措施使企业在发展中获利。

3. 性别上的空缺

这主要是指酒店在提供各种服务时，应关注男女宾客性别上的差异，在客房的楼层设置，客房布置，日常生活小物品小配置，杂志等文化物品的选择，都应充分考虑宾客不同性别生理和心理方面的特点，为宾客营造一个良好、舒适，富有个性，讲究品味，个性化浓郁的居住空间。

4. 时间上的空缺

即根据不同时间段的消费特色来进行定位。如近年来，有些企业搞"年夜饭"营销，六月份的高考房，都是利用时间上的空缺来开发市场的。

5. 生活习惯上的空缺

就是依据宾客生活消费习惯的不同来定位的。如西安的安德坊(清真菜品为主)的定位，就是基于客人的生活习惯。还如无烟房的推出，亦是为了满足不抽烟宾客的消费需要。

6. 地域上的空缺

酒店依据地域上的特征进行定位，从而抓住富有特色的地域民俗色彩。如延安的窑洞酒店，韶山的毛公酒店都是以其特定的地域特征来定位的，以红军长征中感人事迹和伟人逸事溶入菜肴品名，打造出自己的独特品牌，为企业创造效益。

7. 利益上的空缺

利用利益上的空缺进行市场形象定位，主要体现在对消费者各种需求的满足上。如定位于最快捷酒店，最大酒店，最豪华酒店等。酒店都在不同程度上满足着宾客的某种需求，使消费者在利益上获得某种实惠。

(四)实施品牌扩散

常言道:酒香不怕巷子深。其实，在现代市场营销活动过程中，可以说,酒香也怕巷子深。在激烈竞争的今天,如还抱着那些陈旧过时的观念,那么吃亏受损,将是肯定无疑的。今天的企业要学会宣传自己,通过各种途径、渠道来扩大自己的影响。善于沟通,重在宣传,提高自己品牌的扩散力度,使企业品牌成为家喻户晓,耳熟能详的热播传奇。

六、宾客满意营销

(一)宾客满意营销基本含义

宾客满意营销理论认为酒店企业效益的增长和客人所获得的满意程度是一致的。在这一基本理论的指导下,酒店就需想方设法为宾客提供满意的产品和服务。因为只有这样,宾客的"口碑"作用,才能发挥得比较突出。宾客的嘴,如同那神奇的水,既可以载舟,亦可以覆舟。其关键在于宾客对酒店所提供的产品和服务是否满意。只有满意的宾客才能稳定住酒店的客源市场,否则,企业将失去市场,丧失顾客,失去经营管理之根本。

(二)创造满意宾客的程序

1. 研究宾客需求结构

对于宾客需求结构的研究,一般是从以下四个方面进行的:

(1)功能需求。任何产品和服务都有其有用性。正是这种有用性使宾客的需求得到满足。从这个意义上来讲,宾客只所以购买产品和服务,其目的就是为了满足其需求。这种需求往往是最低的最基本的需求。

(2)形式需求。形式需求是指宾客对酒店产品或服务的质量、外观、构成、名称、包装、色彩、式样等方面的需求。形式需求是功能需求的延伸,在形式需求中,质量需求是所有形式需求的核心,是宾客是否愿意购买该产品的决定因素。

(3)价格需求。所谓价格需求是宾客对酒店提供的产品或服务的收费大小的需求。宾客收入水平的高低决定了他们的消费层次。大多数人受收入水平所限,属于经济型的消费者。故而在选择商品或服务时,比较注重价格水平的大小和高低,并总是有这样一个期望,能获得物有超值的享受。

另外,宾客的价格需求还包括对价格弹性的需求,当出现价格波动时,对产品或服务的定价有一定选择权。这就使得企业在产品定价方式设计时,需考虑宾客对弹性价格的需求。

(4)外延需求。指宾客在实施购买行为时,除了获得上述三个方面的需求外,还需外延方面的需求。如获得心理上的满足,文化上的满足等。比如一些酒店采取的音乐助食、文化导食,正是这种外延需求的一种体现。可以说外延需求是对前三种需求的补充和说明,随着感性消费时代的来临,消费者在消费过程中心理需求越来越强烈,作为酒店经营者,就应适应顾客的这种需求,通过自己的服务满足宾客心理上的需求,使他们在心理上得到尊重。

2. 确定宾客满意指标

宾客满意是由具体指标反映的。它是宾客满意的组成要素。从宾客的心理感受，心理体验上来讲，它是一种宾客在购买消费酒店产品或服务后而产生的一种心理快慰，一种快感和兴奋的体现。它带有综合性的特点。这种体验，会因宾客的个体差异，而最终呈现较大的差别。这就使得酒店在具体营销过程中，在很大的活动空间，以满足不同宾客在需求上的差别。

另外，宾客满意指标应该具有针对性，与行业特色或岗位特色相结合，突出宾客满意效果。

3. 确定宾客满意级度

宾客满意级度是指宾客购买并消费酒店的产品或服务之后所产生的满足状态的体现。一般可以分为七个程度不同的级度，不同的级度有不同的特征，具体如表5-4所示。

表5-4　　　　　　　　　　满意级度及其特征

级　度	特　征
非常不满意	愤怒，投诉，作负面宣传
不满意	气愤，烦恼
稍微不满意	抱怨，遗憾
无所谓满意不满意	无明显正、负情绪
稍微满意	好感，肯定，赞许
满意	称心，赞扬，愉快
非常满意	激动，满足，感谢，作正面宣传

七、内部营销

（一）内部营销基本概况

内部营销理论认为，对于任何企业而言，都面临两个最主要的核心市场。即外部市场和内部市场。建立一个良好的内部市场是企业有效拓展外部市场的先决条件。所以要求酒店企业把员工作为企业的内部市场进行研究和开发，培育满意的员工，建立全员服务营销意识，着手做好酒店内部促销工作，为酒店企业的外部拓展提供坚实的后盾。

在酒店企业进行内部营销时，应做好下面三个方面的工作：

1. 构建内部员工满意

内部员工的满意是酒店对外拓展的基础和关键。满意顾客的创造是建立在满意员工培养的基础之上。所以内部营销的重点工作应该首先放在满意员工的培养上。

2. 开发内部有形证据

酒店应通过开发企业内部各种有形证据，使酒店无形服务有形化、具体化，拓展市场营销力量，刺激宾客的即兴消费。

3. 推行服务营销理念

引进服务营销理念，将其贯彻到服务环节的方方面面。

（二）推行内部营销

推行内部营销，也应从上述三个方面展开，即构建内部员工满意，开发设计内部有形证据和推行服务营销理念等方面。

构建内部员工满意的理念在于酒店企业要有这种营销意识，利用各种方法和措施强化营销手段，丰富酒店文化，着重培养提高员工素质，采用人性化管理模式，突出以人为本的管理理念，善待员工，创建满意员工的基本构架。

酒店内部的有形证据分为店用和客用两大类。在开发设计时应根据不同的适用范围进行设计。这里主要强调各类有形证据开发、设计的全方位性，包括每一个环节，即从前厅、电梯、客房，到餐厅等每一个环节都应加以考虑，突出各环节上的各种有形证据，把企业的内部营销工作落在实处。

最后一个方面，就是推行服务营销理念。服务营销理念要求企业员工不仅要赢得宾客，而且要拥有宾客，通过企业员工每人自觉营销活动，把宾客转变成忠诚一族，使企业与宾客建立起良好的关系，实现企业的长远利益。在进行服务营销时，通过建立服务营销体系，把服务营销工作落在实处。服务营销体系主要有销售代表、酒店内部服务人员、服务设施和设备及与人员沟通的四个部分。它们在整个服务营销体系中发挥着各自特定的作用。

【案例】
以文促商——雅士文人最钟爱

端州古郡，肇庆新城，这个广东省西部著名的风景城市，其奇秀山水曾赢得多少文人雅客，英雄豪杰的击节赞叹，叶剑英元帅将这里的星湖和七星岩比作"借得西湖水一圈，更移阳朔七堆山"。丰富的文化资源自然也就成了端城酒店业的特色资源。

今天的星湖之侧，在造化的杰作之外更添了一重文化奇景：论标准仅属"三星"的端城大酒店，却因其独到的经营策略和高超的文化品味，缔造出一个"五星级"的艺术殿堂，藏逾千幅明清、当代书画及大家精品于一堂，广结海外墨缘、艺缘，不但文化知名度辐射至大江南北，吸引来宾客如云，更在当代旅游界、艺术界留下一段佳话。

步入酒店大堂，荡然古意扑面而来，一幅"我有嘉宾"的斗字横幅圆浑苍润，神采秀发，系出自中国书法家协会副主席黄绮之手；琳琅四壁的是赵朴初、朱屺瞻、何海霞、舒同、黄胄、关山月、黎雄才、尹瘦石、张仃、程十发、沙孟海、刘勃舒等艺坛泰斗的题词和作品，如飞鸿戏海，舞鹤游天，令满室生辉。端城大酒店珍藏的书画价值远远超出其固定资产，其无形资产之价值更难以估量。

"端城"董事长，当今岭南一代名医梁剑波所书嵌于酒店大门两侧的一副楹联"端城千载享嘉名,喜人杰地灵,文采风流传此郡;酒店万邦来雅客,值时和世泰,居停饮宴上斯楼。"道出了"端城"的形象设计和经营策略理念。

1988年,成立才一年多的端城大酒店在激烈的市场竞争中举步维艰,只有确定新的经营策略,才能在竞争激烈的餐旅业中脱颖而出,在这种情况下,出身于书香门第的酒店经理钟汝更以中国传统书画艺术为切入点,以浓厚的艺术氛围树立了酒店的独特形象。

书通情韵,画写意趣,书法与国画向来是国人品格与审美情趣的集中体现,钟汝更认为:以书画创造酒店的艺术环境,以酒店作为弘扬传统艺术的窗口,将民族文化的精粹,渗透到生活中去,可以使人们得到更高雅的精神享受。

自1988年以来,钟汝更几上北京、上海等地,结识了不少当代书画名家,并先后10多次邀请全国各地著名书画家来"端城"研讨、创作,名家即席挥毫,宾客芝兰满堂的盛况是"端城"内的寻常景象。"端城"更辟出一楼大厅中百余平方米的面积作为常年的书画展场,辟出七楼整层数百平方米的地方,轮流展出酒店珍藏的书画艺术品;同时与肇庆电视台合作,每天在黄金时间播出介绍一幅中国书画艺术品,为传统书画艺术在当地的传播与繁荣做出了较大的贡献,而"端城"雅名传四海,肇庆这座旅游名城也借助端城大酒店的文化声誉吸引更多的海外游客,其社会效益、非曲直经济效益都非常可观,正可谓"缘结翰墨中,意在丹青间"。

以文促商,以商养文,端城大酒店在文化与经济的结合上为我们提供了新的启迪。

分　析:

文化营销出奇制胜

著名经济学家于光远认为,经济发展的深层次是文化,文化是根,经济是叶,根深才能叶茂。越来越多的企业家已认识到高品位高层次的企业文化,正成为企业生存立足、谋求制胜市场的根本。世界著名的跨国酒店,美国的"肯德基",以及我国北京的"长城"、上海的"新锦江"等国内外知名酒店,无不高举"文化兴店"的旗帜,以文化之"窗口"扬企业之美名,树企业之形象。

端城、长城等都是国内酒店业中响当当的名牌,是通过市场提炼出来的,以其高品位,高附加值,高质量,高文化含量,高服务水平而被广大消费者喜欢的著名品牌。尤为引人注目的是,其文化含量远远高于其产品自身的价值。

文化营销的创意和成功,进一步证明了当前经济与文化的关系已经越来越密切,名牌立足于市场,必须依赖于文化,只有文化才能对名牌产品产生巨大的推动力。

书画中心只是端城大酒店文化战略的一部分,作为一家三星级的酒店，端城之所以区别于普通酒店，更重要的在于其独特而又深厚的文化个性。美国著名的广告专家大卫·奥格威说：最终决定品牌市场地位的是品牌总体的个性，而不是产品间微不足道的差异。

端城大酒店以书画收藏为特征，但真正形成书画、文化，并把书画、文化的优势充分展现出来，创造奇迹，则是宾馆科学运用企业文化营销的成果。酒店在市场导向的指导下，在店名和地理特征的基础上创立一套自身精神风貌，"缘结翰墨中"，以书画会友，扩大影响，并通过电视专题节目推销自身的文化形象。有了主动塑造整体特征风格的企业文化意识，才会有以书画为特色的五星级艺术殿堂，才会使海内外的名人诗句、江南的工艺品及知名人士的字画统统为我所用，集书画、文化之大成，好像打开了一座宝库，取之不尽，用之不竭。

企业文化营销必须符合企业竞争战略的要求。不同的企业需要不同的竞争战略，也就要求有不同的企业文化策略。在市场环境相对稳定时期，根据竞争战略的要求搞好企业文化建设，可使竞争实力较强的企业取得良好的经营成果。但是，如果企业的价值观念和行为准则不能促使管理人员根据市场环境变化迅速的改变竞争市场战略，企业就不可能长期保持卓越的经营实绩。

国内外许多成功的企业的经验证明，要使企业长期保持卓越的经营实绩，企业文化营销必须强调企业对市场环境的适应性。管理人员应善于预见并密切注视市场，强调企业市场环境中的有关变化，抓住机遇，主动改变竞争战略和经营管理方法，不断地提升企业的竞争实力。

重点思考题

1. 试说明酒店营销的含义。
2. 简述酒店营销活动的特点。
3. 试述酒店企业市场定位的基本原则。
4. 谈谈酒店企业目标市场营销策略。
5. 如何正确理解"酒店整体产品"的内涵？
6. 试述 4P'S 和 4C'S 的区别与联系。
7. 谈谈如何理解绿色营销。
8. 文化营销理论所倡导的基本内容是什么，对酒店有何实际指导意义？
9. 如何理解网络营销。

第六章　现代酒店人力资源开发与管理

● **学习提要**

人力资源已被视为企业竞争力的重要来源。人力资源的开发与管理已成为企业管理的一个重要组成部分。人力资源的优劣,直接决定着企业的兴衰存亡。酒店作为劳动密集型企业尤为如此。因此,如何有效地利用和开发人力资源就成为现代酒店管理的重要课题。

● **学习目标**

掌握人力资源开发与管理的含义和内容;掌握员工培训的内容和类型;掌握员工激励的方法。理解人力资源的特征和管理的目标;理解招聘员工数量的确定;理解员工招聘的途径、程序。了解员工培训的意义和方法;了解员工激励的原则。

第一节　现代酒店人力资源开发与管理概述

人力资源是世界上各种资源中最宝贵的资源,是酒店资源中最基本最重要的资源。酒店的财力资源、物力资源、信息资源等均是由人来控制和使用的,酒店的人力资源是否得以合理的开发和有效的管理,决定了酒店其他资源的使用效果和酒店企业经营的成败。

一、人力资源及其特征

(一)人力资源的含义

所谓人力资源,是指能够推动社会生产力发展,创造社会财富的具有一定智力劳动和体力劳动能力的人的总称。人力资源包括数量和质量两个方面。成为具体劳动力的人数的多少,是人力资源数量上的体现;而体现劳动者体质和智力两方面的统一的劳动者的素质,则是人力资源质量上的反映,它是人力资源最重要的方面。从现实的具体运用形态来看,人力资源则包括体质、智力、知识和技能等四个方面。

(二)人力资源的特征

人力资源是相对于物质资源而言的,是一种重要而又特殊的资源,具有自己鲜明的特征。

1. 人力资源的生物性

人力资源是以人体为天然载体，是一种具有生命的活的资源，与人的生理特征相联系。当一个人的生命终止时，他（她）作为人力资源的一分子就不复存在。

2. 人力资源的社会性

人是社会人，人力资源的形成过程中会受到时代条件的制约，人力资源的素质也必然会受到当时社会经济发展水平和社会文化水平的影响和制约。人力资源的形成、配置、使用和开发作为一种社会活动，也总是与一定的社会环境相联系。事实上人力资源不仅仅归属于某一具体的社会经济单位，而是属于整个社会所有，人力的频繁流动说明了这一点。

3. 人力资源的时效性

人力资源是一种具有生命的资源，在人的生命过程的不同阶段有着不同的生理和心理特点，各个阶段的人力资源的生成和可利用程度也不同。例如：每个人均要经过幼稚年期、青壮年期、衰老年期，由于每个时期人的体能和智能的不同，各个时期的劳动能力也不相同。因而人力资源在各个时期可利用程度也不相同。同时作为人力资源的组成部分的知识和技能会随着时间的推移而陈旧、老化、过时，失去其应有的效用。所以说，人力资源的形成、开发、配置、使用具有很强的时效性。

4. 人力资源的能动性

人力资源具有思想、情感和思维，具有主观能动性，能有目的、有意识地利用其他资源从事某种活动，而且只要外部环境能与其主观愿望相协调、相一致，还会激发其巨大的积极性与创造性。

5. 人力资源的再生性

人力资源是一种再生资源，它主要表现在两个方面：一是人口的再生产和劳动力的再生产。随着人类的不断繁衍，劳动者会不断再生出来。劳动能力也会在劳动过程中消耗之后，通过休息和补充营养物质再生出来。二是知识和能力的可再生性。人力资源是可以"多次开发"的资源。对一个具体的劳动者来讲，在他的职业生涯结束之前，都是一直可以开发的资源，可以通过培训、积累、创造等过程，实现其知识、技能的更新与素质的提升，人的劳动能力不仅可以在劳动中产生，也可以通过培训学习再次形成。

二、现代酒店人力资源开发的内涵

酒店人力资源的开发就是运用科学的管理方法，对酒店人力资源进行有效的利用、管理、挖掘和激励，以充分发挥员工的积极性，并使其得到最优的配置，从而不断提高酒店劳动效率、服务质量和经济效益的过程。

它包括以下几方面的含义：

(一)酒店人力资源开发管理是科学化管理

酒店人力资源开发管理必须建立起一套标准化、程序化、制度化和定量化的管理系统。即要有录用员工、培训员工、考察员工服务质量标准，人力资源管理工作的程序，员工招聘、考核、选拔、录用等项工作的规章制度以及给员工制定合理的劳动定额和编制定员。

(二)酒店人力资源管理是全员性管理

酒店人力资源的开发管理绝非某一职能部门所能完全胜任，它不仅是酒店人力资源部对全体员工的培训和考核，而且包括酒店全体管理人员对下属的督导与管理。所以有人形象地说，酒店总经理应同时是人力资源总监和总训导师，各部门经理同时应是该部门的人力资源开发经理、训导师。因此，人力资源开发与管理是酒店全体管理人员的职责之一。

(三)酒店人力资源开发与管理是动态管理

人力资源开发与管理的动态性是指不仅要对员工的录用、培训、奖惩、晋升和离职等全过程进行管理，更要重视员工的心理需求，了解员工的思想动态，并采取相应措施调动员工的积极性，激发全体员工的最大潜能。

三、酒店人力资源开发与管理的目标

任何管理活动都必须有一定的目标，否则就失去了方向。酒店人力资源管理的基本目标就是提高劳动生产率。酒店劳动生产率是指劳动者的劳动成果与相应的劳动消耗之间的对比关系，它反映了劳动者在一定时间内创造的有用劳动成果。如年人均创收、年人均创利等。酒店劳动生产率是衡量酒店技术和管理水平的重要标志，是考核酒店经营情况的一项综合性经济技术指标。

酒店人力资源开发与管理的具体目标主要有以下三个方面。

(一)造就一支优秀的员工队伍

酒店要正常运转并取得良好的效益，不仅要有一定数量的员工，而且这些员工的质量要符合酒店业务经营的需要。酒店人力资源管理就是要广招贤人，注重培养提高素质，使员工队伍不仅在数量上而且在质量上保证酒店业务活动的正常进行。

(二)建立最优秀的劳动组织

一支优秀的员工队伍必须经过合理的配置才能形成最佳的人员组合。酒店人力资源管理的目标，就是要通过科学地排列组合，做到职责分明，人尽其才，才尽其用，形成一个精干、有序、高效的劳动组织。

(三)建立一套科学的酒店人力资源开发管理体系，使员工积极性得到最大发挥

人力资源开发管理的实质并非"管"人，而在于"得"人，在于合理地开发人、利用人，谋求人与事的最佳配合。要达到这一目的，就必须建立一套科学合理

的人才开发和利用体系,开发利用员工的各项能力,最大限度发挥员工的积极性与创造性。

四、酒店人力资源开发的内容

（一）人力资源规划

根据酒店的经营管理目标和酒店的组织结构制订酒店的人力资源计划。主要确定酒店所需要的员工的人数和标准,做好酒店人力资源数量和质量的预测。

（二）职务设计与工作分析

通过对工作任务的分解,根据不同的工作内容,设计不同的职务,并规定每个职务应承担的职责、工作任务、职位权力、工作的条件,确定担任该职务应有的技能、知识与经验等以确保企业拥有工作的规范和合格的员工。

（三）招聘与录用

按照酒店人力资源计划以及酒店的内部和外部环境,招聘录用所需员工,并根据适才适用的原则,将合适的求职者录用安排在一定职位上。

（四）职业生涯管理

根据员工个人性格、气质、能力、兴趣、价值观等特点,同时结合组织的需要,为员工制订一个事业发展计划,做好员工职业生涯管理。其目标是开发员工潜能,使员工在组织中获得职业的发展,实现自我价值,以更大的热情和主动性投入工作。

（五）培训与发展

培训主要是结合企业的发展需要及工作需要,为了使员工胜任其担任的工作,适应工作环境的变化,针对员工所担任的不同的工作层次,采取不同培训方式和内容。培训主要着力于员工的知识、能力、态度等方面,以提高工作绩效为目标。

（六）绩效评估

建立评估体系,定期对员工工作绩效进行考核、评价。考核评估的结果将作为员工提升、调职、培训、奖励的依据。绩效评估要做到奖优罚劣,以达到改进和提高员工工作绩效的目的。

（七）薪酬福利管理

薪酬福利不仅仅衡量一个人的劳动价值,往往也表明一个人事业的成功与否。根据酒店企业实际情况,设计合理的薪酬体系与福利制度,根据员工工作绩效状况,给予不同的报酬,并适时调整,以保证其激励性。

（八）劳动关系管理

正确处理员工与企业的关系,是确保双方利益的一项重要工作。如,企业都必须重视与员工健康、人身安全和财物保障等有关的各项工作。为促成企业与员工的良好关系,企业还必须保障员工的各项权利。总之,需要企业管理者与员工群体就工资、福利及工作条件等问题进行谈判,协调劳资关系。

五、酒店人力资源开发与管理存在的问题和面临的严峻形势

(一)人才流失严重困扰酒店企业

酒店作为劳动密集型企业,其人员流动率不应过高,但据中国旅游协会人力资源开发培训中心对国内23个城市的33家2~5星级酒店人力资源的一项调查显示,近五年来酒店员工流动率分别为25.64%、23.92%、24.2%、22.56%、23.41%,平均流动率高达23.95%。酒店星级越高,流动率越大,4~5星级酒店员工流动率为25.74%。流动员工中以中高级管理人员、专业技术人员和服务骨干居多。居高不下的流动率已经影响了酒店的正常经营,造成服务质量的不稳定,增加了培训和经营成本。销售人员与老员工的出走还很可能会带走客源,损害酒店品牌。员工流失,人才短缺,已成为制约酒店发展的瓶颈。

(二)观念滞后,"重使用,轻开发"现象突出

我国酒店业人力资源管理正处于从传统的人事管理向现代人力资源开发管理的转换阶段。当前从总体上看,传统的人事管理在酒店还有一定市场,不少酒店人力资源管理的重点还依据着"管人"的理念而没有真正帮助员工、服务员工。视人力为成本,而非一种具有能动性、可开发的资源。管理的焦点以事为中心,只重视管好现有的人员,用好已有的知识,只用人不育人,对人力资本的投入明显不足。

(三)对员工的考评,不重实绩,多看表现

有些酒店管理者在评价员工时,往往把他的表现看得比业绩更为重要,就是常说的"没有功劳也有苦劳",或者强调"听话",甚至对领导的态度,这样一来,其结果必然是员工求稳怕错,不求有功,但求无过。

(四)培训模式陈旧,培训内容缺乏针对性,培训效益差

许多酒店虽然也认为培训工作十分重要,对员工进行了各种各样的培训,但是培训内容脱离企业的实际,无的放矢。培训模式一成不变,落后陈旧,员工对培训内容不感兴趣,参与的积极性不高,"身至而心不至",浪费了培训资源,酒店管理水平,服务质量及人员素质也无明显提高,培训效益不理想。

(五)"员工第一"的观念还未确立,激励手段单一

"员工第一"的理念在外资酒店已日益深入人心,关于这种理念,美国一家大型旅游公司——罗森布鲁森公司总裁所著《顾客第二》一书已有论述。书中强调"顾客第二"的新观念就是从"员工第一"的角度提出的,其实质是管理者如何让员工满意,因为只有满意的员工,才能产生满意的顾客。但这种观念仍未被更多的内资酒店管理者接受,他们的激励手段仍停留在比较单一的物质鼓励方面。

第二节 酒店员工的招聘与录用

酒店业是劳动密集型企业，员工的流动率又较高，为保证酒店的正常运转，酒店员工的招聘就成为酒店人力资源开发与管理的一项重要工作。招聘时应在确定招聘数量的同时，确保招收员工的质量。

一、招聘员工数量的确定

确定招收数量的基础工作是制定酒店员工的劳动定额和编制定员。

(一) 劳动定额

劳动定额是指在一定的物质、技术设备和劳动组织下，在保证酒店服务质量和充分发挥员工积极性的基础上，每个员工平均应达到的定额工作量标准。

劳动定额有三种表现形式，即时间定额、产量定额和看管定额。时间定额是指劳动者生产单位产品所需的劳动时间，如客房服务员清扫整理一间客房需 30 分钟。产量定额是指劳动者在单位时间内生产合格产品的数量，如一个客房服务员在 8 个小时内需做完 14 间客房的整理工作。看管定额是指一个员工同时要看管的机器设备数量或看管操作岗位的数目，如一个餐厅看管台服务员需要同时看管 4 张餐台。上述三种形式的劳动定额中，最基本的形式是时间定额和产量定额。

劳动定额是酒店管理中的一项重要的基础性工作。它是调动员工积极性和创造性，节约劳动成本，提高劳动效率的有力手段。正确制定和执行劳动定额，有利于员工明确工作任务，有利于管理者对员工的工作进行检查、考核、评估、奖罚。

劳动定额的制定必须遵循定额水平先进，合理的原则。所谓"先进"，应该是平均先进定额，既反映员工已达到的劳动效率，又预计到劳动效率进一步提高的可能性和现实性。所谓"合理"，即从实际出发，考虑员工的素质、员工收入、劳动条件、管理等方面客观条件，把劳动定额建立在这样的基础上——经过努力，大多数员工能够达到，一部分员工可以超过，少数员工能够接近。

制定劳动定额的方法主要有以下四种：

1. 技术分析法。它是通过对生产技术、生产组织和劳动组织条件的分析，在总结先进经验，挖掘生产潜力及实际操作合理化的基础上，采用观察测定和分析计算制定劳动定额的方法。它的主要优点是有充分的科学技术依据，制定的劳动定额较准确，质量高。技术分析法比较适合于酒店的客房、餐厅等部门的劳动定额的制定。其计算公式为：

$$劳动定额 = \frac{规定时间 - (准备作业时间 + 结束时间)}{(基本作业时间 + 随机服务时间) \times (1 + 休息系数)}$$

2. 经验估计法。根据酒店员工的实际工作经验，综合分析各种有利和不利因素的影响程度，制定劳动定额。其优点是方便简单，易于掌握；其缺点是仅凭经验估计，定额不够准确。这种方法一般适用于难以具体测定劳动量和各项实际工时消耗的工种和部门，如酒店前台预订，接待问询，保安部的门卫，保安等工种。

3. 比较类推法。它是以过去达到的指标水平为基础，参照同类酒店的先进管理经验，结合本酒店的实际情况来估计工时消耗而制定劳动定额的一种方法。这种方法简单易行，有较强的实用性。一般适用于酒店工程部的机修工、电工、管道工以及康乐部的游泳池、网球场、健身房等。

4. 统计分析法。这种方法是以统计资料为依据，分析酒店目前实际接待能力和提高劳动效率的可能性来制定劳动定额的一种方法。这种方法适用于业务量变化不大的部门和工种，如商品部、仓库等。其计算公式为：

$$劳动定额 = \frac{综合平均数 + 最优完成数}{2}$$

（二）编制定员

酒店的编制定员，就是根据劳动定额和工作量合理配备各类人员的数量标准。编制定员工作是酒店编制员工需求计划的基础，为合理安排各类人员比例提供了依据，对于酒店改善劳动组织、挖掘劳动潜力、合理使用劳动力，提高劳动效率具有十分重要的作用。

定员的基本方法有以下几种：

1. 按劳动效率定员

这是一种以劳动定额为基础，根据工作量、劳动效率、出勤率来计算定员的方法。凡是实行劳动定额管理并以手工操作为主的工种，均可采用这种方法编制定员。如客房服务员、商场营业员等。其计算公式为：

$$定员人数 = \frac{每一轮应完成的工作量 \times 每日轮班次数}{服务员的劳动效率 \times 出勤率}$$

2. 按比例定员

这是一种按照与员工总数或某一类人员总数的比例，来计算另一类工作人员数量的方法。这种方法是依据酒店内部各类人员数量客观上存在一定的比例关系。如厨房炉台与切配人员之间、就餐人数与餐厅员工之间均存在一定的比例关系。

3. 按岗位定员

这是按酒店企业内部的组织机构设置的岗位、职位数、工作班次、出勤率、劳动效率等因素来确定人员的方法。这种方法一般适合于酒店前厅工作人员、综合设施服务员，行李人员，锅炉工等岗位的定员。

4. 按设备定员

这种定员方法是以设备数量、设备看管定额为基础来计算定员人数。适合于有设备看管定额的岗位。

二、员工招聘计划的制订

制订员工招聘计划时，应主要考虑以下几方面的因素。

(一)招聘对象和数量

酒店人事部门根据各部门提出的用人申请，审核确认该部门的员工短缺人数和所需配备员工的工作层次，明确需要招聘的各个具体工种。

(二)招聘途径

酒店招聘一般分为酒店内部招聘和外部招聘两种途径。内部招聘主要适合于酒店内部某些少量职位空缺的情况。外部招聘适合于有大量岗位空缺或内部无法物色到合适员工能胜任现有的空缺岗位时的情形。

(三)招聘时间

酒店内部招聘的时间可以根据酒店的实际情况灵活安排。酒店外部招聘则要考虑酒店业务经营的需要和社会劳动力资源供给情况。我国各旅游院校、旅游中专及旅游职业培训学校每年7月份都有一大批学生毕业，此时是酒店业人才供应高峰期，在此之前4~6月份之间招聘易于招收到高素质的人才。

(四)招聘标准

招聘标准直接关系到未来的员工素质。制定招聘标准要根据酒店实际情况，依照酒店的规模、等级、档次、接待服务对象，工种性质和质量要求的不同情况，结合人才市场供应的实际情况来进行。只有制定切实可行的标准，才能聘到理想的员工，使员工的素质得到保证。一般的招聘标准包括以下几方面内容：性别、年龄、学历文凭、外语水平、经历、工作经验、外貌、气质等。

三、酒店员工招聘的途径

酒店员工的招聘分为内部招聘和外部招聘，酒店应坚持内部培养提升和适当引进相结合的办法，以保证酒店人力资源的有效利用和持续开发。

(一)内部招聘

酒店内部招聘的途径主要有内部员工的提升和内部职位的调动。

1. 酒店内部员工的提升

从内部提拔一些合适人员来填补职位空缺是酒店通行的做法。内部提升给员工提供了个人发展的机会，使员工感到在组织中工作有前途、有目标。这对于鼓舞士气，提高员工工作绩效和对企业的忠诚度是非常有利的。同时由于被提拔的人员对组织较为了解，对工作环境熟悉，所以能较快地适应新的工作。

但要充分发挥内部晋升制度的作用，首先必须建立健全内部选拔机制,确保内部晋升人员是因为其才能,而不是因为裙带关系或其他与员工工作绩效无关的因素得以晋升,否则,内部晋升制度不仅不能发挥作用,而且还会成为酒店正常经营与发展的障碍。

内部提升的方法一般分为三步。第一步,确定提升候选人。这是搞好提升工作的基础,一般可以从以下四个方面进行考核:个人的品德,个人才能,个人工作表现,工作年限。第二步,测试提升候选人。测试的内容主要是:潜在能力,发展能力,分析问题解决问题的能力、计划决策的能力,领导能力以及人际关系的能力。第三步,确定提升人选。在测试的基础上,通过评分的方法,将非定量化的问题转化为可定量比较的问题,用综合测评的方法对每一位测试候选人的知识结构,组织能力,分析问题解决问题的能力,工作态度,风度气质等项目进行综合评价。

2. 酒店内部员工的调动

酒店内部员工调动的原因主要有以下几点:

(1)酒店组织结构的调整。由于酒店的经营环境变化而对原先设置的部门进行重新组合。

(2)为了增强员工的适应能力(尤其是规模较小的酒店),使员工掌握多种操作技能,培养多面手,酒店也可以采用轮流调配的方式来培训员工。这种调动一般是暂时的。

(3)由于长期从事某一种工作而使员工觉得枯燥乏味,产生职业厌倦感,丧失工作热情,为调动他们的积极性,在可能的情况下,采用调职的方式,将他们安排到他们感兴趣的岗位上。

(4)有些员工经过培训投入工作后,经过一段时期发现他们掌握的技能与工作表现不相适应,或有些员工与原工作部门或班组其他员工人际关系紧张,不利于他们工作积极性的发挥,则应对这些员工进行调动,为他们创造新的工作环境。

(二)外部招聘

内部招聘虽然有诸多好处,但它的缺点也很明显:来源局限于企业内部,可供选择的水平和数量有限,容易产生"近亲繁殖"的弊病,容易因缺乏新观念的输入而逐渐孕育出一套趋于僵化的体系,对酒店的长期发展也是不利的。因此,酒店还必须重视外部招聘。

1. 外部招聘的主要方法

(1)定向招收。亦即所谓的订单教育。酒店与旅游院校签订协议共同面试招收定向学生,企业出课题,学校负责培养,学生毕业后符合招聘条件的酒店予以录用。现在有的酒店为了保证所招收员工的质量,从在校学生中培养后备人才,还采取与旅游院校联合办学的方法。

(2)广告招聘。酒店利用广播、电视、报纸、杂志等媒体发布招聘信息,招收员工。

(3)网上招聘。网上招聘是企业招聘员工的一种新形式,这种形式正逐渐为更多企业所采用。它是酒店招纳贤才的有力手段和宣传企业形象的实惠办法。

（4）劳动力市场招聘。通过劳务市场、人才交流会或职业介绍所介绍，用人单位直接和求职者进行接洽和交谈，择优录用。

（5）借助"猎头公司"。酒店在招聘高层管理者及重要的中层岗位与尖端的技术人员时，利用企业自身的力量往往难以招到合适人才。此时，酒店可以委托专门搜寻网络人才的"猎头公司"，猎取酒店企业所需要的理想人才。

2. 酒店外部招聘的程序

酒店根据其外部招聘计划确定的所需员工的数量和质量要求进行公开招聘，其规范程序一般分为六个步骤：

(1) 发布招聘空缺职位的信息。
(2) 同应聘者进行初步面谈，经过筛选后发给职位申请表。
(3) 审核职位申请表及有关资料。
(4) 正式面谈与测试。
(5) 体格检查。
(6) 议定工资、待遇、正式聘用。

第三节　酒店员工的培训

酒店经过内部的提升和调职以及外部的招聘，可以获得基本适应酒店需要的服务人员和管理人员。然而，这些员工能否胜任酒店的工作，还需看这些员工是否具备相应的工作能力，这种能力往往由酒店对他们进行培训而产生的，所以，酒店人事部门在招聘工作完成之后的重要工作就是对员工的培训。

一、酒店员工培训的含义

酒店员工培训是指酒店企业实现组织自身和员工个人的发展目标，对全体员工进行有计划的培养、教育和训练活动，使之提高与工作相关的态度、知识、技艺和能力等素质，以适应并胜任职位工作。它包含以下几层含义：

（一）培训的最终目的是实现企业和员工的发展目标

对酒店企业而言，其目标包括开发新产品、提高服务质量、提高劳动效率和经营效益、提高市场占有率、提升企业竞争力等。员工个人发展目标包括满足个人职业兴趣、增长知识和才干、职务升迁、实现自我价值等。

（二）培训的直接目的是为了提高员工的素质

员工培训主要针对职位和工作的具体要求，向受训人员传授和训练与工作相关的知识、技艺、能力及态度，通过培训提高员工素质，使其适应工作的需要，有效地履行工作职责。

（三）培训是企业的全员性、制度化的活动

在酒店企业中，所有员工都应纳入培训体系，接受不同层次不同类型的培训。培训应是计划性、战略性和经常性的活动，而不应被当作随意性、权宜性或一次性的活动。员工培训应该形成一种制度。

（四）培训是一项系统工程

培训服务于企业发展的战略目标，并与其他部门活动紧密相连，且其本身又是一项较为复杂的系统工程。培训涉及诸多问题，如确定培训需求与人员、确定培训目标、设计培训内容、选择培训方式、落实培训方案、评估培训效果、转化培训成果等。

二、酒店员工培训的重要意义

（一）培训可以提高员工素质，拓展员工生存和发展空间

现代社会是一个生理寿命延长，知识寿命缩短的社会，知识也有"保鲜期""有效期"，如果不能与时俱进及时更新就会贬值。原来胜任职位工作的员工，如果不经常培训，也会沦落为不合格员工。通过培训，员工学到了知识，提高了技能，增长了本领，进而增强就业能力增加个人收入；通过培训，员工不仅能够出色地完成本职工作，还有助于扩大知识面和扩展工作领域，事先储备将来担任更重要职务所需要的学识技能，为晋升发展创造必要的条件；通过培训，可以使员工熟悉业务，在工作中得心应手，游刃有余，工作就会产生自豪感，工作积极性会极大提高，对工作充满自信，提高职业安全感；通过培训，员工不仅学习岗位操作技能，专业知识，而且学习生活技巧，创新思维，潜能开发，团队精神，学会如何学习、如何工作、如何生活，成为新时代的新人。

（二）培训可以提升酒店企业核心竞争力，使企业成为可持续发展的学习型企业

一个企业要想在激烈的市场竞争中生存并实现可持续发展，成为长寿型企业，关键在于企业组织能否适应环境的变化，满足市场竞争的需要；关键在于企业能否形成核心竞争力，树立起良好的企业形象。酒店企业面临复杂多变的市场竞争，日新月异的顾客需求，如果不想被市场无情淘汰，保持顽强的生存能力和旺盛的发展力，只有坚持持续不断的培训。培训要致力于建立学习型组织。而要成为学习型企业就要实现三个转变：从"要我学"到"我要学"的转变，从"个人学"到"群体学"的转变，从"一次学"到"终身学"的转变。

（三）培训可以降低损耗，减少事故的发生，增加企业效益

据统计，酒店中发生事故的原因有三种：疏忽和大意、缺乏胜任工作的技能和技巧、器具配备不当和工作环境问题。酒店通过培训可以使员工在工作中提高安全意识，形成良好的工作习惯，掌握娴熟的工作技巧，从而减少事故的发生，进而降低浪费与损耗，增加企业效益。有关研究结果

也显示,培训可以减少3%左右的浪费,未经培训员工的事故发生率几乎是受过培训员工的3倍。

(四)培训有利于吸引人才,留住人才。

现今,越来越多的管理者都把培训当成一种投资而非成本,因为知识是企业最宝贵的财富,对人的投资是回报率最高的一种投资。而人们的就业观念也并不只倾向于优厚的报酬,而是更关注自己未来的发展。所以酒店具备完整的职业培训计划,对择业者更具吸引力,也更容易留住人才。国际上有名的德勤国际人力资本咨询服务公司曾经对我国一些企业进行调查发现,国内企业员工最不满意的不是薪酬,而是没有提供培训机会和职业生涯的发展规划。

三、酒店员工培训的内容和类型

(一)酒店员工培训的内容

酒店完整的员工培训应包括以下三个方面的内容:

1. 员工知识的培训

知识素质是人力资源素质的主要组成部分,知识学习是培训开发的主要方面。知识培训是对受训员工按照岗位要求进行专业知识和相关知识的教育。通过培训,除了使员工具备完成本职工作所必需的知识,让员工了解企业的发展战略、经营方针、经营状况、规章制度等基本情况,以便员工增强参与精神,发挥更大效能。

2. 员工技能的培训

员工技能的培训是为了提高员工的专业水平和工作能力。通过培训,使员工掌握完成本职工作所必需的技能之外,还要进行处理人际关系技能、解决问题技能、沟通技能、创新技能等的培养。

3. 员工态度的培训

态度决定一切。员工对企业、对工作所持的态度,直接影响到员工的士气和企业的绩效。态度培训的核心是企业的经营理念和敬业精神。必须通过培训,建立起酒店与员工的相互认同和相互信任,培养员工对企业的忠诚,培养员工应具备的精神准备和态度,增强酒店的凝聚力。

(二)酒店员工培训的类型

1. 岗前培训

岗前培训是指在新员工上岗前为了适应工作的需要而对他们进行的各种培训活动。岗前培训分为一般性岗前培训和专业性岗前培训。一般性岗前培训是对新入门的员工就酒店的经营历史、酒店的经营宗旨和经营方针策略、酒店的组织机构、酒店工作的性质和特点、酒店对员工的素质要求、职业道德、规章制度、安全知识等进行的教育。专业性岗前培训主要侧重对新员工分部门、分工种进行的针对性较强的规范标准、程序和技能、技巧方面的训练。

2. 在岗培训

在岗培训是员工不脱离工作岗位所接受的培训，是员工培训的最主要形式，贯穿员工工作的全过程。由于酒店在发展中不断要求员工树立新观念、掌握新知识、新技能，因而必须对员工进行岗位培训。在岗培训可采用现场培训：如岗位练兵、技术表演比赛、专题讲座等；业余教育：如员工参加电大、夜大、函大及各类业余学习班的学习。

3. 晋升培训

晋升培训是指酒店员工被提拔到更高职位前使晋升人员的能力达到晋升职位的规范要求而进行的训练活动。

四、酒店员工培训的方法

酒店常用的培训方法主要有下面几种：

（一）讲授法

这是一种最常用的培训方法，由培训人员用讲授形式传播知识的一种方法，适合于进行知识性的培训。为了提高培训效果，应注意理论联系实际，加强培训师与受训者的之间的互动、反馈和交流。提倡启发式、开放式等教学法。尽可能发挥投影仪、录像机、幻灯等多种形式传播教具的作用，激发学员的学习兴趣。

（二）讨论法

由培训者提出讨论题，设定一定的限制条件，组织和引导学员进行讨论，开拓学员思维能力，最终得出正确结论的培训方法。采用讨论法应做到"四定"：定好主题，定好主持人，定好形式，定好时间。

（三）案例研讨法

就是把酒店发生的案例让参与者进行剖析、研究，并提出见解或处理办法的一种培训方法。运用这种方法要注重启发和挖掘学员的分析、判断和决策能力。案例应来源于实践，具有典型性、普遍性、实用性，要关注真实的细节，案例的答案不是唯一的。

（四）角色扮演法

就是让员工模拟实际情景，扮演各种角色进行训练的一种方法。这种方法趣味性强，适用于管理人员、服务员。角色的互换，使学员体验所扮演角色的感受与行为，从而可以改进和提高自己在职位上表现出的态度与行为。

（五）四步培训法

因为其培训过程分为四个阶段而得名。第一步是讲解，主要是把相关理论讲授给受训者；第二步是示范，示范操作程序和要点；第三步是实习，要求受训者在基本掌握操作程序后，自己实习操作，培训者还要随时纠正；第四步是受训者重复练习，直至熟练。

（六）操作示范法

是为了使员工了解和掌握工作的程序以及正确的操作方法，培训者在工作现场或模拟的工作环境中进行讲授和技术示范表演。

五、酒店培训效果的评估

培训是一种投入，这种投入是否有效，对此要进行评估。酒店培训效果的评估可采用以下几种方法：

（一）测试比较评价法

即通过考试、测试等方法，来了解受训人员在培训前后对知识和技能的掌握有多大程度的提高。

（二）调查法

即通过问卷调查、实际跟踪调查、座谈会等形式，了解培训学员对培训内容的设定、培训的形式和培训人（主要是其培训水平）是否产生兴趣。没有兴趣的培训是失败的培训。

（三）工作绩效评价法

考察受训者在培训前后的工作表现是否有变化，工作上是否取得成绩。如果受训者确能表现出高度的工作热情、良好的工作态度，责任心增强，工作质量提高，则表明培训具有成效。

（四）指标评价法

即通过与培训相关的一些指标的统计分析来检验培训的效果。如差错率、整理客房的速度、投诉率等。

第四节　酒店员工的激励

酒店企业人力资源的开发，其实质在于开发酒店员工的潜能，并使他们充分施展自己的才华，其关键在于建立有效的激励机制。激励是人力资源开发与管理的核心。

一、激励的含义

所谓激励，顾名思义，就是激发和鼓励的意思。激励是指激发人的动机，使人产生内在的动力，并向着一定的目标行动的心理活动过程，也就是调动人的积极性的过程。美国企业巨子艾柯卡有言：企业管理无非就是调动员工积极性。而调动员工积极性正是激励的主要职能。

二、激励的作用与意义

（一）激励有利于调动员工的积极性

激励能够充分调动员工的积极性、主动性和创造性。使人的潜在能力得到最大限度的发挥。美国哈佛大学心理学教授威廉·詹姆士研究发现，在缺乏激励时，员工仅能发挥其实际工作能力的20%～30%，如果受到充分激励，其潜力可以发挥到80%～90%。由此可见，激励能起到重要作用。

(二)激励有利于提高员工的素质

企业通过运用不同的激励手段,在激励方向上对员工加以引导,可以提高员工的道德素养;对坚持学习科学文化知识与业务知识的员工给予大力表彰,对安于现状、不思进取的员工给予适当的批评,有助于形成良好的学习风气,提高员工知识素养;对钻研业务、工作勤奋,贡献突出的员工给予奖励,对业务生疏,工作失职的员工给予惩戒,有助于形成竞争氛围,使员工的业务素质得到提高。

(三)激励有利于增强酒店的凝聚力

酒店兴旺发达,不断发展的动力源于酒店的凝聚力。酒店的凝聚力使得员工把自己的理想、事业、追求、命运和酒店的发展紧紧维系在一起,使得员工自觉自愿地为酒店的兴盛兢兢业业地努力工作。而凝聚力不会自然产生,其黏合剂就是激励,通过激励措施,使员工和酒店形成命运共同体。

(四)激励有利于企业吸引人才

市场的竞争归根结底是人才的竞争,"争天下者必先争人,取市场者必先取人",谁拥有人才优势,谁就能抢占先机,在竞争中立于不败之地。为了吸引、留住人才、企业应采用多种激励方法,如向员工提供养老金、集体人寿保险、优厚的医疗保险待遇、丰厚奖励等创造一个保障充分、奖惩分明的工作环境。"事业留人、待遇留人、机制留人"讲的就是这个道理。

三、了解员工需要是有效激励的前提

(一)员工的需要是客观的

需要是指人们在一定的条件下对某种事物或目标的渴求。需要不仅是人的生理本能,也是人类社会生存和发展的必然,是客观存在的。员工的需要是多方面的,既有对金钱、物质的需要,也有对事业、成就、精神方面的需要。作为酒店管理者应该承认员工的需要,并尽量了解掌握员工的需要。

(二)员工的需要是发展的

酒店员工的需要会随着社会发展而发展,随着环境变化而变化。一位员工在应聘时的需要是能被录用,找到一份工作。但进入酒店后,则希望能分配到称心如意的工作,进而在工作中有所发展。这是正常的需求变化。所以,酒店管理者应该正确对待员工的需求变化并加以引导。

(三)员工的需求是有层次的

美国心理学家马斯洛把人的需求划分为五个层次:生理需求、安全需求、社交的需求、尊重的需求、自我实现的需求。在人的基本需求得到满足之后,就会产生更高一级的需求。比如物质生活尚未得到保证,甚至连温饱都不能得到解决的时候,尊重的需求、自我实现的需求等也许就十分微弱或根本没有。当然需求也因人而异。作为酒店管理者,关键是分析掌握不同类型员工的不同需求。

四、激励的原则

(一)目标一致性原则

在激励机制中,设置目标是一个关键性环节。被激励的员工必须有明确的目标,这些目标必须与企业的目标相一致,必须同时体现企业的利益和员工的利益,唯此才能产生良好的激励效果。

(二)物质激励与精神激励相结合的原则

物质激励是指对员工的物质需要予以满足;精神激励是对员工精神需要予以满足。物质激励是激励的主要方式。当人们的物质需要得到一定程度的满足以后,精神需要就成了主导需求,满足他们的精神需求,能更为持久,有效地激发人们动机。所以,物质激励与精神激励要结合起来,才是科学的,符合人性的。

(三)正激励与负激励相结合的原则

所谓正激励,就是当一个人的行为表现为符合企业目标时,通过表彰和奖赏来支持、强化这种行为,以达到调动工作积极性的目的;所谓负激励,就是当一个人的行为不符合企业目标时,通过批评和惩罚,使之减弱或消退来杜绝类似行为的发生。正、负激励都是必须而有效的。但一般来说,正激励对实现企业目标的效果要好于负激励,长期经受负激励将导致员工工作情绪低落,自信心消磨,能力受到抑制,工作积极性减退,工作绩效低下。

(四)内激励与外激励相结合的原则

所谓内激励是通过启发诱导的方式,培养人的自觉意识,使他们的工作热情建立在积极主动的基础上,充分发挥出内在的潜力。如通过思想教育和学习,培养员工的责任心,集体荣誉感和成就感,引导员工勤奋工作。所谓外激励就是通过采取外部措施,奖励企业所欢迎的行为,惩罚企业所反对的行为,鼓励员工按企业所期望的方向做出努力。如企业的规章制度,奖罚措施等都是外激励的表现形式。内激励带有自觉性的特征,外激励则表现出某种程度的强迫性。

(五)公正原则

公正是激励的一个基本原则。实施激励,必须对全体员工一视同仁、不偏不倚,该奖则奖,当罚则罚,赏罚严明,赏罚适度,激励措施才能奏效。反之,借助权力或私人感情搞偏袒,有失公正,则会造成消极后果,产生负面影响。

(六)时效原则

激励要把握适当的时机,才能有效地发挥作用。"雪中送炭"和"雨后送伞"效果是不一样的。一般而言,激励要紧跟事件发生时间,及时实施,要避免"延期"激励,提高激励的时效性。

五、员工激励的方式

(一)目标激励

即通过给员工设置一定的目标,促使员工以积极的行动去实现目标。员工个人目标要与企业目标结合起来。通过完成个人目标而实现企业目标,一方面实现了员工自我价值,另一方面让员工看到了自己在企业中的价值、地位和作用,从而产生巨大的激励作用。

(二)尊重和关怀激励

管理界有一句名言:爱你的员工吧,他会百倍地爱你的企业。领导对下属的尊重和关怀是一种有力的激励手段。从尊重员工劳动成果到尊重员工的人格;从关怀下属的政治进步到帮助解决工作与生活上的实际困难,都能产生积极的心理效应,形成平等和谐的人际关系,激发员工敬业、乐业、创业的精神。

(三)强化激励

即通过奖励期望行为或惩罚问题行为来强化人们的正面行为和抑制反面行为,从而达到激励的效果。奖励可分为物质奖励和精神奖励两方面。物质奖励包括工资津贴、奖金及各种实物。精神奖励包括授予各种荣誉称号。惩罚主要包括行政纪律处分和经济处分。

(四)示范激励

榜样的力量是无穷的。榜样激励能产生"明星效应",形成良好的、积极的、健康的企业文化氛围,影响人、感染人、带动人。酒店要大力宣传榜样员工的先进事迹,使其在员工中起到激励的作用。

酒店领导者的行为也具有示范作用,产生的激励效果最强,领导的良好行为,模范作用,以身作则就是一种无声的命令,能有力地激发下属的积极性。

(五)信任激励

管理者充分信任员工并对员工抱有较高期望,员工就会充满信心,就会唤起员工的责任感、自豪感和荣誉感。信任员工,意味着充分授权。充分授权意味着管理者相信员工的判断力和处理问题的能力。员工因为得到授权而在工作中更加得心应手,能为宾客提供更好的服务。信任员工,就要让员工参与企业管理,充分发挥员工的聪明才智,激励员工更努力的工作。

(六)薪酬激励

薪酬是保障和改善员工生活的基本条件,也是员工个人价值的一种体现,薪酬能极大地影响人们的工作行为(在何处工作及是否留下)和工作绩效,在很大程度上影响着一个人的情绪、积极性和能力的发挥等。合理的薪酬设计与管理,能留住优秀员工,淘汰表现较差的员工,使员工以更高的忠诚度和更好的业绩为企业服务。

（七）竞争激励

人人都有实现个人理想和抱负，追求事业成功的欲望，但这种欲望只能在竞争中实现。竞争的工作环境能给人以较大的刺激，促使人努力拼搏、不断奋进。酒店引进竞争机制，开展员工之间、部门之间的竞争活动，营造公平竞争的环境，如竞争上岗，班组竞赛等，都可以极大的激发员工的干劲。

（八）股权激励

企业产权结构的变化，产生了股权激励这种新的物质激励形式。通过员工持股和授予管理者股票期权的形式，可以有效地提高员工的满意度和员工的绩效水平，起到激励的作用。

【案例一】
湖北花源酒店的快乐培训

为配合争创"四星"活动，促进服务质量和管理水平上新台阶，湖北省仙桃市花源酒店确定从2004年3月份起对全店员工进行拉网式培训，并进行了几项新方法的改革和尝试，经过一段时间的试行，效果明显。

系统主题设计。以往的培训工作是部门报计划，人事培训部定培训大纲，部门再落实，内容是"老三篇"，时间一长，管理人员黔驴技穷，员工学习空乏无味。针对这些实情和争创"四星"的活动要求，酒店管理层确定了近20个培训主题，每个主题有一个理念式题目，如"让我们更有气质（主要讲仪容仪表）"；"让我来帮您（主要讲宾客意识）"；"把有意见的客人变成忠实的客人（主要讲处理客人投诉）"；"忍让是最好的服务美德（主要讲为特殊客人服务）"；等等。对受训者而言，一个理念，使印象更深刻，记忆更长久。实践证明，有针对性的选题，在培训工作中至关重要。

培训训导师。如何上好培训课，外资酒店已有一些较为成熟的经验和方法，但对很多缺乏专业训导师人才的"内资"酒店，还是一个难题，对刚走上经理岗位的管理人员更是难上加难。为了让培训更具实效，真正锻炼一批管理者，管理层因地制宜，有针对性地进行了分工。分配每位经理一到两个课题。在此之前首先是把每位经理培训成一个合格的导师，教会他们如何领导培训、如何做好个人展示、如何做好教案、如何利用 PowerPoint 做授课软件、利用 FrontPage 做网面、如何使用多媒体设备进行培训等。

通过管理层精选培训主题，训导师尝试不同风格的培训方式，并借助多媒体教学，三位一体使培训课焕然一新。第一轮试讲，便给人以百倍信心。光有这些还不够，管理层通过对个人培训课的评估、辅导，使得各位经理互相取长补短，创新求异。训导者既有压力，又有动力，营造了一种比学赶超的学习氛围。经过反复修改和试讲，他们由衷感慨地说："现在的培训课，上了新台阶。"

实施快乐培训。以过去眼光去看，服务意识的相关知识培训理论多，操作少；填鸭式培训，枯燥无味，员工不愿听，容易打瞌睡，训导师不愿讲，简单应付。通过对训导者进行培训，管理层确定了以多媒体为载体，以情景剧为手段，以训导师和学员互动为宗旨的快乐培训法。只要到现场亲临感受，都会有这样的感觉，幻灯投影录相十八般技法，对学员既新鲜，又有趣。20名以内的学员人人可以参与，训导者启迪，受训者配合，发奖品，做游戏，气氛活跃。难怪受训员私下议论"这样的培训课还真有意思"。

培训告一段落后，该酒店还将建立并完善培训系统的组织结构、培训大纲、通过局域网建立培训考核和培训档案，真正将培训工作建立在一个较科学的平台上。

分 析：

酒店的培训工作的重要性不言而喻，但如何提高培训效果，却是很多管理者亟待解决的问题。很多酒店的培训流于形式，要么不了解员工的需求，缺乏针对性；要么培训手段落后，效果很差；或者培训内容枯燥乏味，提不起员工的学习兴趣，等等不一而足。培训工作要富有成效，就必须创新。本案例中，花源酒店进行了积极的尝试，培训主题设计富有特色，培训手段、方法多样化，以快乐培训激发起员工学习的积极性。他们的做法为其他酒店的培训工作提供了有益的借鉴。

【案例二】
特殊的"店庆"

北京昆仑酒店是一家合资酒店，先由境外酒店管理公司管理，后来由上海"锦江"接手管理。昆仑酒店周年的店庆是怎么样去组织的呢？多数酒店的店庆是：请客、吃饭、领导讲话、发纪念品，然后走人。但"昆仑"的老总不这样做，昆仑店庆也没有花多少钱，而是让所有的部门经理以上的管理人员到员工餐厅为员工服务。从点菜开始，到为员工把饭菜亲自端到餐桌上；吃完饭之后，他们又收碗碟、洗涤整理。真正让员工当一次客人，让管理人员体会一次做服务员的感觉。这就是昆仑酒店一次特殊的店庆。这件小事，反映出酒店"员工第一"的管理思想和理念，体现了酒店对员工的尊重、关心和重视。员工们的感觉非常好。

分 析：

旅游酒店的成功秘诀之一是员工向客人提供感情服务。"只有愉快的员工，才有愉快的客人"这一酒店业的名言几乎人人皆知，然而究竟怎样才能让员工愉快呢？这是酒店管理者一直在思考的问题。其实极其重要的一点就是领导要尊重员工，善待员工，用以情感人的手段去激发员工提供优质服务的积极性。本例中昆仑酒店抓住店庆这一契机，通过让管理者为员工进行服务把酒店领导的一片真情实意传输给广大员工，这是尊重员工、善待员工成功的一例。昆仑酒店领导的这一举措会产生巨大的激励作用。可以想像，只要酒店各级管理者都能尊重员工，关心员工，向员工献出一点爱心，整个酒店员工便能在温暖的氛围里向客人多献一份爱意。

重点思考题

1. 人力资源开发的含义是什么？
2. 酒店员工培训的内容是什么？
3. 试结合酒店实际论述如何对员工进行有效的激励。
4. 酒店员工招聘的途径有哪些？
5. 我国酒店人力资源开发管理方面存在哪些问题？请你谈谈如何解决这些问题？

第七章 现代酒店财务管理

● **学习提要**

现代酒店财务管理是酒店经营管理系统中的一个子系统,是从价值上对酒店经营进行的一种综合性管理,它的主要任务是围绕酒店经营目标,保证酒店在经营活动中得以顺利进行所需资金提供,制定财务决策,搞好财务控制和实施财务监督。

● **学习目标**

掌握酒店财务管理的基本理论;理解酒店资金、酒店成本费用的管理;了解酒店经营成果与财务分析指标。

第一节 现代酒店财务管理概述

一、现代酒店财务管理目标

任何企业的经营活动,都是以获取经济利益为目的的。当然酒店企业也不例外。在日常的经营管理活动中,酒店企业以宾客的消费需求为中心,从企业内部实际情况出发,结合市场变化状况,适时、科学地安排经营活动,使企业的人力、物力、财力得到科学合理的利用,最终实现经营目标,获取经营利益。经营利益的获取是所有企业从事经营活动的出发点和归宿点。尽管酒店在经营活动中始终处于生存与破产、发展与消亡的矛盾之中,但这并不影响经营者实现经营目标的追求;相反,成为众多"兵家"调资遣财、锤炼企业,获取利益的场所。从这一点来看,生存、发展、获利将始终伴随着每一个企业经营者,它将成为酒店企业今后发展必须面对的一个根本性问题。

酒店管理的目标,最终落脚到企业的生存、发展和获利上;而酒店财务管理的目标则须从其资金的筹集、运用上抓起,重点强调其利益的获取和效益的提高。关于现代酒店企业的财务管理目标的综合表达观点较多,这里主要介绍以财富最大化为目标的观点。

本观点认为:财富最大化或企业价值最大化是财务管理的目标。酒店企业价值在于给所有者带来未来报酬,包括获得股利和出售其股权,换取现金。如同商品的价值一样,酒店企业的价值只有投入市场才能通过价格表现出来。而此时的价格应该说是在考虑资金的时间价值及风险报酬前提下,对酒店价值的客观评价。所以财富的最大化应该是酒店企业的财务管理的最优目标。

二、现代酒店财务管理的内容

现代酒店财务管理的对象是经营过程中的资金运动,它体现了酒店经济活动过程中所形成的经济关系。从其内容上来看,它包含了资金从筹集、运用、回收到分配的全部过程,概括起来主要有以下几个方面:

(一)资金管理

1. 筹集和投资管理

酒店企业为了实现其经营目标,按计划从各种渠道筹集资金进行投资活动的管理。

2. 各项资产管理

主要包括流动资产管理、长期投资管理、固定资产管理、无形资产管理、递延资产及其他资产的管理。

除上述之外,还包括对酒店各种外汇资金及其风险资金实施的管理。

(二)成本与费用管理

主要是对酒店成本与费用的开支标准、开支项目、开支范围的管理。

(三)营业收入和利润的管理

主要是对酒店收入的实现及其成果分配进行的管理。营业收入和利润是反映酒店经济效益的基本指标。

(四)酒店财务分析

主要是对酒店计划预算的执行、经营状况及其未来发展趋势、盈利能力和偿债能力等方面进行分析研究和评估。

第二节 现代酒店资金成本费用管理

一、现代酒店资金的管理

(一)酒店筹资和投资的管理

1. 酒店筹资的管理

(1)酒店筹资的方式

酒店筹资的方式很多,但概括起来有两大类。一类是接受投资者投入的资金及酒店内部积累资金,即酒店的自有资金;另一类是向债权人借入的资金,即酒店的负债资金。

① 酒店自有资金

酒店自有资金主要由酒店投资人投入的资本金和企业经营积累所形成的资金构成,它包括资本金、资本公积金和留存收益三部分内容。

资本金是酒店在工商行政管理部门登记的注册资金,是企业实际收到投资者投入的资金。它是所有者权益最基本的构成部分。资本金的筹集,主要是通过发行股票或集资的方式来筹集的。酒店资本金按其投资的主体不同,可分为国家资本金、法人资本金、个人资本金和外商资本金等。酒店资本金可由投资者以各种形式的资产来进行投资,它主要包括现金、实物等有形资产和无形资产等。

资本公积金,同样也是酒店所有者权益的一部分,这是一种资本储备形式。主要包括资本溢价、法定财产重估增值、资本折算差额和接受捐赠等四个方面。它是酒店资金来源的一个重要途径。

留存收益是指酒店经营所得利润的内部积累,是从税后净利润中提取而形成的。它主要包括盈余公积金、公益金和未分配利润。

② 酒店负债筹资

负债是酒店企业最主要的筹资形式。酒店在经营发展过程中,资本筹资的有限性、企业经营规模的扩大及负债筹资的高资本收益率都说明企业经营过程中负债筹资的必要性。下面我们主要从银行借款、发行债券、融资租赁、商业信用等筹资形式,给大家介绍一下负债筹资的内容。

银行借款,是指酒店根据借款协议或合同向银行和其他金融机构借入的资金款项。按期限长短银行借款可分为短期借款和长期借款两类。期限在一年以上的各种借款为长期借款,其主要用于酒店长期资产投资和永久性流动资产需要;期限在一年以内的各种借款就是短期借款,它主要解决酒店企业暂时的现金需要而向银行借用的款项。目前,我国中外合资酒店企业这部分借款占到流动资金平均需求的70%左右。

发行债券,是指酒店企业为筹集资金而发行的,约期还本付息的借贷关系的有价证券。按照偿还期的不同,债券可分为短期债券、中期债券和长期债券。其中,长期债券期限一般在十年以上。尽管发行债券,可以解决企业在一定时期对资金的需要,但这种方式缺乏财务灵活性,定时付息,到期还本,势必给酒店造成很大的财务压力,严重影响酒店的经营与发展,甚至危及酒店的生存,致使企业破产。所以在采用这种方式筹集资金时,一定要认真考虑酒店实际能力,避免陷入债务危机。

融资租赁,是一种新兴的信贷方式。它是出租人以收取租金为条件,在契约或合同规定的期限内,将资产租给承租人使用的一种经济行为。它主要涉及出租人、承租人、租金、租赁资产四个基本要素。租赁的形式有融资租赁、营业租赁、服务租赁等,其中融资租赁是最为常见的形式。当酒店需购买大型设备而又缺乏足够资金时,可以向租赁公司租用该设备,通过融物来达到融资的目的。虽然,融资租赁最为常用,但经营者仍需认真考虑，科学分析比较，合理选择适合酒店今后发展的筹资方式。

商业信用，是一种从供应商处以应付货款和应付票据的方式筹集资金的方法。从筹资角度来看，商业信用的偿还压力和风险较大，但成本低，有时甚至无成本。其主要形式有应付账款、应付票据、预收货款等。

（2）资本成本

在市场经济条件下，酒店筹集和使用资金，都要付出代价。资本成本就是酒店为筹集和使用资金而付出的代价，它主要由筹资费用和使有费用两部分构成。前者是指在筹资过程中获得资本而付出的费用，如手续费、发行费等；后者是指酒店企业在经营过程中因使用资金而支付的费用。如股利、利息、债息等。资本成本既可以用绝对数表示，又可以用相对数说明。一般情况下，资本成本都是用相对数来表示的。用公式表为：

$$K = D \div (P - F) \times 100\% \text{ 或 } K = D \div P(1 - f) \times 100\%$$

其中：K 为资本成本；D 为使用费用；P 为筹资总额；F 为筹资费用；f 为筹资费用率。

当然，资本成本还可以按其筹资的方式不同，分别确定不同的资本成本，但因篇幅内容有限，我们在此不便赘述。

2. 酒店投资的管理

酒店业是个资金密集型行业。酒店的发展始终离不开资金的支持，可以说酒店经营过程中资金的投入是企业维持和扩大生产经营的前提与基础。然而，经营过程中投资的方向、投资的规模及投资的结果，必将对酒店企业今后的发展、战略决策产生十分重大的影响。

（1）酒店投资的分类

① 按投资对象的存在形态划分。主要划分为实体投资与金融投资。

② 按回收的时间长短划分。主要划分为长期投资和短期投资。

③ 按投资的方向划分。主要划分为对内投资和对外投资。

④ 按投资在再生产过程中的作用划分。主要划分为初创投资和后续投资。

⑤ 按投资项目之间相互关系划分。主要划分为独立投资、互斥投资和互补投资。

从上述分类中我们可以看出，划分标准不同，其分类结果也不尽相同。上述分类只是对酒店投资类别进行了简单的描述。虽然有些分类相互交织在一起，很难准确分开，整个分类还存在着一定的缺陷。即便是这样，这种分类对我们进一步深入地研究酒店投资仍有积极的推动作用。

（2）酒店投资项目的财务评价

对酒店投资项目进行财务评价是酒店财务管理的客观要求。酒店投资者在进行投资活动时有必要借助于财务评价体系，对投资成果进行科学、全面的评述，以便抓住经营决策的实质和关键，为企业战略决策服务。财务评价指标有两大类：

① 静态指标。主要包括投资回收期（RPI）、投资利润率等。

② 动态指标。主要包括净现值(NPV)，内部收益率(IRR)等。

(3) 酒店投资风险

对大多数投资活动来讲，都存在一个风险问题。酒店投资也不例外。所谓酒店投资风险是指一项投资所取得的结果与原期望结果之间的差异性。这种差异性的出现主要是由于投资者对市场预期的不正确及经营缺乏应有的效率造成的。比如固定资产投资，它的投资周期长，各个时期的现金流量难以准确把握，未来时期的各种不确定因素比较多。所有这些都会使投资者对市场的预测出现偏差，从而使整个投资方案带有很大的风险性。为了降低投资风险，对投资活动进行分析研究，就显得十分必要了。关于投资风险的研究，主要集中在投资风险的衡量上。投资风险如何计量测算，这是一个十分复杂的命题。目前通常是以能反映概率分布离散程度的标准离差来确定。由于它涉及的内容很广泛，我们这里就不作介绍了。

对酒店而言，虽说投资风险不可避免；但随着其风险程度的加大，投资者预期的收益率都在提高。酒店投资风险管理的目的在于追求在特定风险条件下投资收益的最大化或风险的最小化。其实，这就是财务管理观念在酒店投资风险管理目标上的进一步体现。

(二) 酒店资产的管理

1. 酒店流动资产的管理

在酒店企业资产中，流动资产是企业的劳动对象，是企业进行生产经营活动的基础，它是酒店资产的重要构成部分。具体来讲，酒店流动资产是指能够在一年或超过一年的一个营业周期内变现的资产。主要包括酒店货币资产，酒店债权资产，酒店存货资产和酒店其他流动资产等内容，下面我们主要从四个方面加以讲解。

(1) 酒店货币资产管理

酒店货币资产是以现金形式存在的。现金是指企业占用在各种货币形态上的资产，包括库存现金，银行存款及其他货币资金。

现金是标准支付手段，正常的酒店经营活动，必须保留一定数量的现金储备，这是因为随着酒店经营活动的进行，随时会发生大量的现金流入与流出。这种现金的流入与流出将对酒店企业经营的财务状况产生重大影响。

为了达到保证货币资产的流动性，提高其盈利目的，就须对酒店企业的现金情况进行科学、系统的管理，主要可以从两个方面抓起，一是编制现金预算，保证现金收入与现金支出在时间上和数量上的协调；二是做好现金的日常管理，从而提高现金管理质量。

(2) 酒店债权资产的管理

酒店债权资产是指因酒店赊销而形成的对其他企业或个人的货币索取权，它主要包括应收账款、应收票据、其他应收款、预付账款等。在这里我们主要介绍应收账款、应收票据等两个方面的内容。

① 应收账款的管理

在市场经济条件下,酒店为了扩大销售额,提高市场占有率,减少设备设施的闲置,常常向宾客提供信用消费。这样,便产生了债权资产,即应收账款。从本质上来说,应收账款是因为赊销业务而应向客户收取款项的一种短期债权。酒店企业在经营活动中,采用适当的赊销政策,虽可以增加销售利润,但这种应收账款投资收益与坏账损失发生的风险是并存的。这就要求我们在利用赊销政策扩大销售的同时,应尽可能地降低坏账损失、机会成本和管理成本,最大限度地提高酒店应收账款的投资收益。

在实施管理过程中,主要是对赊销额和收款期的控制。酒店赊销额的大小,主要取决于当时采用的信用政策的宽紧。看来要控制赊销额,就必须研究酒店信用政策。酒店信用政策主要包括信用标准,信用条件和收账方针等。信用标准就是客户获得酒店企业商业信用所应具备的最低条件。信用条件是酒店评价客户信用等级,决定给予或拒绝客户信用的依据。主要包括信用期限,折扣期限及现金折扣等。酒店对 30 天付款方案规定付款条件为"3/15,n/30"意思为:若客户能够在 15 天付款将得到 3% 的优惠折价;超过 15 天没有优惠,但必须在 30 天内付清全部款项。在此,30 天为信用期限,15 天为折扣期限,3% 为折扣率。收账方针亦称为收账政策,是指当客户违反信用条件,拖欠甚至拒付账款时酒店所采取的收账策略与措施。

另外,就是收款期的控制。收款期越长,形成呆、死账的可能性就越大。为了更好地控制应收账款的收款期,首先,应及时地掌握应收账款收款期的分布情况,认真编写账龄分析表,并对不同情况采取具有针对性的措施,力求改善应收账款收款期的分布状况。其次,加强应收账款的催收工作,派专人负责本项工作,并可与责任人的经济利益挂起钩来。最后,科学、合理地运用现金折扣。

② 应收票据的管理

应收票据的管理,主要可以从两个方面把握,一个是期票,另一个是汇票。

期票,是由客户签发的并承诺在指定日期无条件支付一定金额给收款人或持票人的票据。持票人手中的期票就是一种应收票据,属于债权资产。

汇票,是由出票人签发,由付款人按约定的付款期限对指定的收款人无条件支付一定金额的票据。汇票有商业汇票和银行汇票两种。在此主要指商业汇票。承兑后的汇票又分为商业承兑汇票和银行承兑汇票。当酒店同意用商业汇票方式结算时,收到并持有的尚未到期的汇票,就构成了酒店的应收票据。在使用商业汇票结算时,应防止违法套现等其他不法行为的出现。

另外,根据会计核算的具体要求,对应收票据,应设置专门的应收票据登记簿,对所发生的每笔业务进行逐笔登记,加强应收票据的日常管理工作。

(3) 酒店存货资产的管理

存货是指酒店在生产经营活动中为销售或耗用而储备的资产，它主要包括原料、燃料、物料用品、低值易耗品、商品等。存货是酒店流动资产的重要构成，它联系着酒店产品的生产和销售。存货的控制或管理效率的高低，直接反映并决定酒店企业的收益，风险和流动性的综合水平。因此，对酒店存货管理绝不能掉以轻心。为了加强对酒店存货的管理，现在我们着重介绍 ABC 分类管理法。

ABC 分类管理法，所谓 ABC 分类管理就是按照一定的标准，将酒店企业的存货划分为 ABC 三类，分别实行按品种重点管理，按类别一般控制和按总额灵活掌握的存货管理方法。采用这种方法实施管理时，需要将酒店存货的每个品种按照使用资金的大小依次排列，计算出排在前面的占累计品种总数 10% 的各品种供应金额的合计数，并以此类推进行计算，见表 7-1。

表 7-1　　　　　　　　ABC 分类表

物资类别	品种占总额	资金占总额	管理方式
A	10% 左右	65% 左右	重点
B	35% 左右	25% 左右	次要
C	55% 左右	10% 左右	一般

从上表可以观察到，A 类存货的特点是金额巨大，占整个库存金额的 65% 左右，但品种数量较少，只占整个库存物资品种的 10% 左右，这也就是我们常说的"关键的少数"，对其应该实施重点管理；B 类存货金额一般，占整个资金总量的 25% 左右，品种数量相对较多，占整个品种数量的 35% 左右，与 A 类相比较，属于次要管理对象；C 类存货品种数量较多，占整个库存品种的 55% 左右，但价值额却很小，占整个库存资产金额的 10% 左右，对 C 类库存产品只需一般管理，就可以收到比较好的管理效果。总之，通过对酒店存货进行 ABC 分类，可使企业分清主次，合理划分存货类别，以使酒店存货资产得到科学、有效的控制，提高酒店资产管理的效率。

(4) 酒店其他流动资产的管理

酒店其他流动资产指除酒店货币资产，酒店债权资产，酒店存货资产以外的，剩下的酒店流动资产。这部分流动资产不是酒店流动资产管理的重点与中心，但它却是其有效的构成部分，所以在实际管理过程中仍不可忽视。

2. 酒店非流动资产的管理

酒店非流动资产的管理，主要包括两个方面的内容，即固定资产管理和无形资产及其他资产的管理。

(1) 酒店固定资产的管理

固定资产是指酒店那些使用年限在一年以上的房屋、建筑物、机器、机械、运输工具以及其他与生产，经营有关的设备、器具、工具等。有些虽不属于生产经营主要的设备物品，但单位价值在 2000 元以上，且使用期限超过2年的，也作为固定资产。固定资产是酒店资产的重要组成部分，加强对固定资产的管理，有助于充分发挥固定资产的使用效能，提高固定资产的利用效果，为酒店生产经营服务。

① 固定资产的分类

酒店固定资产的分类，是依据一定的标准进行的。划分的标准不同，其分类的内容也有所不同。具体有以下几种分类：

按经营用途分类，可分为营业用固定资产和非营业用固定资产。营业用固定资产是指酒店直接或间接地服务于宾客的固定资产，如客房、餐厅、商场、厨房、各种健身娱乐设施、各类库房、各种供电、供水、供热设施的传输设备等；非营业用固定资产是指不是用于服务宾客的固定资产，如职工食堂、医务室、职工浴室、托儿所等用于酒店职工和福利的设备设施。

按使用情况分类，可分为在用固定资产、未使用固定资产和不需用固定资产。在用固定资产是指正在营业用和非营业用固定资产；未使用固定资产是指尚未投入使用的新增固定资产和停止使用的固定资产；而不需用固定资产则是指不适于本酒店使用或多余的等待处理的固定资产。

按固定资产的所属关系分类，可分为自有固定资产和融资租入的固定资产。自有固定资产是指由酒店企业自己购买或建造，产权归酒店企业自己所有的固定资产；融资租入固定资产是指酒店根据融资租赁合同以融资租赁方式租入的资产。

② 固定资产的计价

固定资产的计价通常有以下三种方式：

按原始价值计价。原始价值是指酒店购建固定资产时所发生的全部货币支出，包括买价、运杂费、保险费等。酒店固定资产因来源不同，其原始价值的确定也有所不同。因该部分内容过于庞杂，我们在此就不作说明了。

按折余价值计价。折余价值，顾名思义是指从固定资产原始价值中减去累计折旧，（即已提折旧的价值）余额后的净额。折余价值反映了酒店当前使用固定资产的实际价值水平。是固定资产新旧程度在价值上的反映，通过与原始价值的对比，有助于有效控制固定资产投资、使用和管理。

按重置完全价值计价。重置完全价值，是指按当前生产条件和价格水平，重新购置固定资产所需的全部支出。在实际工作中，如原始价值记录不全、不准，无法正确反映实际情况的固定资产，经改、扩建后，与原始价值相差太大以及财产清查中盘盈的固定资产可以采用重置完全价值加以反映。

③ 固定资产的折旧

固定资产折旧是固定资产在使用过程中由于不断损耗而转移到酒店经营费用中的以货币形式表现的价值。固定资产折旧既是酒店企业的一项费用，又是一种现金流入。为了正确计算固定资产的折旧，就须明确固定资产计提折旧的范围。

固定资产折旧的范围主要包括两个方面的内容。一方面是酒店需计提固定资产折旧的项目。如房屋及建筑物，在用的机器设备，仪器仪表，运输车辆，季节性停用、修理停用的设备，融资租入的设备及以经营租赁方式租出的固定资产；另一方面是指不需计提折旧的固定资产，包括房屋，建筑物以外的未能使用，以经营租赁方式租入的固定资产，已提足折旧但仍在使用的固定资产，及未提足折旧提前报废的固定资产。国家规定不提折旧的其他固定资产。

至于固定资产折旧的计算，可以从两个方面加以讲述。一方面是直线法计提折旧；另一方面是加速计提折旧法提取折旧。直线法计算中，关键是确定固定资产折旧率。固定资产的折旧的计算如下：

固定资产年折旧率 =（1 − 预计净残值率）÷ 规定的折旧年限

若按月计算固定的折旧额，公式还可进一步的变化，如：

固定资产月提额 = 固定资产原值 × 月折旧率 = 固定资产 × 年折旧率/12

除了平均年限法计算折旧外，还有一种工作量法，这种方法也是直线法的一种，其具体的计算公式如下：

单位里程折旧额 = 原值 ×（1 − 预计净残值率）/ 规定的总行驶里程

除了直线法，下来就是加速计提折旧法。即年数总和法及双倍余额递减法。由于这两种方计算比较复杂，在此不便作进一步的介绍。

④ 固定资产修理

为了使固定资产在酒店生产经营活动中最大效能地发挥作用，搞好酒店固定资产的维修保养工作就成为管理工作的关键。一般来讲，酒店固定资产的修理按其修理范围的大小、修理时间间隔的长短和修理费用的多少，分为大修理和日常修理。大修理主要是对酒店固定资产进行定期的维修，其费用既可采用预提方式核算，又可利用待摊方式核算。日常修理，主要针对酒店固定资产在日常生产经营活动中出现的小毛病，小问题，而采取的一种维修政策。固定资产日常修理费用，可以直接计入酒店当期经营活动中的成本、费用中。

⑤ 固定资金利用分析

这里我们仅介绍一些固定资金分布分析指标及固定资金利用分析指标。

固定资金分布分析：

固定资金占有率 = 酒店固定资金总额 ÷ 酒店资金总量

部门固定资金占有率 = 部门占有固定资金 ÷ 酒店固定资金总量

固定资金利用分析：

每百元营业额平均占用额 = 固定资金平均占用额 ÷ 酒店营业额 × 100%

每百元固定资产营业额 = 营业额 ÷ 固定资产平均占用额 × 100%

（2）酒店无形资产及其他资产的管理

① 酒店无形资产的管理

无形资产是酒店拥有的没有实物形态的长期资产,对它的管理主要体现在无形资产的计价和摊销上。首先,我们看看无形资产的计价。无形资产的计价主要是视其资产的来源加以确定的。如作为投资投入的无形资产、购入的无形资产、自行开发的无形资产、接受捐赠的无形资产等都须分清来源,科学、合理的确定它们计价的大小;而无形资产的摊销一般应采用直线法。这样可以使各期负担的费用额均衡,从而使财务管理指标更具有可比性。日常对无形资产摊销主要集中在有效使用期限。关于使用期限的确定,应以无形资产的有效期限为基础来确定。

② 酒店其他长期资产的管理

酒店其他长期资产的管理主要集中在递延资产、开办费和租赁等三个方面。递延资产是指酒店在筹办和生产经营期间内发生的不能全部计入当年损益,应当在以后年度内分摊的各项费用。开办费是指酒店在筹办期间所发生的费用,如员工工资,职工差旅费,印刷费等。租赁是一种扩大经营规模的有效方式,它有两种方式,一是融资性租赁;二是经营性租赁。融资租赁是通过融物来达到融资的。在这种租赁方式下,融资租赁资产的收益和风险已经发生转移,由出租方转移给承租方。经营性租赁主要是为了解决生产经营的季节性、临时性的需要而进行的资产租赁。在这种租赁方式下,酒店企业只是在租赁期内拥有资产的使用权,与租赁资产相关的风险和报酬并没有发生转移。

二、酒店成本费用管理

成本费用管理是酒店管理的重要内容。酒店企业为了取得较好的经济效益,常常把成本费用的控制和管理放在十分重要的地位,通过经济责任制把成本费用管理与经营责任目标结合起来,使得酒店的成本费用得到全面有效的控制。

(一)酒店成本费用的含义和构成

酒店成本费用是酒店在经营过程中所耗费的全部物化劳动和活劳动的货币形式,是以价值形式表现的社会劳动耗费。客观地讲,酒店经营活动的一切支出最终都要从成本费用上得到反映,成本费用是经营耗费补偿的最低界限,是制定产品价格的基础,同时也是酒店进行经营决策的重要依据。

1. 直接成本与间接成本

直接成本与间接成本是根据成本与产品的关系来区分的。直接成本是酒店经营中发生的能直接认定到某一核算对象的成本,也就是说可以直接进入产品成本中去,如食品原料成本等;而间接成本则是指不能直接认定的成本,如水费,电费等。它们要进入产品成本,需经一定的方法进行分配后,方能进入到产品成本中去。

2. 固定成本和变动成本

根据成本费用与经营业务量的关系,成本可分为固定成本和变动成本。固定成本是指其总额不随着经营业务量的增减而变动的成本，如固定资产的折旧、人员工资、租金等，就属于这种情况。变动成本是指其总额随着经营业务量的变化而成比例变化的成本。如食品、饮料成本、宾客消耗的客房用品等。

在实际工作中，常常会出现一种介于固定成本与变动成本之间的半变动成本，即混合成本。所谓混合成本，是指其总额中既包含变动成本部分也包含固定成本部分的成本项目。如电话费用，汽车租赁，行政报酬，维修保养费等。

3. 营业成本、营业费用、管理费用和财务费用

在酒店财务会计中，常常将酒店成本费用分为营业成本和期间费用，而又把期间费用分为营业费用、管理费用和财务费用。下面我们分别介绍这几个问题。

（1）营业成本

从一般意义上来讲，成本是指购进商品和雇用劳动力时发生的支出，是企业为生产产品，提供劳务而发生的各种耗费，它体现了为取得经营收益而必须耗费的价值，它与酒店企业营业收入有着密切的关系。与营业收入相对应，为取得劳务收入而发生的耗费，就是我们这里的营业成本。

营业成本主要包括：

① 餐饮成本。制作食品菜肴和饮料的原材料、配料、调料的买价。
② 商品成本。酒店销售商品的进价。
③ 洗涤成本。酒店洗衣房洗涤衣物时耗用的原材料、辅料成本。
④ 其他成本。其他营业项目所支付的直接成本。

（2）营业费用

营业费用是指营业部门在经营中发生的各项费用，具体包括运输费、装卸费、保管费、保险费、燃料费、水电费、展览费、广告宣传费、邮电费、差旅费、洗涤费、清洁卫生费、低值易耗品摊销、物料消耗、经营人员的工资、职工福利费、工作餐费、服务费以及其他营业费用。

（3）管理费用

管理费用是指酒店为组织和管理经营活动而发生的费用。其中包括酒店董事会和行政管理当局在酒店的经营管理中发生的，或者应当由企业统一负担的经费、工会经费、待业保险费、劳动保险费、董事会费、聘请中介机构费、咨询费、诉讼费、业务招待费、房产税、车船使用税、土地使用税、印花税、技术转让费、矿产资源补偿费、无形资产摊销、职工教育经费、研究与开发费、排污费、存货盘亏或盘盈、计提的坏账准备和存货跌价准备等。

（4）财务费用

指酒店经营期间发生的利息净支出，汇兑净损失，金融机构的手续费，加息及筹资发生的费用。

(二)酒店成本费用的控制

1. 酒店成本费用控制的基本方法

成本费用控制的方法很多,但较为常用的方法有预算控制法、制度控制法和标准成本控制法等。

(1)预算控制法

预算控制法是以预算指标作为经营支出限额目标,以分项目、分阶段的预算数据来实施成本控制的方法。这种控制方法主要以每个报告期实际发生的各项成本费用总额与预算指标相比,通过分析对比,找出差异,寻求原因,采取措施,来保证成本费用预算顺利实现。

(2)制度控制法

制度控制法是利用国家及酒店内部各项成本费用、管理制度来控制成本费用开支。

(3)标准成本控制法

标准成本是指酒店在正常经营条件下,以标准消耗量和标准价格计算出的各营业项目的成本,再以各营业项目的标准成本作为控制实际成本的参照依据,通过对标准成本率与实际成本率进行比较分析,揭示实际成本下降的潜力,探寻降低成本的方法和途径。

2. 酒店成本费用的日常控制

(1)客房营业费用的日常控制

客房经营是酒店经营的主要项目。在酒店成本费用的日常控制当中,对客房营业费用的日常控制和管理是整个问题的中心。从客房营业费用的概念上来看,客房营业费用是指客房经营过程中发生的各项支出,它的高低直接影响着酒店收益的高低。所以在整个管理控制过程中,应该从客房费用角度出发,把握控制管理的关键。具体来讲,就是按成本性态对酒店企业在客房经营过程中,发生的客房费用进行研究探讨,观察它与业务量之间的关系,并依据其将客房费用分为可变费用和固定费用两部分。通过合理的划分便于对两种不同费用成本进行合理控制。降低单位固定费用,控制单位变动费用,这是酒店成本费用日常控制的两大主题。

(2)餐饮成本的日常控制

餐饮经营是酒店经营的又一大主题。餐饮成本的日常控制,主要体现在直接成本和营业费用控制两个方面。

① 直接成本的控制

餐饮直接成本的高低决定着毛利率的高低。毛利率是毛利额与酒店营业收入之比,即:毛利率 = 毛利额 ÷ 营业收入 × 100%。

毛利是餐饮收入与直接成本之差。它是由费用、税金、利润三者构成的。毛利是产生利润的基础,没有毛利的存在,也就无所谓净利润。

② 餐饮营业费用的控制

餐饮部的营业费用包括人工费,经营用品费,水电燃料费以及其他费用。总之,餐饮成本的日常控制必须落实到日常业务的每一个环节上。

第三节　现代酒店经营成果与财务分析指标

一、酒店经营成果管理

酒店经营成果中最具有代表性的两个指标，一个是营业收入，另一个是利润。它们都是反映酒店经济效益的基本指标，也是酒店进行经营成果管理的重点。

(一)营业收入管理

酒店营业收入是指酒店按一定价格，通过提供劳务或出租、出售等方式所取得的货币收入，它包括出租客房、提供餐饮、出售商品及其他服务项目所取得的收入。

1. 营业收入管理的意义

加强对酒店企业营业收入的管理，有助于营业收入及时、快捷地得到收回，对于确保经营资金正常循环和周转，使酒店经营活动连续不断地进行，创造更好的企业经济效益都具有非常重要的意义。

2. 营业收入内容

从酒店收入项目上来看，营业收入主要包括以下内容：客房房费收入、餐厅餐费收入、自销商品收入、代销商品手续费收入、会场及舞厅租金收入、酒吧收入、冷饮收入、洗衣收入、美容收入、资本收入及其他经营收入等。

3. 营业收入的日常管理

营业收入的日常管理主要从四个方面抓起。第一，要正确核算营业收入。因为它的准确与否，关系到酒店企业最终盈利的准确性。第二，要及时办理结算，尽早收回营业收入。酒店营业收入的方式主要有预收、现收和事后结账三种。酒店企业能否及时收回各种款项，对其今后经营与发展具有重要的意义。第三，广开渠道，扩大销售来源。要想进一步的扩大提高利润水平，企业只有在"开源节流"上多下功夫，才能有一个令人满意的经营结果。第四，要认真执行合同规定。酒店一般都有预订程序，凡经过预订的服务项目，都要认真执行，以保证在客人到来时提供相应的服务。

(二)酒店利润管理

1. 利润的概念和构成

所谓利润是指酒店在一定的时期取得的经营成果，它包括酒店营业利润、利润总额和净利润。

(1)营业利润。营业利润是指酒店在主营业务利润基础上加上其他业务利润，减去营业费用、管理费用、财务费用等期间费用后的金额，即：

营业利润＝主营业务利润＋其他业务利润－营业费用－管理费用－财务费用

其中：

主营业务利润＝主营业务收入－主营业务成本－主营业务税金及附加

其他业务利润＝其他业务收入－其他业务支出

(2) 利润总额。利润总额是指酒店在营业利润的基础上加上投资收益，补贴收入，营业外收支净额后的金额。即：

利润总额＝营业利润＋投资收益＋补贴收入＋营业外支出净额

营业外收支净额＝营业外收入－营业外支出

投资收益是指酒店对外投资所得收益，减去发生投资损失和计提投资减值准备后的净额。

补贴收入是指酒店按规定实际收到退还的增值税，或按销售或工作量方法等依据国家规定的补助金额计算并按期给予的定额补贴，以及对于国家财政扶持的领域而给予的其他形式的补贴。

(3) 净利润。净利润是指税后利润，即利润总额减去所得税后的金额。即：

净利润＝利润总额－所得税

2. 酒店利润管理的考核指标

利润考核经常采用以下几种指标：

(1) 利润额。这是反映酒店主营成果的绝对值指标。它反映了酒店在一定时间内取得利润的总额，它反映了企业经营活动的经济效益情况。

(2) 利润率。这是反映酒店经营成果的相对指标。即：

利润率＝(利润÷营业收入)×100％

(3) 资金利润率。这也是一个相对指标。它是利润总额与全部资金平均占用额之比。即：

资金利润率＝(利润总额÷全部资金平均占用额)×100％

(4) 人均利润率。这是反映酒店在一定经营时期内，每个员工平均实现的利润额指标。即：

人均利润率＝(利润总额÷酒店职工人数)×100％

(三) 酒店财务分析指标

酒店财务分析的指标很多，我们这里主要从三个方面加以介绍：

1. 偿债比率指标

(1) 流动比率。用于衡量酒店流动资产在短期债务到期以前可以变现为现金用于偿还流动负债的能力。

流动比率＝(流动资产÷流动负债)×100％

流动比率高，企业偿债能力强。一般认为企业流动比率为200％时最佳。就酒店企业而言，流动比率在150％～200％，均可说明企业短期偿债能力正常。

(2) 速动比率。用于衡量流动资产中可以立即用于偿付流动负债的能力。

速动比率＝(速动资产÷流动负债)×100％

速动资产＝流动资产－存货

速动比率高,说明企业有较强的清偿能力。一般认为,速动比率在100%或稍高一点为宜。

(3)资产负债率。用于衡量企业利用债权人提供资金进行经营活动的能力。其公式如下:

资产负债率=(负债总额÷资产净值总额)×100%

以上各种指标均反映酒店偿还债务的能力。

2. 营运能力指标

(1)应收账款周转率。用于反映企业应收账款的流动程度,其计算公式如下:

应收账款周转率=(赊销收入净额÷应收账款平均余额)×100%

赊销收入净额=营业收入－现销收入

应收账款平均余额=(期初应收账款+期末应收账款)÷2

应收账款平均收款期=365/应收账款周转率

(2)存货周转率。用于衡量企业的存货是否过量。其计算公式如下:

存货周转率=(营业成本÷存货平均余额)×100%

存货平均余额=(期初存货+期末存货)÷2

存货周转率表示了企业存货的周转速度。

3. 盈利能力指标

(1)资本金利润率。用于衡量投资者投入企业资本金的获利能力。其计算公式如下:

资本金利润率=(利润总额÷资本金总额)×100%

一般来说,该比率越高,投入资本获利越多,说明经营情况良好。

(2)营业利润率。用于衡量企业的盈利水平。其计算公式如下:

营业利润率=(利润总额÷营业收入净额)×100%

该比率越高,企业盈利能力越强。

(3)成本利润率。用于反映企业成本费用与利润的关系,其计算公式如下:

成本利润率=(利润总额÷成本费用总额)×100%

本指标直接反映了企业盈利能力的强弱,综合管理水平的高低。

上述几类指标,都从不同角度揭示了酒店某一方面的财务信息,有助于企业今后进行科学的预测、决策,为发展奠定了坚实的基础。

【案 例】

新湖饭店:标本兼治——为节约者设大奖

洛阳市新湖饭店坐落在繁华市区,是一家中外合资的现代化宾馆。饭店里装饰高雅、气势恢宏,给洛阳人带来了崭新的消费概念,甚至连为住店的客人配备的一次性用品也成了人们竞相收集的精品,导致一次性用品通过非正当渠道大量流出酒店,仅一个月就损失了约5万多元,而且屡禁不绝，形成了一个巨大的"黑洞"。

巨大的"黑洞"震动了新湖酒店的全体员工。

据调查，大量流失的一次性用品，除了少部分是由房客带走外，大部分是由酒店服务员顺手牵羊，带出去送给亲戚朋友，个别胆大包天的还用提包偷走整盒整盒的香皂、牙具，然后在自家的小商店里兜售。对此，客房部管理办煞费苦心，出台了一个又一个规章制度，也重罚了几个违纪人员，但收效甚微。

分管客房的方总管对此非常重视。他放下手头所有的工作，撇开所有以往的报告资料，亲自深入各个服务楼层，反复征询各方意见，最后制定了一个全新的管理方案。

他说："败也萧何，成也萧何。"流失现象主要是由客房和仓管部的员工造成，那么节约工作也理应由他们来完成。以前虽然也意识到了这一点，并采取了"总承包"、员工下班查包和突击检查员工衣柜等方法。虽有一些作用但也只能治标而不能治"本"，因为流失现象已经不是个别现象了。

要彻底有效地堵住这个漏洞，就必须充分调动起员工的积极性。以往用堵的办法，工作方法还是简单了一些。现在看来，必须改用疏的办法，将员工自身的经济效益和一次性用品的节约联系起来，使员工把节约当成自己的事。这样不但不会流失，而且有些住店客人没有使用的用品还可以再次使用，真正达到了节约的目的。

在方总的支持下，客房部迅速制定了具体的实施办法。其中主要内容有：

一、以每周住房的实际人数为基础，每位客人每天一套为限额，统计实际需要量；

二、由仓管、客房部共同统计核定每周实际使用量，分楼层分班次核算；

三、在此基础上将实际使用量与实际需要量对照，使用量大于需要量较多时，则为严重流失，扣取该班组全月奖金；使用量小于需求量时，则为节约有方；将客人未使用的用品回收使用，专设"节约奖"，各班组间展开竞赛，完成节约指标者奖，流失情况屡无起色者严肃处理。

以"疏"代"堵"的节约奖实行后，立竿见影，用品的严重流失得到了基本的控制，同时在员工中也开展了一场"爱店如家"的思想教育活动。

分析：

成本监控宜"疏""堵"结合。

一次性用品的成本与酒店其他设施设备的高昂造价相比，确实显得微不足道，但倘若将一次性用品的消费放到客房的日常开支表中来看，便不难发现：一次性用品的开支是客房日常成本中的大头，直接影响到客房销售利润。从全年来看，购买一次性用品的投入是一项颇有分量的资金。

在与中山大学酒店管理系学生的座谈会上，白天鹅总经理杨小鹏向全体学生提了一个问题：如果服务员有夹带香皂、洗头液出店的现象，怎么办？由此可知，一次性用品的流失是酒店行业非常普遍而又难以禁绝的现象。除了给酒店带来经济上的直接损失外,还危及酒店在社会公众中的形象,至少人们会觉得这家酒店管理松懈,员工的敬业精神差,将酒店财产当作了自家家什。"黑洞"的长期存在将腐蚀管理工作的权威性,不久人们的手又将伸向舞厅的唱碟、餐厅的餐具……

许多管理者意识到了这一点,千方百计想堵住漏洞:有的在早班服务员下班前组织全体管理人员搞突袭式的检查。堵住所有的出口,所有楼层的员工同时接受检查,凡个人提包里装有一次性用品的都予以重罚。这种方式的缺点就是容易造成上下级之间的对立情绪,而且声势浩大,频率不可能太高。日子久了,次数多了,服务员也就和管理人员之间玩开了"官捉强盗"的游戏。有时管理人员刚准备出动,所有服务员就已严阵以待。

也有的酒店图省事干脆将用品数量总承包。具体到楼层来说,每个月你领走2000套,多不退,少不补。这种方法操作简单,问题也明显:一方面会降低整体服务质量,服务员将开封的针线包、牙梳又留给下一个客人;另一方面,这种作法也表明了管理者的无能,降低了管理威信,增加了员工的不自觉性。

新湖酒店推行的"节约奖"也没有达到十全十美的程度,尤其是对于职业素质差的员工而言作用不显著,所以还应配套以强硬的"堵"的措施。但是它抓住了一个关键因素,即充分重视并积极调动员工的主观能动性,将节约堵流变成员工自己的事情,以"疏"代"堵","疏""堵"结合,不失为一个好点子,只要能持之以恒,奖惩兑现,是完全有可能解决好这个难题的。

当然,比方法更重要的还是员工的敬业精神和职业素质以及管理者实事求是的作风和令人信服的威严。

重点思考题

1. 酒店财务管理的内容是什么?
2. 简述酒店筹集资金的方式。
3. 什么是酒店固定资产?酒店固定资产怎么计价?酒店固定资产怎么计提折旧?
4. 试说明酒店成本费用划分的内容。
5. 何为酒店债权资产?酒店债权资产包括哪些内容?
6. 酒店财务分析指标有哪几大类?主要包括哪些指标?这些指标的含义是什么?
7. 酒店利润由哪些内容构成?

第八章　现代酒店主要接待部门管理概要

● **内容提要**

本章内容以酒店的三大营业部门为中心，介绍了前厅部、客房部和餐饮部在酒店里的重要地位和窗口作用，同时对各部门的工作任务以及岗位职责和组织机构作了简要的介绍。

前厅部的主要任务是销售酒店的客房，接待前来住宿的客人，以及提供客人在酒店期间所需要的服务、建立客史档案和处理客人的投诉。

客房部是酒店的核心部门，一般的酒店客房部的管理模式主要有客房服务中心和楼层服务两种。客房部的主要工作任务和工作要点是清扫和接待。

餐饮部在管理上一般划分为餐厅服务管理和厨房管理两大类，餐厅服务一般是餐饮部产品的销售部门，而厨房的操作则是餐饮部产品的生产加工部门。

● **学习目标**

掌握前厅部的工作程序；掌握处理客人投诉的方法；掌握客房部的工作程序；掌握餐饮部管理的基本方法。理解前厅部、客房部、餐饮部的岗位设置和组织结构。了解这三大营业部门在酒店中的地位和作用。

第一节　前厅部管理

前厅部位于酒店门厅处，通常由总服务台、预订处、大堂、行李处和总机房组成，也称前台部或客务部。酒店前厅部是酒店形象的窗口，客人住店的第一感觉及离店时的最后印象都留在前厅部。前厅部工作效率、服务质量和管理水平的高低，会直接影响酒店的整体形象和市场竞争力，前厅部的每一项服务，如果有丝毫不规范，都会导致客人情绪的波动，影响酒店的整体形象和经济效益。因此，前厅部是酒店组织机构中的关键部门，其服务地位是十分重要的。

一、前厅部的地位、作用与任务

(一)前厅部的地位

1. 是酒店的门面

前厅部是客人抵、离酒店的必经之处,是与客人沟通联系的主要场所,所以说是酒店的门面。因此,前厅部的环境必须优雅、舒适、新颖、别致,这样才能让客人确立良好的第一印象。前厅部的员工须具备精神焕发、举止大方、仪容整洁、彬彬有礼的气质,这样才能和前厅的环境相适应。前厅部的员工必须具备主动、热情、耐心、细致、高效的水准,这样才能给客人一种宾至如归的感觉。

2. 是酒店的神经中枢

前厅部是与客人联系的纽带,是协调酒店各部门关系,完美开展服务的关键。前厅部工作的好坏,管理水平的高低,直接关系到一个酒店的经济效益,它是酒店接待服务过程中承上启下,联系内外,疏通左右的神经中枢。

3. 是酒店的信息中心

在酒店的经营活动中,前厅部是各种信息最集中的地方,是信息中心。它通过客房预订,直接与客人、公司、旅行社等接触,通过接待、问讯等服务,与客人面对面沟通,通过有效的宾客关系工作为客人排忧解难。可以说,前厅部的每一位员工,都是一个信息的触角,他们把客人的每一点感受和建议,都毫不疏漏地反馈给有关部门,以便作为酒店制定政策、调整计划、修改计划、改善经营和提高服务质量的参考依据。

4. 是酒店管理机构的代表

在客人心目中,前厅部是酒店管理机构的代表,这是因为该部是与客人接触最频繁的地方,是与客人沟通与接触的桥梁。客人入住登记、结账离店,遇困难寻求帮助,因不满而投诉,有留言、问讯、遗失物品报失等都会来找前厅部。

(二)前厅部的作用与任务

1. 销售酒店的主要产品:客房

客房是酒店的基本设施,主要产品,经营收入的主要来源之一。前厅部通过预售、即时订房使酒店各部门预先做好客房安排及接待安排,有利于酒店业务运行和管理。前厅部须根据有关方面提供和自己掌握的客源信息和用房要求,保障各部门按预订信息有序高效地安排各自的服务工作。即时售房是预订的一种补充,可以拓宽客源,增加收入。

2. 联络和协调对客人的服务工作

通过与客人或接待单位的接触和联络,将掌握客人的需求、投诉及以接待单位的要求传递给有关部门,并将处理意见反馈给客人。因此前厅部的服务工作涉及到各个部门。既要直接为客人服务,又要协调和调度整个酒店的业务经营活动,是酒店与客人沟通的桥梁。

3. 提供房间状况报告

酒店销售的客房是一种不可储存和转让的"特殊商品",它的价值体现在特定的时间和空间内。换句话说,一间客房今天没有卖出,那么它在今天的使用价值便失去了,而且永远地失去了,无法追回。因此,前厅部在客房销售的过程中,特别是在客房销售高峰时期,要定时提供准确的房间状况报告给相关部门参考。客房部根据报告合理安排调度人力加快清洁房间速度,最大限度地提供合格客房以供销售,餐饮部根据报告,了解住店客人数量,便可合理安排餐饮服务人手和准备餐饮原料,以满足客人的饮食需求等,致力把所有合格客房销售出去。

4. 提供各类前厅服务

前厅部是酒店对客服务的焦点部门,除了为客人提供进、离店房间安排,住房登记等必要服务内容外,它还为客人提供几乎无所不包的服务内容。总之,客人住店期间提出的一切合理要求前厅部都应该通过自身努力在各部门配合下想方设法予以满足。

5. 建立和处理客人账目

前厅部负责住店客人的账务处理,接受和处理各营业部门转来的客账资料,及时记录客人在住店时期的各项消费,保持最准确的客账账目。以其高效准确的结账服务赢得客人的信赖,使客人离店前留下美好的印象,同时又使酒店的经济效益得到了保障。

6. 建立客史档案

在酒店的客源成分中,回头客与常客是最受欢迎的组成部分,它在整个客源中所占比例的高低在一定程度上象征着酒店经营管理的成败,为把握这一重要的客源成分及对酒店客源体系和作综合分析,前厅部必须建立尽可能仔细的客史档案。记录客人的基本情况、客人对酒店产品的需求情况及反馈意见,同时把市场调研和预测,客户预订和接待情况收存归档,进行分析,形成以前厅为中心的收集、处理、传递及储存信息系统。定期通过掌握客人信息,提高效率,方便客人;通过分析和处理客源信息,提出符合实际的营销建议,为决策者制定房价政策和营销计划提供依据。

前厅部以接待住离店客人为中心,为客人提供预订、接待、问询、行李和各种应接服务,使客人留下深刻的"第一印象"和"最后印象",提高设施利用率,树立酒店形象,提高酒店声誉。

二、前厅部的组织机构和工作职责

(一)前厅部的组织机构设置

前厅部组织机构的设置应结合酒店企业性质、规模、地理位置、管理方式和经营特色等实际情况,不宜生搬硬套。酒店规模大小不同,前厅部的组织机构可以有很大区别,主要表现在以下几个方面。

1. 大型酒店管理层次多,而小型酒店管理层次少。大型酒店有前厅经理、主管、领班、服务员四个层次,而小型酒店可能只有经理、领班、服务员三个层次。

2. 大型酒店组织机构内容多，而小型酒店内容少。如许多大型酒店前厅部设有商务中心、车队等，而小型酒店没有。

3. 大型酒店前厅部很多职能分别由不同岗位负责，而小型酒店可能将一些职能合并以减少岗位设置。

4. 大多数大型酒店前厅部与客房部是两个独立的部门，而在小型酒店则是两个部门合二为一，为了减少管理费用。

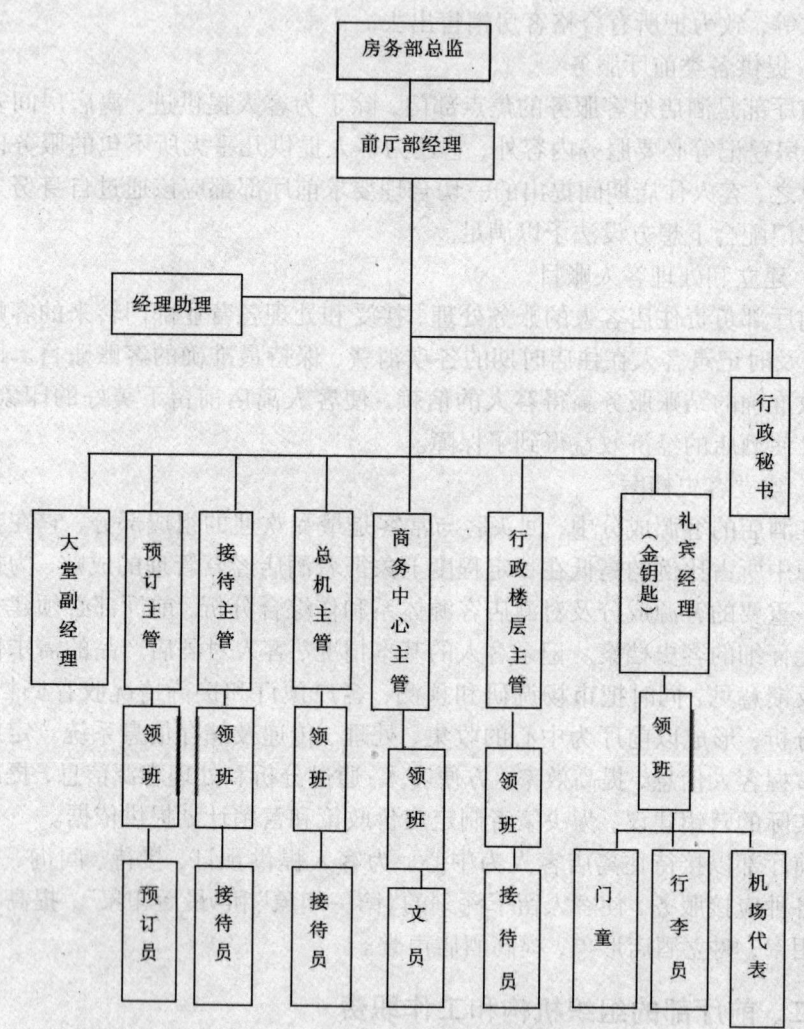

图 8-1 大型酒店前厅部组织机构设置图

(二)前厅部各部门工作职责(见表8-1)

表8-1　　　　　　前厅部各部门工作职责

部门	职责
礼宾部、行李部	迎接和行李服务及代办服务
客房预订部	各种预订服务
总台	接待散客和团体客人,办理住(离)店手续
问讯留言	各种咨询的解答及代客留言
总机	转接电话、叫醒服务及电话留言
前厅商务中心	传真、打字复印、网络、会议服务
前台收银	收银、贵重货物保管
前厅保安部	前厅出入安全和事故处理

三、前厅部工作流程

前厅部为客人服务的全部过程,即客人抵店前准备工作阶段、客人到店接待服务阶段、客人住店期间服务阶段、客人离店服务阶段和客人离店后服务阶段等五个阶段,由此构成相互衔接的服务流程,如图8-2所示。在此过程中是由客房预订、接待、行李服务等一系列的详细内容构成。

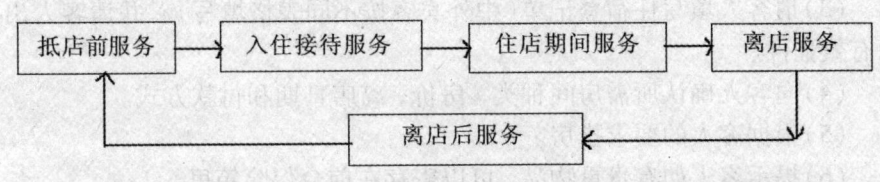

图8-2　前厅部工作流程图

(一)抵店前服务

1. 客房预订

前厅部预订的工作程序包括:受理预订、核对预订、更改预订、取消预订、婉拒预订、团队预订、受理特殊预订、散客订房特殊要求、预订报表制作。

2. 接待准备

根据客人预订资料中关于抵、离店日期、特殊要求等有关内容,预订部要适时做出安排车辆和机场代表或行李员去机场、车站接客,以及事先排房、准备礼品、提前通知相关部门或店领导等项工作,使准备工作周到、细致,并为下一阶段的服务奠定良好的开端

(二)入住接待服务

1. 团队接待工作程序:团队登记入住的准备工作、团队登记入住程序

(1)按照团队要求提前分好房间。

(2)将"宴会通知单"提前分送到客房(或楼层),前台收银组等有关部门,使他们分别做好迎接宾客的准备工作。

(3)根据客人分房情况,在团队到达前,准备好房间钥匙,填写的房

卡,分别装入钥匙袋内,在"钥匙袋"上填写好团队名称与房号。

(4)团队到达时,接待员电话通知客房部或有关楼层。

(5)如客人持有团队签证,由领队统一办理住宿登记并签名,如无团队签证,请客人填写住宿登记表。接待与领队同时确认房间数、人数。

(6)如房间分配有变动,应马上在分房表上作出修改。

(7)接待员应告诉客人用餐地点,并询问次日叫醒时间和早餐时间。

(8)请陪同或领队提示客人可将贵重物品寄存在前厅保险箱内。

(9)手续办完后,可通知行李员迅速引导客人入房。

(10)接待员将最新的分房表,团队签证复印件送前厅收银组,行李部、房务部等相关部门。

(11)在"客人到达单"上的注明该团已抵达。

(12)将团队客人名单、房号输入电脑中,开通房内 IDD 电话线路。

(13)将新入住的团队住宿登记单和《订房委托书》放入指定地方。

2. 散客开房程序

(1)当行李员(或客人自己)将客人引至总服务台时,接待员应面带笑容向前来登记住宿的客人致意问候,对客人的光临表示欢迎。

(2)有礼貌地询问客人有无预订。

(3)请客人填写住宿登记单(中外宾客按不同表格填写)。并请客人出示有效证件。

(4)向客人确认所需房间种类、房价、离店日期和付款方式。

(5)根据客人的要求排房。

(6)提示客人如有贵重物品,可以寄存在前台保险箱里。

(7)仔细查看住房单上有无填写错误的地方,如无误的话请客人签字。

(8)将客人的房卡交给行李员,并重述房号。

(9)电话通知客房服务中心,告知××房住客。

(10)将登记单输入电脑并开通 IDD 电话线路。

(三)住店期间服务

客人住店期间,其身份、目的、居留期限、健康状况、业务往来、人际关系、支付能力、心理状态、喜好追求千差万别,酒店本身"硬件"的设施设备和"软件"的服务质量及管理水平,以及社会经济、政治等因素,都会对酒店经营产生种种意想不到的影响或冲击。因此,做好客人住店期间服务阶段的各项服务工作,不断满足客人的个性需求,其重要意义显得尤其明显和突出,是为客人服务全过程中的"重中之重"。具体的服务内容包括:问讯留言、报刊信件、电话商务、委托代办、提前离店、延期续租、累计客账。

(四)离店服务

1. 离店结账

客人在办理离店手续时,总台结账员按账户设定付款方式、预付款存额等情况,经核实后打印账单,并请客人过目查看,确认无误后再予以收款。

2. 征求意见

前厅服务人员在客人即将离店之时，主动、诚恳地征求客人意见，并请客人对服务的疏忽之处予以谅解，同时感谢客人光临酒店。这是进行二次推销、培养"忠诚顾客"即回头客的机会。

3. 送客离店

根据客人离店时间和去处，主动征求客人要求，及时安排行李员，优先照顾老、弱、病、残客人及妇女和儿童，以及身份高的重要客人。最后祝愿客人旅途愉快，并欢迎再次光临。

（五）离店后服务

1. 客史建档

使用电脑管理的酒店只需在客人入住时将户籍等资料保留，随时输入新的内容予以补充完善即可长期利用。客史档案利用得如何，还可以反映出酒店对客源市场和客人需求的重视程度。

2. 未尽事项

客人离店时经常让前台服务人员在其离店后办理委托事项，例如，找寻离店时遗忘的个人物品等。前台服务员应按酒店委托代办服务规程要求以及相关规定，尽快、妥善地予以处理，不使客人留下遗憾，为酒店赢得信誉。

四、处理顾客投诉的程序

在酒店中，由于面对的客人情况复杂，每个人的习惯和生活方式不同，加之由于酒店本身的设施设备不可避免地会出现故障，或服务员在工作时疏忽大意，或违反了操作要求，都会引起客人的不满或投诉。

接待前来投诉的客人无疑是对服务员的一种挑战，要做到既使客人满意而归，又不至于使酒店的利益受到损失，这就必须掌握处理客人投诉的一些程序和方法。

（一）做好心理准备

为了正确、轻松地将客人的投诉处理完毕，首先，应在心理上做好准备。要确立"客人总是对的，顾客是上帝"的信念。一般客人总是在万不得已的情况下才来投诉的，所以要做到站在客人的立场，换一个角度去想如果你是客人，遇到了他目前这个问题，你会有什么样的感觉？而且，在服务行业都遵循一个原则：即使是客人有错，也要当他是对的，不要发生对抗，和客人争个高低，那样只能是于事无补，破坏双方的和谐关系。其次，负责对投诉进行处理的服务员应了解投诉客人的三种心态：发泄、要求补偿及希望得到尊重。服务员应根据具体情况来进行判断，客人究竟是属于哪种类型，是出于何种目的来投诉的，然后再区别对待。如果客人的目的在于发泄或是求得尊重，就要耐着性子听，给客人发泄的机会，不与其争辩，并尽可能地安慰客人，平息其心中的怒气；有些客人则是为了求得补偿，虽然他可能一再强调"并不是钱的问题"，对于这类客人，就要看自己是否有权利对其做出给予赔偿的承诺了，如果没有这样的授权，就要请示上级来出面接待、处理。

（二）认真听取客人的叙述

客人在叙述的时候，应集中注意力倾听，并适时地提出问题，这样可以在很短的时间内弄清事情的经过，提高办事效率，节省时间。

1. 要让客人把话说完，不能胡乱插话，随便打断客人的讲话。
2. 对客人讲话时要注意语调、语气、音量。
3. 表情要认真严肃，不能随便发笑，让客人误以为是对其遭遇幸灾乐祸。

（三）记录要点

要在客人叙述的过程中将有关要点如客人投诉的内容、客人的姓名、房号等认真记录下来，以作为下一步解决问题的资料和原始依据。同时，这样做也是向客人表示了自己代表本部门所采取的郑重态度，是把客人的喜怒哀乐放在重要位置，以顾客的利益为重的。另外，客人为了配合办事员的记录，语速会不自觉地有所减慢，这样，无形之中就起到了一个缓冲的作用。

（四）对客人表示同情和理解

在客人叙述的过程中，要设身处地地为客人着想，对客人的感受、反映表示理解，用温和、恰当的语言安慰客人，但也不能急于把一切问题都往自己身上揽，只能先以朋友的身份对客人的遭遇表示同情，在没有把事情的来龙去脉完全弄清以前，是不能为了止住客人的怒气、暂时平息事端而随便承担责任的。因为这不仅牵涉到整体的声誉和利益，同时也关系到事情的是非曲直。

（五）把准备采取的措施告诉客人，征求客人的意见

根据所发生事情的性质，迅速确定一个解决的办法，并向客人提出解决的办法，征询客人的意见。

（六）向客人如实说明解决问题所需花费的时间

具体负责的员工应对解决问题的难易程度作出恰如其分的估计，确定所需要的时间，最好能定出一个较为具体的时间，然后将确定的时间明确告诉客人。

（七）对客人反映的问题立即着手处理

除了极个别人以外，客人投诉最终都是为了解决问题。因此，对于客人的投诉应立即着手处理，必要时则请相关人员进行协助。

（八）对处理结果给予关注

接待投诉客人的服务员，往往并不能直接去解决问题；但应对处理结果进行跟踪，给予关注，确定客人的问题是否最终得到了解决。

（九）询问客人对于投诉处理结果的意见

客人投诉的问题解决之后，应该与其再进行联系。这种周到的服务与

关心会使客人感觉到服务员对其是十分关心的，对其所投诉的问题是十分重视的，从而对整个部门留下良好的印象。另外，应对客人再次表示歉意，对其把问题反映给本部门的举动表示感谢。

第二节 客房部管理

一、客房部在酒店中地位与作用

客房部是酒店的主体，是酒店的主要组成部门，是酒店存在的基础，在酒店中占有重要地位。客房是客人在酒店中逗留时间最长的地方，客人对客房更有"家"的感觉。因此，客房的清洁卫生程度、装饰布置是否美观怡人，设备与物品是否齐全完好，服务人员的服务态度是否热情周到，服务项目是否周全、丰富等，对客人有着直接的影响，是客人衡量"价"与"值"是否相符的主要依据。客房服务质量的高低，客人感受最敏锐，印象最深刻。

客房部负责酒店所有客房的清洁和保养工作，配备各种设备，提供各种生活用品，并且提供多种服务项目，方便住店客人，为客人创造一个清洁、美观、舒适、安全的理想住宿环境。

客房部在酒店中的地位与作用主要体现在以下几个方面：

（一）客房是酒店存在的基础

酒店是向宾客提供生活需要的综合服务设施，它必须能向宾客提供住宿服务，而要住宿必须有客房，从这个意义上来说，有客房便能成为酒店，所以说客房是酒店存在的基础。

（二）客房是酒店组成的主体

按客房和餐位的一般比例，在酒店建筑面积中，客房占70%~80%；酒店的固定资产，也绝大部分在客房，酒店经营活动所必需的各种物质设备和物料用品，亦大部分在客房，所以说客房是酒店的主要组成部分。

（三）酒店的等级水平主要是由客房水平决定的

人们衡量酒店的等级水平，主要是依据酒店的设备和服务。设备无论从外观、数量或是使用来说，都主要体现在客房，因为宾客在客房呆的时间较长，较易于感受，因而客房服务水平常常被人们作为衡量酒店等级水平的标准。客房水平包括两个方面：一是客房设备，包括房间、家具、墙壁和地面的装饰、客房布置及客房电器设备和卫生间设备等；二是服务水平即服务员的工作态度，服务技巧和方法等。

（四）客房是酒店经济收入和利润的重要来源

酒店的经济收入主要来源于三部分——客房收入、饮食收入和综合服务设施收入。其中，客房收入是酒店收入的主要来源，而且客房收入较其他部门收入稳定。客房收入一般占酒店总收入的50%左右。从利润来分析，因客房经营成本比饮食部、商场部等都小，所以其利润是酒店利润的主要来源。

（五）客房是带动酒店一切经济活动的枢纽

酒店作为一种现代化的综合设施并为宾客提供综合服务的场所，只有在客房入住率较高的情况下，酒店的一切综合设施才能发挥作用，酒店的一切组织机构才能运转，才能带动整个酒店的经营管理。客人住进客房，要到前台办手续、交房租；要到饮食部用餐、宴请；要到商务中心进行商务活动，还要健身、购物、娱乐，因而客房服务带动了酒店的各种综合服务设施。

二、客房部的业务特点

（一）经营过程同时具有生产性和服务性

客房管理过程主要是指客房通过员工付出的劳动为客人提供优质服务的过程。从增加资本、创造价值的角度来看，客房服务和劳动本身是生产性劳动。从客房服务过程看，是员工利用客房的设备和生活用品等物质要素，不断向客人提供使用价值和劳动的过程，是生产过程和服务过程的统一。

（二）随机性、复杂性

客房是客人休息、工作、会客、娱乐、存放行李物品及清理个人卫生的场所。不同的客人的身份地位不同、生活习惯不同、文化修养与个人爱好也有差异，所以客人对客房服务的要求也是多方面的，这使得客房部业务具有很强的随机性。

客房部的业务范围较广，除了客房业务之外，一般还有PA清洁、绿化及布件洗涤、发放等工作。客房业务组织包括员工整个服务活动的组织及工作程序安排和设备保养、客房用餐等项目的实施，业务工作琐碎复杂，而且这些业务工作内容彼此之间互相联系，互相影响，使客房业务呈现复杂性特点。

（三）对私秘性与安全性要求高

客房是客人在酒店的私人领域，客房业务对私秘性与安全性的要求很高。服务员未经客人允许不能随意进入客房，要做到尽量少打扰客人。服务员在客房内不能随意移动、翻看客人物品，要尊重客人的隐私权。

安全是宾客进行旅游活动的前提和条件，是宾客最基本的要求。每一个酒店都必须保证客人的安全，为宾客提供一个安全舒适的私秘环境。

三、客房部的组织机构

客房部是酒店的主要业务经营部门，要顺利的开展各项工作的前提就是客房部的组织结构的科学性和合理性。根据组织机构设立的原则，客房部的组织结构应该是一个统一指挥、分工明确、层次分明、沟通顺畅的健康的体制。以前，中国的酒店客房部通常采用的是设立楼层服务台的管理模式,这样有利于服务人员与顾客面对面的接触,更好的体现服务的亲切和人性化的关怀。

近年来,客房部的组织结构经历了一些变化,随着国外隐蔽式服务的提出,酒店客房部将楼层服务与客房服务中心结合在一起为客人服务。客房部的组织结构从以前的直线职能制形式逐渐改变。

(一)现在一般的星级酒店通常采用的客房管理模式

有以下几种:设立楼层服务台;设立客房服务中心;采用楼层服务与客房服务中心结合在一起的模式。

1. 设立客房服务中心的组织形式,如图 8-3 所示。

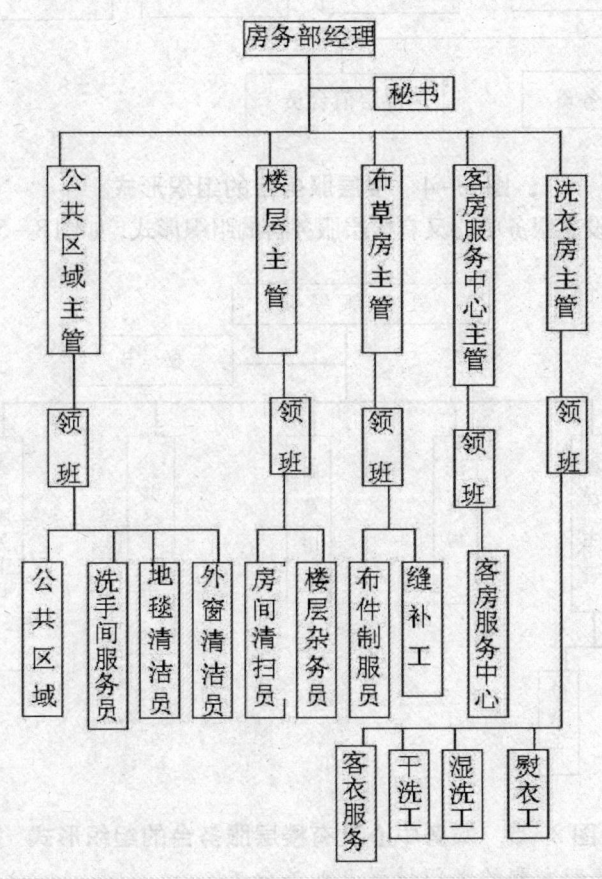

图 8-3 客房服务中心的组织形式

2. 设立楼层服务台的组织形式,如图8-4所示。

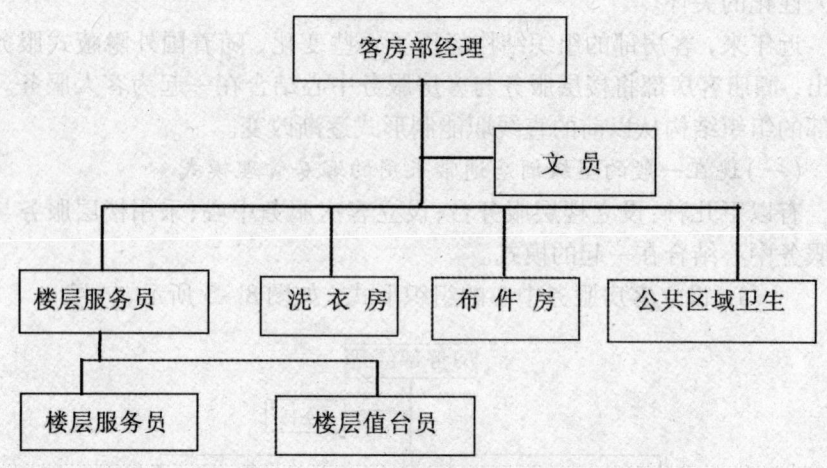

图8-4 楼层服务台的组织形式

3. 既设立服务中心又有楼层服务台的组织形式,如图8-5所示。

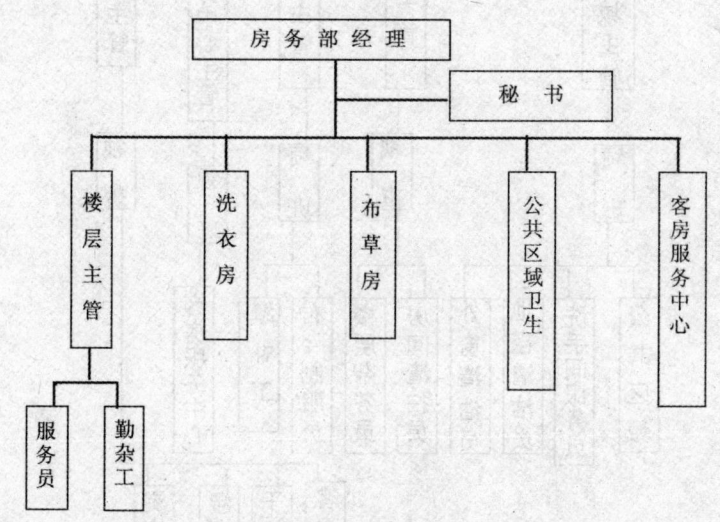

图8-5 服务中心又有楼层服务台的组织形式

(二)客房部主要的部门设置及业务分工

1. 楼层服务台

楼层设立服务台,负责保管客房的钥匙,清扫客房、补充房间物品、送交客人所需要的物品、负责楼层的巡视和安全工作。

2. 客房服务中心

客房服务中心的主要任务是接受宾客的服务要求,负责统一安排、调度对客服务,以及负责与其他部门的联络协调工作,是客房部的信息接受、传递、处理中心。具体来说主要任务有:接受宾客服务要求,统一调度对宾客服务;管理楼层万能钥匙,安排清洁组对客房进行统一打扫;接受宾客投诉；与前厅部保持及时、直接的信息联系；负责向工程部递交维修单，并检查维修情况；负责与布草房、洗衣房进行布件、客衣的交接工作；协调与其他部门的关系。

3. 布草房

负责酒店所有布草、制服洗涤后的交换、发送业务。具体包括：酒店客房、餐饮部布草的收发、分类；对客房、餐厅布草的定期盘点；负责全体员工制服的储存、修补和交换；定期配备、更新布草和制服，保证制服和布草的及时供应；与洗衣房协调，搞好制服和布草的送洗、清点和验收。

4. 洗衣房

主要负担洗涤、熨烫布草、员工制服和送洗客衣的工作，其管理水平、洗涤质量和工作效率的高低，不仅直接影响整个酒店的经营活动与成本损耗，也影响宾客对酒店服务质量的评价。具体包括：负责酒店棉织品的洗涤熨烫；负责酒店员工制服的洗涤熨烫；负责客衣的收取、洗涤和发放；负责洗衣房设施设备的日常保养；与洗衣房协调、搞好制服和布草的送洗、清点和验收。

5. 公共区域卫生部

酒店公共区域面对的是住店宾客和很多访客以及其他的人员，人们习惯于根据酒店公共区域是否整洁来判断酒店的水平，所以清洁保养工作在此显得犹为重要。具体工作包括：负责酒店室内外公共区域的卫生；负责酒店所有下水道排水排污的管道系统、沟渠、河井等的清洁工作；负责酒店卫生防疫和消毒工作；负责酒店绿化和花卉护理工作。

客房部主要岗位的设置：经理、主管、领班、服务员。

(三)客房管理的任务

1. 科学合理地组织客房部的业务运转；
2. 保证客房清洁卫生与接待服务工作的质量；
3. 不断提高客房部员工的政治和业务素质；
4. 管理客房设备和物资，努力降低成本。

四、客房部清洁卫生管理

酒店能够吸引客人的首要因素是清洁干净的卫生环境，所以客房部最主要的工作就是卫生清扫。

(一)客房日常清洁的规范和程序

1. 客房清扫的顺序

客房服务员每天对客房的清扫都要根据一定的开房缓急状况或者总台、领班的指示按照一定的顺序去打扫客房。

通常情况下，客房打扫的顺序一般为：客人挂有 MAKE – UP ROOM 标志的房间，总台或领班指示打扫的房间，走客房，一般的住客房。VIP 房间的打扫一般有专人打扫或采用随进随出制；长住房可以与客人协商定时打扫。

2. 客房清扫要求

(1) 走客房清扫。用房卡开门,并填写进房时间,开始清扫,以检查为主。抹尘,检查窗纱、帘有无破损,床上用品是否受潮,电器、灯具是否能正常开关,地面有无虫类,用品是否齐全,物品位置是否有移动等。如有问题及时更换,清扫或报房务中心处理。客房连续两三天空着,则要地面吸尘。当天有预定,则应调好空调,自查,关门离房并填写出房时间。

(2) 住客房清扫。检查工作车,备齐布草、客用物品、清洁用品和服务清洁报告表。杯子浸泡消毒,收集垃圾,拆除床上的布草连同卫生间的布草,铺好床,清洁浴室,补充供应品,抹尘,吸尘,巡视,自查,填写出房时间表。

(二) 客房清扫的卫生质量标准

1. 卧室卫生质量标准

(1) 墙面地面卫生。客房天花板光洁明亮,无蛛网、灰尘、水印、脱皮、掉皮;墙面、墙饰、壁面整洁美观,无灰尘、蛛网和墙纸脱落现象;地毯每天吸尘,无杂物、死角,铺设平整美观;墙上灯具定期循环擦拭,光洁明亮,无灰尘;门窗每天擦拭,无印迹、灰尘,开启自如;窗帘定期换洗,无破旧、脏迹。

(2) 家具卫生。客房用具每天擦拭,桌面、椅子、床头、壁柜、电视机、冰箱、行李架、床头柜等表面光洁,无灰尘;玻璃制品每天擦拭,要求光亮,无水印和其他痕迹;电镀制品表面光洁无污迹;镜子画框明亮,无尘土,无水银脱落现象;各种家具用具始终保持干净、整洁,摆放在规定位置,客人使用方便。

(3) 客用物品卫生。床单、枕套每日换洗,按规定洗涤消毒,无破损、毛发、污迹,有舒适感;茶杯每日擦拭消毒,明亮无水渍、手印;毛毯、床罩、被褥定期换洗,表面干净、柔软、无毛发;拖鞋每日换新。各种物品要求始终清洁、整齐、美观。

2. 卫生间卫生质量标准

(1) 墙面地面卫生。天花板光洁、明亮、无蛛网、灰尘、墙面平整光洁,无灰尘、水印,地面干净、光亮、无废纸、杂物、烟头、积水、室内无虫害发生。

(2) 马桶、浴盆卫生。马桶每天冲洗消毒,表面光洁、无水渍,无异味,四壁无污渍;卫生纸、卫生袋摆放合理;浴盆每天擦洗,盆内及四周无污渍、水印、皂迹和头发;台面水杯每天消毒,干净明亮,按规定位置摆放整齐,客用方便。

(三) 客房逐级检查制度

主要是指对客房的清洁卫生质量检查,实行领班、主管及部门经理三级责任制,也包括服务员的自查和上级的抽查。实行严格的逐级检查制度,是确保清洁质量的有效方法。

1. 服务员自查

要求服务员每整理完一间客房,要对客房的清洁卫生状况、物品的摆放和设备家具是否需要维修等进行检查。通过服务员的自查不仅可以提高客房的合格率,还可以加强服务员的责任心和检查意识,同时,减轻领班查房的工作量。不过,服务员自查的重点是客房设施设备是否好用、正常?客用品是否按规定的标准、数量摆放?自查的方式是边擦拭灰尘边检查。此外,在清扫完房间,准备关门前,还应对整个房间进行一次回顾式检查。

2. 领班普查

领班检查是非常重要一个环节。因为领班负责 OK 房的报告,总台据此就可以将该客房向客人出租,客房部必须加强领班的监督职能,让其从事专职的客房某楼面的检查和协调工作。

(1) 领班查房的作用

领班查房不仅可以拾遗补漏,控制客房卫生质量,确保每间客房都属于可供出租的合格产品,还可以起到现场监督作用和对服务员(特别是新员工)的在职培训作用。领班查房时,对服务员清扫客房的漏项、错误和卫生不达标情况,应出返工单,令其返工。

(2) 领班查房的数量

一般而言,日班领班应负责 80 个房间左右的工作区域的房间检查工作(负责带 5~7 个服务员)。日班领班原则上应对其所负责的全部房间进行普查,但对优秀员工所负责清扫的房间可以只进行抽查,甚至"免检",以示鞭策、鼓励和信任。

(3) 领班查房的顺序

一般情况下,领班查房时应按环形路线顺序查房,发现问题及时记录和解决。但对下列房间应优先检查:首先检查那些已列入预订出租的房间;尽快对每一间整理完毕的走客房进行检查,合格后尽快向客房中心报告;检查每一间空房的 VIP 房;检查维修房,了解维修进度和家具设备状况;检查每一间外宿房并报告总台。

3. 主管抽查

楼层主管是客房清洁卫生任务的主要指挥者。加强服务现场的督导和检查,是楼层主管的主要职责之一。主管检查的方式是抽查。抽查的好坏在于这种检查事先并未通知,所以检查的结果往往比较真实。

主管抽查的意义在于:检查督促领班工作;进一步保证客房卫生质量;确保客房部经理管理方案的落实;为客房部管理收集信息。

楼层主管对客房清洁卫生质量进行抽查的数量一般可控制在 20 间房左右。

检查内容:主要检查领班实际完成的查房数量和质量,抽查领班查过的房间,以观察其是否贯彻了上级的管理意图、以及领班掌握检查标准和项目的宽严尺度是否得当。主管在抽查客房卫生的同时,还应对客房公共区域的清洁状况、员工的劳动纪律、礼节礼貌、服务规范等进行检查,确保所管辖区域的正常运转。

检查重点：每一间 VIP 房；每一间维修房，促使其尽快投入使用；抽查长住房、住客房和计划卫生的大清洁房。

4. 经理抽查

楼层清洁卫生工作是客房部工作的主体。客房部经理也应拿出 1/2 以上的时间到楼面巡视和抽查客房的清洁卫生质量。这对于掌握员工的工作状况，改进管理方法，修订操作标准，更多地了解客人意见，具有十分重要的意义。经理抽查房间应每天保持一定的数量，应特别注意对 VIP 客房的检查。

客房的逐级检查制度应一级比一级严，所以，经理的查房要高标准、严要求，亦即被称为"白手套"式的检查。经理的检查宜不定期不定时，检查的重点是房间清洁卫生的整体效果、服务员工作的整体水平如何，以及是否体现了自己的管理意图。

五、客房接待工作

（一）迎接客人

事先了解客人的姓名、国籍、身份；按照不同规格布置房间；迎接时在指定的楼层（地点）迎候客人；站在服务处面带微笑，表示欢迎；带（待）客人进入房间，随后送入欢迎茶（面向客人退出）。

（二）代客开门

先礼貌地请客人出示房号卡；应核对房号、核对卡上的日期时间、有无住客姓名的程序逐一验证；如客人没有房号卡，请客人到前台领取房号卡，办理开门手续；房号卡确认后，为客人开门；服务员在工作表上记录开门情况，核对卡上的日期时间、有无住客姓名。

（三）送别客人

事先掌握客人离店的准确时间；检查代办的事项是否还有未完成的工作；征求即将离店客人的意见，并提醒客人检查自己的行李和物品，不要遗留物品在房间；客人走后迅速检查房间设备有无损坏，物品有无丢失，客人有无使用客房小酒吧内的食品，有无客人遗留物品，并在 3 分钟内报告前台收银；处理客人委托或交办事项；客人离店后要迅速清洁（整理）房间，并通知前台；填写"客房情况日报表"。

（四）接待来访客人作业规范

接待来访者要以礼相待；了解来访者所访何人，有无预约及来访者姓名等；通报住客，征得同意后方可见面；引来访客人到房门口，待双方见面后确认无误后方可离开；根据酒店的规定要求，或客人的要求提供相应服务（送茶、换水、增饮料、加座等）；会客后根据情况主动询问客人是否需要清洁服务。如果来访时主人不在或不便会客，应婉转地询问来访客人是否要留言或提供相应服务；如果酒店规定要做来访登记而又遭客人拒绝，应及时报告上级或有关部门。

(五) 擦鞋服务

为提供擦鞋服务，客房部在衣柜内放有擦鞋篮，并告示客人若需擦鞋服务，可将鞋放入鞋篮，于晚间放在房间门口。客房服务员免费为客人擦鞋，擦鞋完毕后，送回客人房间门口。

(六) 洗衣服务

客房内应放有洗衣登记单和洗衣袋，客人可根据需要填写。服务员在取洗衣时，应点清件数，然后检查口袋里有无物件、钮扣有无脱落，有无破损等，如有，应向客人指出，并在洗衣单上注明。在有客人洗衣时，应将账单转到前厅收银处，记入该客人的收款之内，待离店时一并结算。

第三节 餐饮部管理

在我国星级酒店中，餐饮收入约占酒店总收入的 1/3，餐饮经营有特色的酒店，餐饮收入甚至已超过了客房收入。因此，通过扩大宣传，推出有特点的餐饮产品，增加服务项目，严格控制餐饮成本和费用，餐饮部可为酒店创造可观的经济效益。

一、餐饮部在酒店中的地位

(一) 餐饮部是旅游酒店的一个重要部门

它不仅能够满足宾客对食品、饮料和良好服务的需求，还可为酒店创造较好的经济效益。食物是人类生存和发展的最基本条件之一。随着历史的发展与人类的进化，人类的饮食也日趋完善。尽管世界上存在着不同的种族，有不同的肤色和语言，但对于维持人类生存的饮食需求是一致的，只不过各民族的饮食传统和习惯有所不同。

(二) 餐饮服务是一种重要的旅游业资源

世界各地因食品原料、烹调方法、饮食习惯等的不同形成了丰富多彩的世界饮食文化。旅游者通过品尝异国风味的美味佳肴，领略异国情调的饮食文化，不仅得到必要的营养补充，也从中受到艺术感染，从而得到精神上的享受，既加深了对异国文化的了解，又增进了各国人民之间的友谊。所以说，餐饮不仅是酒店得以生存发展的条件，也是世界旅游业发展的重要条件之一。

(三) 餐饮服务直接影响酒店声誉

餐饮服务的水平客观地反映了酒店的服务水平，餐饮服务质量直接影响酒店的声誉和竞争力。餐饮服务水平受众多的因素的影响，其中主要是厨房烹调和餐厅服务两大因素。除此而外，还包括餐厅的环境气氛、风格情调、餐饮器皿等的质量水平，而这一切又都决定于酒店的经营管理水平。世界上因餐饮服务出色而声名远播并经久不衰的酒店为数甚众。所以说餐饮服务水平直接影响酒店的声誉。

（四）餐饮部是酒店获得经济效益的重要部门之一

我国旅游酒店的餐饮收入一般要占酒店总收入的 30%～40%。在旅游淡季，客房的利用率较低时，经营管理较好的餐饮部门的收入甚至可以超过平常占主体的客房收入。因为酒店客房数量和租金基本上是固定不变的，所以其最高日收入是一个常量，而餐饮部的最高日收入则是一个变量，虽然餐位数是基本固定的，但餐饮部的工作效率和专业化服务水平所产生的接待人数和人均消费是不固定的，所以餐饮部收入的伸缩性较大。

二、餐饮管理的特点

餐饮部是酒店中生产实物产品的部门，但其产品是有形的实物与无形的服务的有机结合体，与一般企业的产品有着显著的区别。因此，餐饮管理有其自身特点。

（一）员工管理难度大

餐饮部是酒店中员工最集中的一个部门。员工工作岗位多而复杂，而员工的思想和行为易受到社会、经济、文化等因素的影响。同时，餐饮部员工的技术要求较高，无论是厨师还是服务员，均有一技之长，他们极易因工作环境、工资待遇等问题而流失。因此，餐饮部员工管理相当复杂，难度也大。管理者必须善于与下属沟通交流，善于运用各种激励手段与方法来调动员工的积极性，才能保持员工队伍的稳定。

（二）产品质量不稳定

餐饮产品的生产环节多，从菜单设计、原料采购、厨房制作到餐厅服务，环节众多，环环相扣，容易出现质量问题。这就要求各环节必须密切配合，协调好关系，从而提高产品质量。

餐饮服务依靠大量的手工劳动，缺少机器控制，同时由于员工的工作态度好坏不同，技能技巧高低不一，因此餐饮服务不可避免地存在着质量、水平上的差异。即使是同一员工由于受到时间、体力、情绪等的影响也会导致工作质量的波动。因此，制定严格的质量标准，坚持执行质量标准，加强员工的培训教育，是酒店餐饮服务取得成功的必要手段。

另外，客人需求的不同，容易造成评价产品质量的尺度不同。客人来自世界各地，他们对菜点品种、口味等方面的要求存在差异，容易出现同样的菜点和服务，不同的客人有不同的评价。所以，管理者应及时了解各方需求，并要求员工在烹饪、服务方面灵活应变，在保证质量的前提下，尽量满足客人的要求。

（三）餐饮成本较难控制

餐饮成本范围较广，除了设备的折旧、修理等费用外，还包括食品原料、酒水等成本和劳动力成本、能源成本、低值易耗品等项目。因此，控制难度很大。所以餐饮管理者必须就成本控制制定一系列的措施和方法，实行标准化管理，制定成本标准，从而达到降低成本，增加赢利的目标。

三、餐饮部组织机构

餐饮部是酒店的重要营业部门,也是酒店收入的重要来源。按照酒店规模、档次的不同,酒店餐饮部组织机构的设置也不尽相同。大规模、高档次的酒店餐饮部一般包括中餐厅、西餐厅、宴会厅、咖啡厅、酒吧、风味餐厅等多种餐厅,其中一类餐厅又包含多个餐厅,比如:深圳的一家五星级酒店中就有各种餐厅共8个。按照餐厅的划分,以及各个人员的职责不同,餐饮部的组织机构在设置的时候,必须遵循一定的原则。

(一)酒店餐饮部组织机构如图8-6所示。

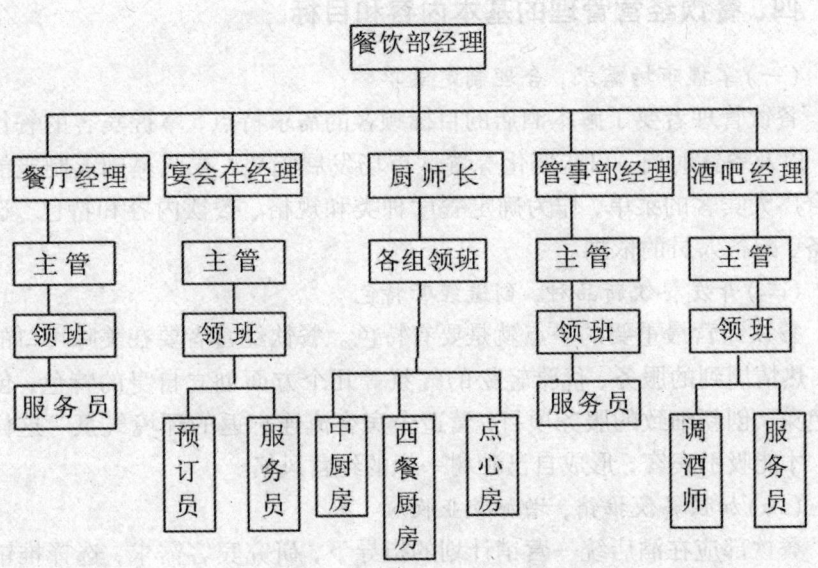

图8-6 酒店餐饮部组织机构图

(二)常见的餐饮组织形式

酒店餐饮部无论规模大小一般都由三大部分组成:食品原料采购供应、厨房加工烹调、餐厅服务。通常设有原料采供部、厨房、餐厅、酒吧、管事部等业务部门。

1. 原料采供部

原料采供部和仓库,负责食品原料物资的采购、验收、储藏、发放等工作。采供部工作的好坏对餐饮的质量、食品原料成本有直接的影响。一般酒店的原料采供由厨师长负责,大中型酒店则由财务部下设二级部门负责。

2. 厨房

厨房是餐饮部的生产部门,是烹制各种菜肴的场所。任务是按照菜单的要求,将食品原料加工成符合要求的菜肴和食品,保证各项接待任务和日常供餐任务的完成。酒店除主厨外,各个餐厅还有配套厨房。总业务由厨师长负责,下设各类主厨和领班。

3. 餐厅、酒吧

酒店各类餐厅、酒吧是餐饮部的前台服务部门。大中型酒店一般均设餐厅十多处，餐厅、酒吧，不论从服务形式还是从餐饮特色来分可谓形式多样、种类繁多。酒店规模越大、级别越高，越是如此。如正餐厅、宴会厅、风味餐厅、自助餐厅、咖啡厅、扒房、大堂酒吧、鸡尾酒酒廊等。各类餐厅根据其规模的大小，通常设经理、主管、领班三个层次的管理人员。

4. 管事部

有些酒店还专设管事部，主管餐厅布置、宴会布置、炊具、餐具的洗涤和清洁卫生工作。

四、餐饮经营管理的基本内容和目标

（一）掌握市场需求，合理制定菜单

餐饮管理者要了解本酒店的目标顾客的需求特点，掌握宾客的餐饮习惯，以及餐饮时尚、口味变化等餐饮市场发展趋势，在此基础上制定能够迎合广大宾客的菜单，作为确定餐厅种类和规格、餐饮内容和特色、选购设备、配备人员的依据。

（二）开发餐饮新品种，创造经营特色

餐饮经营最重要的一点就是要有特色。餐饮经营者要在美味可口的食品、热情周到的服务、优雅轻松的气氛等几个方面创立自身的特色，创出特色菜，创新细致的服务项目，营造令宾客流连忘返的环境气氛。这样一来，才能吸引宾客，形成自己独树一帜的经营风格。

（三）加强餐饮推销，增加营业收入

餐饮部应在酒店统一营销计划的指导下，研究宾客需求，选择推销目标，制订推销计划，积极开展促销活动，招徕各种宴会，抓好节假日的宣传推销，争取更多的宾客和提高宾客平均消费额。

（四）确保食品质量和服务质量

食品质量和服务质量事关餐饮服务经营管理的成败。餐饮部应建立严格的规章制度，制定各岗位操作规程和质量标准，严格进行检查。把好食品原料的采购、保管、发放关，督促厨房操作人员严格按菜谱要求操作，不断提高食品质量。餐厅服务员要坚持按照服务规程操作，不断改善服务细节，提高服务质量。同时，要加强食品卫生和饮食安全管理，杜绝食品污染、食物中毒等事故的发生。

（五）控制餐饮成本，确保赢利

餐饮收入是酒店营业收入的重要来源之一，因此，控制成本是餐饮服务管理的重要内容。应从以下几个方面着手：制定标准成本率，确定合理的食品销售价格；控制食品原料的采购价格，加强储藏、保管、发放管理，避免原料损耗和浪费；控制原料加工损耗率；严格按标准菜谱要求进行操作，做好成本核算和成本分析，降低成本，增加赢利。

五、厨房的生产管理

厨房是酒店的食品生产部门,是不与宾客直接接触的后台部门,它为宾客提供的是间接服务,所以厨房生产是为餐厅服务的,厨房必须以餐厅为中心来组织调配自身的业务工作。所有厨房工作人员必须树立起厨房生产服务于餐厅需要的指导思想。

厨房的业务工作主要有:

(一)安排当天业务工作

按当天预报并结合前一天的销售情况来确定当天或下一天的生产任务量,下达生产任务书,进行当天业务安排。根据确定的订单及预计的销售量,厨师长应公布宴会菜单,自助菜单,点菜菜单等,并合理安排岗位员工作好相应的准备工作。

(二)开餐前准备

在厨师长的指挥之下,按各环节本身的业务内容各自进行餐前准备。

(三)开餐时间内

厨房应以餐厅业务的进展为依据,以炉灶为中心来安排工作,厨房中一切工作岗位都要服从炉灶的需要。根据菜单订单顺序出菜,根据餐厅需要随时调整出菜速度,严格控制菜点质量。

(四)抓好成本核算

把好食品原料的采购关、验收关、选洗关、切配关和烹调关五道关口,从而实现对食品生产全过程的成本控制。根据核定的毛利率确定菜点的售价,尽量提高原料的利用率,杜绝浪费。

(五)管好厨房设备

实行分级归口、划片包干的管理原则。做到"用、管、养"三合一。

(六)加强厨房卫生管理

卫生工作是厨房生产的重要工作,它关系到顾客的健康和酒店的声誉。包括环境卫生、原料卫生、餐具卫生、员工个人卫生和生产过程的卫生管理。

(七)厨房安全管理

安全直接危及客人、员工的切身利益,对酒店的声誉和社会形象有着重要影响。管理中,严防食物中毒事故和厨房火灾事故,严格遵守操作规程,避免因操作不慎导致的人身伤害等工伤事故的发生。

六、餐饮服务管理

(一)预订工作

1. 问候接待客人

主动问候进入餐厅的客人,热情接待前来预定的客人。

2. 接受预订(直接预订和当面预订)

根据预定记录,回绝或者同意客人的预定要求,对于客人的特殊要求,要妥善处理。应该详细掌握预订的时间、付款方式。请客人再次确定后,收取一定的预付金,并要有客人的签字确认。

3. 更改与取消预订

取消或更改预订人的姓名、单位、确定更改新的日期。对于取消预订的情况,要根据规定办理损失费等有关事宜,并及时将信息下发各个岗位,最后把取消通知单和预订单放在一起,按日期存档。

完成更改后要感谢客人的理解、支持。

(二)电话订餐

电话铃响三声内接听,用清晰的语言,礼貌的语气问候客人。一般由问候语+餐厅名称组成。倾听客人问题并给予回答,对于回答确有困难的问题,则先向客人道歉,然后记录客人联系电话及姓名,并礼貌地告知客人5分钟后再给客人答复,切忌当时立即将电话交给他人接听。准确掌握问题内容,归纳复述客人提问,以获确认。待客人挂断电话后,才可轻轻搁下话筒。

(三)零点服务程序

1. 零餐服务的概念

零餐服务是指餐厅为接待零散客人而进行的服务工作。这是一项具体而复杂的工作。有完整的服务规范,包括先后依次安排的服务工作步骤、一定的服务程序和一系列服务标准要求;零餐服务会遇到从最简单的零售小吃到与酒席宴会相当的顾客需求。从餐厅讲,客人的要求有不可预见性,常会给服务工作造成一定困难。从就餐顾客的心理讲,有各种不同的需求,有时甚至让人觉得特别。这时,服务员改变服务程序反而会使顾客满意。

零餐服务的特点:宾客多少不定,需求标准不一,需求菜品种类分散,就餐时间交错,这些就是零餐服务工作的特点。

零餐服务包括早餐、午餐、晚餐等每个饭时。每一饭时又可能会连续接待几批顾客,而且需要翻台。翻台是指一批顾客用完餐,服务员即清理餐台,并安排另一批顾客就餐的过程。

2. 零餐服务程序

(1)餐前准备

服务员应该先检查餐厅是否按要求摆好了餐位,包括餐台、餐椅是否摆放整齐美观,餐桌椅是否完好无损,发现问题及时更换、修理,台布铺放是否符合标准,还要检查餐厅的环境是否清洁卫生;备齐餐具、作料和服务用品。将消毒好的碗筷、盘碟、茶具等整理备齐,放置有序。检查酱油、醋等作料的容器,看是否清洁、装满,不足的要及时补上,还要根据当天的供应品种配制、备足其他辅助作料。把牙签、火柴、烟灰缸、热毛巾等备好;了解当天的供应品种和其他原材料的情况,并将与平日不同的菜点写于通知板上,其内容的顺序要有规律,名称、价格要写清楚,字迹要端正;整理个人仪容,并自查着装情况。

(2) 问位开茶

问位开茶是餐厅服务开始的程序,包括服务到桌、餐后结账和前台售票等服务方式。

具体做法是:见宾客到来时,迎宾员要面带笑容接待。为宾客拉门,并致问候。问清人数后,服务员将宾客带到合适的餐台安排就餐;服务员主动为宾客拉椅让座,送上香巾后开茶。由于各人饮茶习惯不同,要向宾客问茶,征询意见,也可根据宾客的喜好介绍适宜的品种,然后按需开茶;开茶时注意卫生,不能手抓茶叶往茶壶里放,应用茶勺按茶位放茶,茶量准确。斟茶时,在宾客的右侧斟倒第一杯礼貌茶,右手执壶,左手自然下垂或托托盘,杯中茶水一般斟八分满为宜,不宜太满;需要加位或撤去餐桌餐位的,要左手托盘,右手摆放或取走餐具。

以上所述是茶杯、餐具预先摆好的台式服务的餐厅服务程序。另一种是迎宾员把宾客人数告知服务员,由服务员把茶具、餐具按宾客人数摆上台,然后开茶。如果客多繁忙,无暇接待后到的顾客时,也要热情打招呼,做到人未到声先到,以稳定顾客。

在北方,习惯上没有开茶这个环节,更要对宾客热情地打招呼,这是接待宾客的第一个见面礼,使宾客一进门就感到亲切温暖。

(3) 开餐服务

茶位开好后,向宾客介绍当天的菜点品种时,要有意识地推销适当的品种。这要根据问位开茶时和宾客的接触,对宾客的要求和一般需要的了解,有针对性地介绍。宾客确定菜肴后,要迅速开单。复写的菜单,一份交账台结算,一份交厨房备货,一份存底。服务员给宾客送上菜点时,要把专用的餐具、作料等一同上台,使宾客便于用餐。

在宾客用餐时,服务员要勤巡视,看宾客有什么新的要求,注意斟水、换烟缸和清理台面,主动照顾好老幼、残疾人和坐在边角位置的宾客,做到有问必答,态度和蔼、语言亲切。

(4) 结账收款

宾客要结账时,服务员应迅速取回账单送到宾客餐台,小心提示宾客需付的金额,同时把账单让宾客过目,收款时要向宾客道谢。结账时,要注意同座有无搭台的另份宾客,如果有,就要分清账单,不可造成错单、漏单或跑单。如果宾客有多余的或未吃完的菜点,服务员要主动用食品盒或食品袋包装妥帖后,交宾客带走。

在服务工作中,送客与迎客一样重要。宾客用餐完毕,服务员要坚持做到礼貌送别,要虚心征求和听取宾客的意见,对服务不周之处应表示歉意,对误会可作解释,以便消除误解。宾客离座时,要提醒他们不要忘带自己的东西,要说欢迎再来之类的客气话。如因工作忙不能抽身相送时,也要打个招呼,或招手注目致意,表示相送,切不可置之不理,以免使宾客不快,使整个接待工作功亏一篑。

(5) 清理台面

餐厅服务中翻台是常事，及时清理台面是一项很重要的工作。

客人走时，服务员应先查看是否有客人遗落的东西。如有，应立即交还客人。如客人已离去，应交服务台并告知值班经理，以免被损坏或被他人冒领。

最好等客人已离开餐厅再动手清理台面，以表示尊重客人。撤就餐用具，撤台布，摆放桌椅，动作都要轻、稳，尽量不发出大的声响，以免影响邻座客人就餐。

清理台面应该先收毛巾、餐巾，并收饮具，后收餐具、烟缸、牙签、作料容器等专门收捡。对所有属于重复使用的餐具和物件，要及时清洗消毒，擦拭干净，分类保管，以备再用。将桌椅摆放原处，铺好台布，准备接待下一批客人。如饭时已结束，要把各种餐具和物件清洗消毒，分档存放。待最后一名客人走后，开始清洁餐厅，将桌椅排列整齐。

(四) 宴会服务

1. 准备工作

在宴会开餐前半小时，将一切工作准备就序；服务员站立于迎宾位置准备迎接客人。客人到来后主动向客人问好，按先宾后主原则，为客人拉椅让座。

2. 餐前服务

高档宴会一般采用托盘斟倒第一杯茶，然后送香巾，除去客人的筷套。落单到备餐间通知起菜；斟酒水，宾主致辞时，用托盘准备好一至两杯甜酒在致辞完毕时送上。

3. 用餐服务

按照菜单的顺序上菜，报菜名。上菜一般有一定的先后顺序，先凉后热、先荤后素、先优质后普通、先特色后一般、先咸后甜、先菜后点、先清淡后下饭，先热菜后汤菜等。遇到粤菜，可以按粤菜的习惯先上汤。上菜中遇到汤羹类等需要分的菜肴，则应该胆大心细，掌握好菜的份量，件数要分得均匀，尽可能地避免响声。撤换骨碟时，应尽可能到所有客人吃完菜时才撤。凡有配料的菜，先上配料，后上主菜。重要宴会应每位上一份配料。席间撤换餐具应严格按照左上右撤，不能跨越递撤。

4. 餐后服务

清洁台面，撤去客人用过的餐具。上干净的骨碟，再上果盘、鲜花；为客人提供热茶服务；小毛巾服务。

5. 送客服务

为客拉椅协助客人离座，迅速检查台面及周围是否有客人遗留物品；服务员送客人至门口，并致欢送词，目送客人离开。

(五) 客房送餐服务

1. 接受送餐预定的两种方式

一种是接听电话，另一种是当面预定。预定中必须确定的信息包括人数、房号、菜品、分量，酒水。记清并重复以上内容；根据就餐情况，告诉客人送餐的时间。

2. 下菜单、酒水单

根据客人的要求写好菜单，酒水单；取出酒水，并请收银员填好送餐单及送餐具登记表；在收银台确认客人可行的买单方式。

3. 准备工作

根据客人数备好相应的餐具、用具、酒水、酒具、开瓶器。

4. 送餐

送餐途中，保持送餐用具平稳，在房间门口要先敲门三下，稍作停顿，并报"送餐服务"，如无反应再敲，再报。征得客人的同意后进入房间，介绍菜品。对于客人的其他需求应尽量满足，最后呈上送餐单，请客人签单或买单。回到餐厅将现金或签单送至收银台。

5. 收餐

估计时间主动打电话询问客人，收餐具时应轻声，并注意房间卫生，同时清点餐具并检查餐具有无破损；收银员要在送餐餐具登记表上签字。

【案例】

泰国东方酒店的经典案例

企业家 A 先生到泰国出差，下榻于东方酒店，这是他第二次入住该酒店。次日早上，A 先生走出房门准备去餐厅，楼层服务生恭敬地问道："A 先生，您是要用早餐吗？"A 先生很奇怪，反问"你怎么知道我姓 A？"服务生回答："我们酒店规定，晚上要背熟所有客人的姓名。"这令 A 先生大吃一惊，尽管他频繁往返于世界各地，也入住过无数高级酒店，但这种情况还是第一次碰到。

A 先生愉快地乘电梯下至餐厅所在楼层，刚出电梯，餐厅服务生忙迎上前："A 先生，里面请。"

A 先生十分疑惑，又问道："你怎知道我姓 A？"服务生微笑答道："我刚接到楼层服务电话，说您已经下楼了。"

A 先生走进餐厅，服务小姐殷勤地问："A 先生还坐老位子吗？"A 先生的惊诧再度升级，心中暗忖："上一次在这里吃饭已经是一年前的事了，难道这里的服务小姐依然记得？"服务小姐主动解释："我刚刚查过记录，您去年 6 月 9 日在靠近第二个窗口的位子上用过早餐。"A 先生听后有些激动了，忙说："老位子！对，老位子！"于是服务小姐接着问："老菜单？一个三明治，一杯咖啡，一个鸡蛋？"此时，A 先生已经极为感动了"老菜单，就要老菜单！"

给 A 先生上菜时，服务生每次回话都退后两步，以免自己说话时唾沫不小心飞溅到客人的食物上，这在美国最好的酒店里 A 先生都没有见过。

一顿早餐，就这样给 A 先生留下了终生难忘的印象。

此后三年多，A 先生因业务调整没再去泰国，可是在 A 先生生日的时候突然收到了一封东方酒店发来的生日贺卡:亲爱的 A 先生,您已经三年没有来过我们这里了,我们全体人员都非常想念您,希望能再次见到您。今天是您的生日,祝您生日愉快!

A 先生当时热泪盈眶,激动不已。

虽然泰国的经济在亚洲算不上最发达,泰国的东方酒店却堪称亚洲酒店之最,几乎天天客满不说,入住的机会更是需要提前预定争取。

分 析:

是什么令东方酒店对大都来自西方发达国家的客人充满如此魅力?仅仅因为泰国的旅游风情吗?抑或是其独到的人妖表演?都不是,其征服人心靠的是几近完美的客户服务,靠的是一套完善的客户管理体系。

据西方营销专家的研究和企业的经验表明:"争取一个新顾客的成本是留住一个老顾客的 5 倍,一个老顾客贡献的利润是新顾客的 16 倍。"这就是现在经常提及的客户关系管理的实质。

泰国的东方酒店在其国内,甚至是整个亚洲的酒店界都创下了一个之最——"完美服务之最"。良好的酒店形象和高忠诚度的客源市场是酒店提高其经济效益不可缺少的两个必要的条件。当很多酒店正在为之绞尽脑汁的时候,泰国东方酒店却给我们一个很好的启示。重视你的客人,重视对客人服务的过程,重视与每一个客人建立良好的客户关系。

案例思考题:

1. 泰国东方酒店服务员的服务好在哪里?
2. 酒店怎样做才能赢得更多的顾客?

重点思考题

1. 前厅部在酒店中的重要作用体现在哪些方面?
2. 如何做好客人的入住接待工作?
3. 客房清扫的程序包括哪些?
4. 处理客人的投诉应注意哪些问题?
5. 客房部如何进行客房卫生检查?
6. 简述零点服务的程序。
7. 简述餐饮部管理的基本内容和目标。

第九章 现代酒店质量管理

● **学习提要**

本章主要讲述现代酒店质量管理的概念、饭店质量管理的构成、实施和质量分析方法;酒店质量管理体系的建立、酒店服务质量的控制以及在酒店实施全面质量管理的原则和方法。同时介绍了现代酒店质量标准化管理——ISO贯标的相关知识和绿色酒店概念。

● **学习目标**

掌握酒店质量管理的内容和特点;掌握酒店质量分析法ABC分析法和因果分析图法;掌握PDCA全面质量管理循环方法。理解现代酒店质量管理的基本原则和方法;理解酒店质量体系的建立;理解酒店服务质量控制和全面质量管理的基本理论。了解现代酒店ISO贯标与绿色酒店建设。

酒店质量是酒店的生命,也是国际酒店业互相竞争的主要方面。酒店必须以质量求信誉,以质量赢得顾客,所以,保证旅游酒店产品质量、不断提高酒店产品质量水准是所有酒店经营的共同目标和基本要求。

酒店质量管理是酒店管理的重要组成部分。酒店的每一个服务项目和服务区域都应当有明确的质量标准;酒店每一位管理人员、每一位员工,都应当具有强烈的质量意识。与此同时,还应当积极引进国际先进的质量管理理论和方法,以促使酒店服务质量达到更高水平。

第一节 酒店质量管理概述

一、酒店质量管理的含义

酒店质量是指酒店以设施、设备为依托,通过管理和服务,使客人在物质和心理需求方面达到满足的程度。

长期以来,酒店业存在着两种不同的质量观念,即"传统型"质量观念和"现代型"质量观念。

（一）"传统型"质量观念

这种质量观念以"小质量"观念和"符合性"质量观念为基本特征和主要体现。

这里所说的"小质量"通常是指狭义的质量，即单纯指服务产品质量。其内涵是：酒店的质量主要是酒店产品的质量，酒店的质量活动主要围绕着服务产品质量来开展，酒店的质量管理主要是进行服务产品质量的把关，酒店的质量行为主要是质量管理职能部门的行为。

"符合性"质量观念是指符合服务产品标准所规定的技术指标要求的质量，其内涵是：质量是服务产品所具有的满足服务产品标准规定要求的能力的各种特征、特性；国家标准或行业、地方、企业标准是衡量服务产品质量的唯一准绳；以服务产品质量检查结果是否符合标准规定的要求作为判定服务产品好坏的唯一依据。

（二）"现代型"质量观念

这种质量观念以"大质量"观念和"适用性"质量观念为基本特征和主要体现。

"大质量"观念通常是指以产品质量为主体，包括工作质量、管理质量在内的酒店的整体质量、系统质量、综合质量。其含义是：质量概念是一个完整的、有机的整体概念，它具有系统性、全面性的特征。酒店要用系统论的思想方法来认识、处理质量问题。酒店抓质量，不能限于抓结果，而要全面抓过程控制，使服务的每一个环节都确保无差错，预防不合格服务的产生；酒店质量工作的行为，不能只是少数职能部门、职能人员的行为，而应该成为整个酒店全员参加的总体行为；酒店质量工作的指导思想，不能停留在对质量的治标上，而应确立标本兼治，狠抓根本的方针。

"适用性"质量观念认为：质量要适合顾客的实际要求与市场的需求，酒店产品的质量最终要由顾客评价，通过顾客的满意度来检验，因此，酒店所提供的产品，不仅要符合标准的要求，更要充分考虑不断变化的顾客对酒店产品的功能性、经济性、安全性、舒适性、文明性、时间性的需求，也就是说要重视服务产品的适用性。酒店的质量工作应在最大限度地提高服务产品的适用性上下功夫。

现代酒店的质量管理应该树立"现代型"质量观念，从系统的角度，把酒店作为一个整体，通过控制酒店运行的全过程，来提供最佳设施设备状态和最优质的服务，要运用一整套的质量管理体系、手段和方法，进行质量管理。

现代酒店质量管理要运用科学的质量管理思想和方法，把质量管理的重点放在"以防为主"上，由传统的检查服务质量的结果转变为控制服务质量问题产生的因素，通过对服务质量的检查和管理，找出改进服务的方法和途径，从而全面改善酒店质量，实现酒店"方便、舒适、安全、友谊、好客、相助"的质量管理目标，提高酒店服务产品的适用性。

二、酒店质量管理的内容

酒店使客人满意的程度体现在两个方面：一方面是物质上的满足程度；另一方面是心理上的满足程度。物质上的满足是依靠酒店的设施、设备和酒店的有形产品作基础来实现的；而心理上的满足是通过酒店良好的管理和服务人员的优质服务来实现的。因此，酒店质量管理包括有形的酒店产品质量管理和无形的酒店服务质量、工作质量管理。

(一)酒店的产品质量

酒店的产品质量指能满足宾客物质需求的有形设施、设备和实物产品的质量。其内容主要包括：设施设备质量、餐饮产品质量、环境氛围质量和安全状况质量。

1. 设施设备质量

酒店的设施设备是酒店赖以存在的基础，是酒店提供服务的依托，是酒店质量的重要内容。酒店是利用服务设施为客人提供服务的，因此，酒店质量的基础和重要部分就是设施设备质量，其具体表现形式如下：

(1)设施设备齐全程度。如客房种类、餐厅数量、会议室、商场、洗衣房、邮电服务、康乐娱乐设施等配套情况。酒店设施设备总体水平应达到星级标准规定的要求，设置要科学，结构要合理，性能要良好，配套设施要完善。

(2)设施设备的舒适程度。一方面取决于设施设备的配置，另一方面也由对设施设备的维修保养决定，因此必须加强管理，确保设施设备的舒适，才能为提高酒店质量提供物质基础。

(3)设施设备的完好程度。设施设备的完好程度直接影响酒店质量。如出现客房马桶堵塞、空调失灵、电器损坏等情况，即使服务态度再好，提高酒店质量也是一句空话。所以，随时保持设施设备完好率，充分发挥设施设备效能，是提高酒店质量的重要因素。

2. 餐饮产品质量

酒店生产的实物产品通常只有餐饮产品，餐饮质量是酒店产品质量的一个重要组成部分。餐饮产品的生产由酒店餐饮部门组织实施，在现代酒店激烈的市场竞争中，餐饮市场的竞争成为酒店组织开展特色竞争的一个重要内容，"民以食为天"，可见，餐饮质量的高低对酒店经营有多么重要的作用。

餐饮产品质量主要表现在如下方面：

(1)生产质量。餐饮产品是直接供客人享用的，以其色、香、味、形、器的优劣为标准，其质量高低取决于烹饪制作水平、食品及原材料质量和管理水平等多种因素。在食品生产过程中，加强组织，实现生产标准化，配料技术标准化，制作烹饪标准化，色、香、味、形、器标准化，卫生标准化，提高烹饪技术水平，发扬优良传统，才能提高餐饮产品的质量。

(2)特色风格。特色就是与众不同，风格就是独树一帜。酒店餐饮产品一定要反映地方和民族的文化特点,反映酒店自身的饮食文化风格,以特色来吸引宾客。

(3)品种花色。餐饮产品要丰富多样。一是要层次多样,即餐饮能满足不同消费层次、不同文化层次的需要,能满足不同用餐形式的需要;二是同一层次要求餐饮的花式品种丰富多样。我国菜系较多,酒店餐饮要以一系一派餐饮为主,兼容各种各派菜系,以形成较大的挑选余地,满足不同宾客的饮食需求。

3. 环境氛围质量

酒店的环境氛围由酒店的装饰、环境卫生及美化、服务设施的布局、灯光音响、室内温度的适宜程度等构成。良好的服务环境能够给宾客以温馨舒适的感受,在满足宾客物质方面需求的同时,还能满足精神享受的需要,环境氛围主要表现在以下几个方面:

(1)酒店整体环境氛围一定要"宽敞、明亮、悦目、豪华"。

(2)酒店陈设摆饰要"高贵、典雅、和谐、美观"。

(3)客房的环境氛围要在方便、舒适、安全的基础上突出"柔和、宁静、优雅"的特点。

(4)餐厅的环境氛围一定要愉快、欢乐、活泼、明快、有特色和艺术性。

4. 安全状况质量

安全状况也是酒店质量的关键性问题。安全是宾客出行时考虑的首要问题,酒店的安全状况就成了酒店产品质量的一个组成部分。

(1)环境安全。宾客旅居在酒店常有一种身处异地的不安全感,因此酒店在环境上要创造一种安全的气氛。如门卫的设立和忠于职守,楼面值台的负责精神,监控系统的完善,安全的门锁和防盗链扣,烟感报警器的使用,工作中的三轻——说话轻、走路轻、动作轻,都能使宾客产生心理上的安全感。

(2)防火防盗。采取各种措施既不妨碍宾客又能防止失窃失火。

(3)疾病的防止。酒店是公共场所,人来客往、疾病传染的机会较多。酒店要采取控制和禁止传染病患者进入酒店、严格消毒制度、堵塞病源等多种方式,防止疾病传染,保证客人和员工的身体健康。

(4)防止侵犯骚扰事件的发生,保障宾客不受骚扰和侵犯。如无故进房,外来无关人员对宾客的骚扰、餐厅及娱乐场所闹事对宾客的骚扰、电话骚扰等。

(二)酒店的服务质量

酒店的服务质量又称酒店的劳务质量,它是指酒店提供的无形服务在使用价值方面适合和满足客人心理的程度。酒店服务所具有的使用价值,是为使用者提供的,这种使用价值是否能被使用者接受、喜爱,就是适用性。服务的使用价值适合和满足客人需要的程度越高,服务质量就越好;反之,服务质量就越差。酒店服务质量是酒店的生命线,是酒店日常管理的中心工作。

酒店服务质量的内容主要包括以下几个方面：

1. 服务态度

服务态度是提高服务质量的基础。它取决于服务人员的主动性、积极性和创造性精神；取决于服务人员的素质、职业道德和对本职工作的热爱程度。在酒店服务实践中，良好的服务态度表现为热情服务、主动服务、周到服务、及时服务、微笑服务、个性服务等方面。

2. 服务技巧

服务技巧是提高服务质量的技术保证。它取决于服务人员的服务知识和专业技术水平。酒店服务人员在为宾客提供服务时总要采用一定的操作方法和作业技能。服务技巧就是这种操作方法和作业技能在不同时间、不同场合，对不同对象服务时，适应具体情况而灵活恰当地运用，以取得更佳的服务效果。服务人员只有熟悉业务、掌握服务规程和操作程序，不断提高接待服务技术，具备灵活的应变能力，才能把自己的聪明才智和酒店服务工作结合起来，为客人提供高质量、高效率的服务。

3. 服务方式

服务方式指酒店采用什么形式和方法为客人服务、提供哪些服务。其核心是如何方便客人，使客人感到舒适、安全、方便。服务方式随酒店服务项目的变化而变化。酒店服务项目大体上可分为两大类：一类是基本服务项目，即在酒店服务指南中明确规定的、对每个宾客几乎都要发生作用的服务项目；另一类是附加服务项目，指由客人即时提出，不是每个宾客必定需要的服务项目。服务项目反映了酒店的功能和为顾客着想的程度，因此，酒店服务必须结合各个服务项目的特点，认真研究服务方式，如客房预订方式、前台接待方式、餐厅销售方式等。要针对客人的活动规律和需求心理来安排各种服务方式，有针对性地提供服务。每一个服务项目都要根据实际需要选择方式，其出发点是提高服务质量。

4. 服务效率

服务效率是服务工作的时间概念，是提供某种服务的时限。"等候"对客人来说是一件头痛的事，因为心理不安定感来自等候，况且离家外出本身就存在不安全感，而等候则强化了宾客的这种心理。酒店服务要尽量减少客人等候就必须讲究效率，效率把服务过程和时间联系了起来，成为服务质量的又一因素。

酒店服务效率有三类：第一类是用工时定额来表示的固定服务效率，如整理一间客房用30分钟、宴会摆台用5分钟等；第二类是用时限来表示的标准服务效率，如总台登记入住每人不超过3分钟等；第三类是有时间概念，但没有明确的时限规定，靠客人的感觉来衡量的服务效率，如在餐厅点菜后多长时间上菜等。服务效率在酒店服务中占有重要的位置，酒店要针对三类不同效率，用规程和具体的时间来确定效率标准，提高服务效率。

5. 服务效果

服务效果就是酒店服务的最终结果，它的标准是客人的满意。宾客需求便是服务质量，宾客满意便是服务质量标准。

判断服务效果的好坏，首先要判断客人是否满意于我们的服务，也就是说，只有当客人感到满意的时候，酒店的服务才取得了良好的效果。客人的满意通常表现在对酒店的再次光顾、对酒店的良好口碑、对酒店的喜爱和偏爱以及对酒店的自觉的正面宣传。实际工作中，酒店服务人员在正常服务的基础上向宾客提供他们急需而又没有预想的服务，如情感服务、细微服务、个性服务、特色服务、超值服务等，会大大激发客人对酒店的认同和赞赏，提高客人的满足感和满意度，使客人成为酒店的忠诚客户。

6. 礼节礼貌

礼节礼貌是以一定的形式，通过信息传输向对方表示尊重、谦虚、欢迎、友好等的一种方式，礼节侧重于仪式，礼貌偏重于语言行动。礼节礼貌反映了一个酒店的精神文明和文化修养水平，体现了酒店员工对宾客的基本态度，是提高酒店服务质量的重要条件，酒店服务员要面对面地为客人服务，因而服务人员的礼节礼貌水平直接影响酒店服务质量。所以，酒店工作人员在日常工作中要注重自己的仪容仪表、语言谈吐、行为动作，做到举止端庄、谦恭有礼、语言文雅、态度热情。

7. 清洁卫生

酒店的清洁卫生体现了酒店的管理水平，也是服务质量的重要内容。酒店清洁卫生工作主要有：酒店环境的清洁卫生、食品饮料卫生、用品卫生以及个人卫生。酒店的清洁卫生工作要求高，必须认真对待。

(三)酒店的工作质量

酒店的工作质量，指酒店同服务质量直接相关的各个环节，包括各部门的经营管理工作质量、技术工作质量和组织工作质量。酒店的工作质量是酒店质量达到质量标准的保障。

服务质量和工作质量完全不同，但二者又有密切的联系，服务质量取决于工作质量，它是酒店各环节、各部门工作质量的综合反映。工作质量是服务质量的保证，通过抓好工作质量可以不断地提高服务质量。

酒店的工作质量主要体现在经营管理工作和组织工作的水平上。它涉及酒店所有部门和人员，每个岗位的工作都直接或间接地影响酒店的服务质量。所以，为了保证酒店质量能满足宾客的需求，不仅需要抓好服务质量，也要抓好与服务质量相关的各项工作。

三、酒店质量的特点

由于酒店产品的特殊性，形成了酒店质量的特殊性，正确认识酒店质量的特点，是搞好酒店质量管理，提高酒店质量水准的必要条件。酒店质量的特点如下：

（一）酒店质量是有形和无形的结合

酒店质量是酒店产品使用价值的质量。酒店产品是有形的物质和无形的服务的一种组合。设施设备和各种用品是以实物形态为宾客提供使用价值的，使用以后其实物形态依然存在。这些实物形态主要是要保证其达到核定的标准，保证其使用价值的有效性和广泛性。酒店实物形态的产品主要保证其基本质量水准；而服务及其结果的使用价值在使用以后其服务形态便消失了，仅给宾客留下一种满足和感受。因而，应保证其广泛的适用性和特殊对象个别的适用性。

（二）酒店质量构成的综合性

酒店质量是由设施设备、餐饮产品、安全状况、环境氛围、服务质量和工作质量构成的。酒店质量的各构成要素有不同的具体表现形式，酒店质量内容构成的综合性要求酒店质量管理工作要有系统观念，要进行多方面评价，全面、综合地研究酒店质量管理问题。

（三）酒店质量评价的一次性

酒店质量作为一个整体是由一次次具体的不同内容的服务过程组成的。酒店质量存在于这一次次的具体活动之中，而且每一次服务过程的使用价值只有一次的使用性。如客人进店，为其拉门微笑问安；客人用餐，热情引座，介绍菜点等，这种服务活动一结束，质量便消失，不能储存下来。客人对某一服务员的评价，也是就"这一次"服务而言，并不能重复再来。因此，客人对质量的评价是一次性的，往往一锤定音，难于事后修补。

（四）酒店质量内容的关联性

酒店质量是由一次一次的具体服务活动所组成的，但酒店各种不同的具体服务活动并不是孤立的，相反，它们之间有着密切的关联性。现代酒店为客人提供全面的服务，客人对酒店质量的印象，是通过他进入酒店直到离开酒店的全部过程而形成的。在连锁服务过程中，只要某个环节的质量有问题，就会破坏客人对整个酒店的印象，影响他对于整个酒店质量的评价。酒店质量管理中流行的一个公式：$100-1=0$，说的就是这个道理。因此，在酒店中必须树立一个质量管理的系统观念，要保证质量的系统性、连贯性、协调性，实行全过程、全方位的管理。只有酒店各部门、各环节的工作密切配合，使客人无论何时何地、在任何部门所得到的服务都是优良的，才能提高酒店的声誉。

（五）酒店质量对员工素质的依赖性

酒店提供的服务固然要以酒店的设施设备为依托，但服务质量的高低，主要取决于服务人员主观能动作用的大小和技术水平的高低。设施设备条件再好，不能调动人的主动性、积极性和创造性，酒店质量就无法提高。酒店员工的技术娴熟程度、技术运用程度和自身的文化修养、道德水准等都会对酒店服务质量产生直接影响。所以，酒店质量对服务人员的素质具有依赖性。这种特性决定了酒店要加强酒店质量管理，必须对员工进行素质培训，使员工能真正具备行业素质。

四、酒店质量分析

加强酒店质量分析是提高酒店质量管理水平的基本保证。酒店质量分析方法主要有两种。第一种叫 ABC 分析法。它是一种对不同质量问题进行分类的方法，"A"是重点问题，"B"是次重点问题，"C"是次要问题，然后合理组织与分配力量逐一解决各种质量问题；第二种叫因果分析法。它是运用像鱼刺一样的因果分析图，来对产生质量问题的原因进行层层分析，然后对症下药，予以解决。

(一)酒店质量分析的内容

酒店质量的构成要素是质量分析的主要对象，在实际工作中，要把本酒店的质量与其他酒店进行横向比较，并分析本酒店质量的稳定性程度和产生什么质量问题，这就构成了酒店质量分析的内容。

1. 质量水平分析

正确分析评价酒店质量的现实情况，与其他同类酒店相比较的相对水准，酒店在质量方面有哪些成绩和不足，有何潜力和后劲等。

2. 质量稳定性分析

酒店质量的稳定性包括各部门工作协调的稳定，相互间服务质量不出现明显的差距，不发生明显的波动。质量的稳定性分析一般选定几个对质量影响较大的项目，通过画出图表，作实际的分析。

3. 质量问题分析

主要分析几个"什么"：服务质量上出现了什么问题；产生问题的原因是什么；用什么方法解决问题等。

(二)酒店质量分析的方法

酒店在对质量进行分析和控制时，常采用 ABC 分析法、因果分析图、对策表等。这些方法简单易行，方便实用，是酒店应用较广泛的质量管理工具。

1. ABC 分析法

ABC 分析法又称排列图法、帕累托曲线图法，是 19 世纪意大利经济学家帕累托(Vilfredo Pareto)分析社会人口和财富的占有关系时采用的方法。帕累托原理又称 80/20 法则，他在对当时的社会财富分配问题进行深入研究后发现，财富的绝大部分集中在少数人手中，他把这些人称为"极其重要的少数"，其余的人处在贫困之中，他把这些人称为"不重要的多数"。他认为，社会财富的 80% 掌握在 20% 的人手中，只要知道这 20% 的人的行动，就可以掌握社会总行动的 80%。也就是通过对关键性的少数的分析，来发现事物的本质属性。

运用 ABC 分析法，可以找出酒店存在的主要质量问题。

(1) ABC 分析法的原理

ABC 分析法以"关键的是少数，次要的是多数"这一原理为基本思想，通过对影响酒店质量诸方面问题的分析，以质量问题的个数和质量问题发生的频率为两个相关的标志,进行定量分析。先计算出每个质量问题在问题总体中所占的比重,然后按照一定的标准把质量问题分成 ABC 三类,以便找出对酒店质量影响较大的一至两个关键性的质量问题,并把它们纳入酒店质量的 PDCA 循环中去,从而实现有效的质量管理。既保证解决重点质量问题,又照顾一般质量问题。

(2) ABC 分析法的步骤

① 确定质量问题的收集方式。具体方式有:质量调查表,客人投诉记录,批评意见单和各部门的检查记录等。

② 对收集到的有关质量问题进行信息分类。根据质量问题构成因素,将问题分成几类,然后统计出每类质量问题出现的次数,并计算出每类质量问题在总问题中所占的百分比。

假如发生 1000 个次质量问题,其中:

由服务态度引发的质量纠纷 330 个次。

由菜肴质量产生的质量问题 210 个次。

由员工操作导致的质量问题 180 个次。

由设施设备引发的质量事故 90 个次。

由语言动作产生的质量缺陷 80 个次。

由环境造成的质量损失 60 个次。

其他综合质量缺陷 50 个次。

进行列表排序,见表 9 - 1。

表 9 - 1　　　　　　　　　质量问题排序表

序 号	项 目	频 数	累 积 数	累计频率 %
1	服务态度	330	330	330 ÷ 1000 = 33%
2	菜肴质量	210	330 + 210 = 540	540 ÷ 1000 = 54%
3	员工操作	180	540 + 180 = 720	720 ÷ 1000 = 72%
4	设施设备	90	720 + 90 = 810	810 ÷ 1000 = 81%
5	语言动作	80	810 + 80 = 890	890 ÷ 1000 = 89%
6	环 境	60	890 + 60 = 950	950 ÷ 1000 = 95%
7	其 他	50	950 + 50 = 1000	1000 ÷ 1000 = 1%

③绘制帕累托曲线图。如图9-1所示。

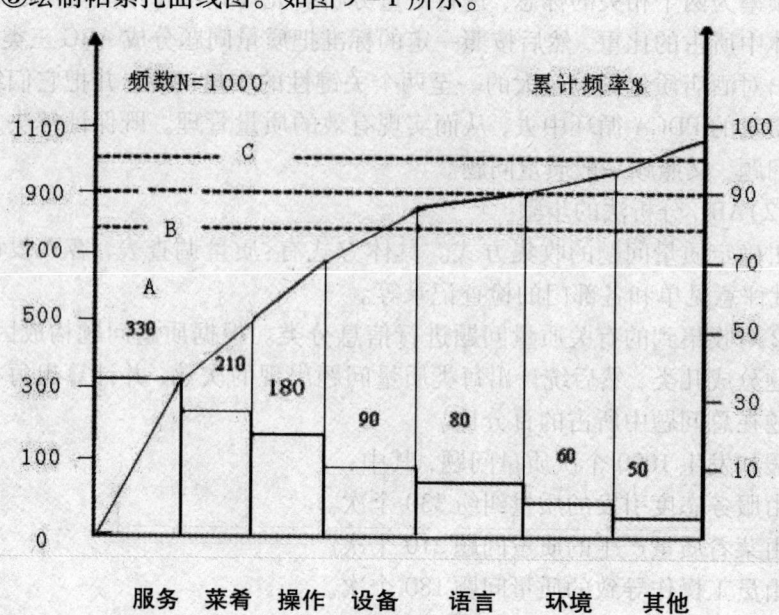

图9-1 帕累托曲线图

帕累托曲线图是有两条纵坐标的直角坐标图。横坐标轴上标出分类后的质量问题，其排列从左到右，按出现次数多少的顺序排列，左边的纵坐标轴是质量问题出现的次数（N），右边的纵坐标轴是质量问题出现的频率（%），以每类质量问题出现的次数为纵坐标作直方图，最后按累计频率作帕累托曲线进行分类。一般的划分标准为：

A类：关键问题，累计频率百分数在0%~70%左右。

B类：一般问题，累计频率百分数在71%~90%左右。

C类：次要问题，累计频率百分数在91%~100%左右。

上述分类标准不是绝对的，ABC类划分的范围可根据实际情况进行一定幅度的升降。

④进行分析，找出主要质量问题。根据帕累托曲线图的划分可知，在酒店质量问题中：

A类质量问题——"服务态度"和"菜肴质量"是酒店存在的主要问题。这类问题在酒店质量问题总体中的累计频率在33%~54%。可知，A类问题虽然不是很多，仅有"服务态度"和"菜肴质量"两个问题，但这两个问题却是关键的少数问题。如果这两个问题得以解决，将会大幅度提高酒店质量。因此，酒店管理人员对A类问题必须给予充分的重视，把它作为当前的酒店质量PDCA循环的对象。

B类质量问题——"员工操作、设备设施、语言动作"是酒店存在的次要质量问题。这类问题尽管没有列入当前酒店质量的PDCA循环，但管理人员也应给予足够的重视，以防止其产生上升的趋势。

C类质量问题——"环境和其他"是酒店存在的一般性质量问题。这类问题管理人员只要提供一些防范和改进措施就可以了。

2. 因果分析法

ABC 分析法主要寻找酒店存在的主要质量问题。但这些主要的质量问题是怎样产生的呢？原因何在？因果分析法正是利用因果分析图分析质量问题原因的简单而有效的方法。

因果分析图又称鱼刺图、树枝图。在酒店经营过程中，影响酒店质量的原因是错综复杂的，并且是多方面的。因果分析图对影响质量（结果）的各种因素（原因）之间的关系进行整理分析，并把原因与结果之间的关系用带箭线（鱼刺图）表示出来。如图 9-2 所示。

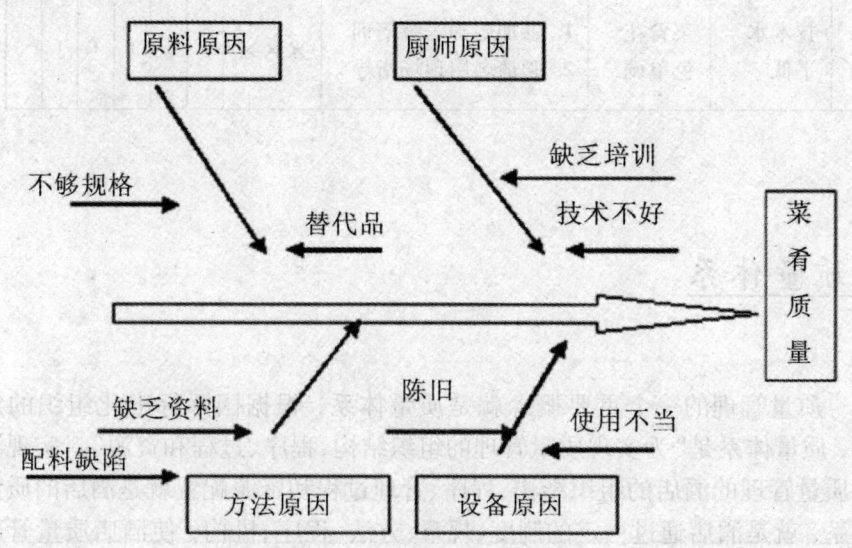

图 9-2　菜肴质量因果分析"鱼刺图"

使用因果分析图寻找质量问题产生原因的程序有四步：

第一步，确定要分析的质量问题，即通过 ABC 分析法找出 A 类问题。

第二步，发动酒店管理者和员工共同分析，寻找 A 类问题产生的原因。要集思广益，广泛征求各方面人员的意见，探讨一个质量问题产生的原因时，要从大到小、从粗到细、寻根究源，直到具体措施能够采取为止。

第三步，整理找出原因，按结果与原因的关系反映到图上。影响服务质量问题的大原因通常从人、方法、设备、原料、环境等角度加以考虑。

第四步，制订对策表，对策表即措施计划表。当用 ABC 分析法分析出酒店主要质量问题，又经因果分析图找出主要质量问题产生的主要原因后，就要针对主要原因制定对策，即制定改进措施和计划，将这些措施和计划汇集成表，就形成对策表。对策表是改进酒店质量的一种有效方法。见表 9-2。

表9-2　　　　　　　　　　改进酒店质量对策表

序号	问题	现状	对策	负责人	进度 5	10	15	20	25
1	原料不符合规格	菜肴外形不美观	1. 制订采购规格标准 2. 严格原料入库手续	×××	!				
2	无标准菜谱	菜肴份额不均	1. 制订标准菜谱 2. 增设厨房配菜员	×××		!	!		
3	技术水平低	菜肴花色单调	1. 参加厨师等级培训 2. 聘请名厨现场指导	×××			!	!	!

第二节　酒店质量体系

质量管理的一个重要概念就是质量体系，根据国际标准化组织的定义，质量体系是"为实现质量管理的组织结构、程序、过程和资源"。实现酒店质量管理的酒店的组织结构、程序、管理过程和资源配置就是酒店的质量体系，就是酒店通过一定的制度、规章、方法、程序、机构，使酒店质量管理和质量活动系统化、标准化、制度化的过程和方法。酒店质量体系包含在整个酒店经营管理体系之中。

一、酒店质量体系的建立

酒店质量体系要根据酒店质量控制的特点来建立。一般来说，酒店质量体系应包括三个层次：

第一，酒店应设立以总经理为首的服务质量管理领导机构，建立服务质量监督网，负责确立酒店质量管理目标，研究制订质量管理计划，并负责组织、协调、督促、检查各部门质量管理动态。

第二，各部门根据业务范围设立质量管理小组，负责本部门质量管理计划的制订和落实。部门质量管理中涉及到与全酒店或其他部门有关的问题，则和有关主管部门的质量管理小组协调。横向联系中难于解决的问题，由酒店质量管理领导小组解决。

第三，班组开展质量小组活动，重点是根据质量管理工作的要求，抓好标准化、程序化、制度化、原始记录等各项管理工作的具体落实，及时收集质量管理工作中出现的问题。

建立和运行酒店质量体系，需要经过许多实际步骤。它的前提条件是酒店高层管理者对建立质量体系有充分的认识。推动体系的建设要有足够的信心和决心，其基本过程如下：

（一）任命质量管理代表

建立质量体系，对酒店的质量加以管理，是酒店总经理的责任。但一些规模比较大的酒店，总经理没有足够的时间和精力来协助质量体系的建立和监督体系的运行。因此，负责此项工作需要任命一名行政人员，这个人可以是副总经理，也可以是其他人，通常称为质量代表，也可以称为质量经理。

质量代表应具备的基本素质：

(1) 具有丰富的酒店管理知识与经验；

(2) 熟悉酒店的产品，熟悉酒店的各项政策与各种运作程序；

(3) 善于发现问题，有较强的沟通协调能力和独立处理问题的能力。

质量代表这个岗位具有重要作用，被任命者必须有协调一切活动、监督质量体系运行、对体系运行状况和效果进行评审的责任和权力。质量代表对总经理负责，直接向总经理汇报工作，代表总经理行使有关质量管理方面的权力。

（二）成立质量工作小组

酒店的质量涉及酒店的各部门、各区域，建立和实施酒店的质量体系是一项纷繁复杂的工作。因此酒店有必要成立酒店质量工作小组，质量代表负责小组的具体工作，由各部门领导或授权代表组成小组。

酒店质量工作小组的主要任务是：

(1) 制定酒店的质量目标；

(2) 确定各部门、各岗位的质量职责和权限；

(3) 研究并确定酒店的质量政策；

(4) 研究并确定酒店的质量文件；

(5) 研究并确定酒店服务质量的控制措施；

(6) 定期检查质量管理体系的运行效果。

酒店质量工作小组讨论确定的有关事项和文件需要经过酒店总经理的批准才能在全酒店推行。酒店质量管理工作小组应当是酒店的永久性组织。

（三）制订工作计划

为了对质量体系的建设过程进行控制，保证质量体系的质量，酒店应当制订质量体系建立的工作计划。计划由工作小组拟订，经酒店最高管理者批准以后执行。

制订计划前应对酒店内外的情况进行综合的调查研究，对酒店的经营环境、质量管理现状进行分析，寻找薄弱的地方，抓住重点问题。工作计划要保证质量体系的建设质量，并对工作过程有切实可行的控制措施。工作计划中的工作要求、责任必须明确，工作所需的人员、物资应予以保证，对每个阶段的工作结果应认真地进行评审。

(四)确定质量目标和质量政策

确定酒店质量目标和质量政策的依据有两方面,一是酒店质量方针所确定的质量等级;二是有关质量文件(如星级标准)的要求。质量目标确定以后,就应当成为酒店质量政策的基础。酒店质量政策应当包括对酒店产品服务质量的承诺,达不到标准时的纠正措施或赔偿保证,酒店有关部门的责任和义务、纠正权限与奖惩措施等。

(五)优化酒店管理组织机构

酒店的管理组织机构是酒店质量体系的有机组成部分,质量体系的运作得益于它。

在质量体系的建设过程中酒店应当根据质量体系运作需要,科学设计和必要调整酒店管理组织机构,以保证酒店的整个管理组织有统一的质量认识和质量目标,同时要保证酒店管理指令和信息渠道的畅通。

确定酒店管理组织机构以后,就可将酒店质量管理的职责进行分解,明确各部门职责。职责分解时,要遵循职、责、权、利统一的原则,使各部门和有关人员能够充分执行其质量职责。

(六)制定质量体系文件

在建立酒店质量体系的过程中,应当重视质量体系文件的建设,酒店质量体系文件通常由以下几方面内容构成。

1. 质量手册。指阐述酒店的质量方针并描述酒店质量体系的文件。
2. 服务规范和服务规程。指说明每一工种、每一岗位的工作要求和每一项服务操作方法的文件。
3. 质量规范。规定服务目的和结果的文件。
4. 质量检查记录。指对酒店运行过程中发现的各种质量问题及时记录,并纳入控制范围的文件。
5. 质量效果记录。指记录酒店质量管理活动状况和所达到的结果的文件。

酒店管理的一项重要工作就是质量体系的文件化,因为只有完善的体系文件才便于按文件的要求执行各项工作,使质量管理工作条理化、规范化、有章可循;同时也只有将质量活动的执行结果记录成文,已经执行的各项工作才能得到证明,质量管理活动才能有据可查。

质量体系文件还能够及时发现酒店运行过程中存在的问题,及时发现宾客的要求,为质量管理活动提供依据。

(七)实施质量体系

酒店质量体系文件编制完成以后,应当对酒店的全体人员进行教育和培训,质量体系文件是培训的基本内容和重点,其中包括服务规范、服务规程和质量控制规范。

实施质量体系阶段的教育培训应当落实到每个部门和每个实施者的岗位。各种岗位的人员除了了解本岗位的质量要求外,还要对相关岗位、程序的内容和要求有所了解。

在质量体系实施以后，酒店要加强组织协调，并对质量体系的实施情况加以监督。在实施过程中，如果偏离文件要求，需要加以分析和控制。对文件本身的问题及执行过程的某些矛盾应采取相应的措施，进行协调和改进。

（八）质量体系评审与审核

质量体系实施以后，对质量体系本身是否科学合理，质量体系的实施情况是否合乎要求，是否达到目的，酒店最高管理者需要加以评审和审核。通过评审对质量体系的现状和适应性做出正式的评价，作为改进的依据，应不定期评审质量体系，其目的是不断地改进酒店的质量管理。

二、酒店质量体系的任务

1. 建立和健全合理的质量管理组织机构，制定和完善质量管理的规章制度。

2. 按照酒店质量目标，制定明确的质量管理规划，规划中必须对质量目标的具体标准明确规定。

3. 对酒店的服务项目制定出一整套标准的服务规程，并不断补充和完善。

4. 建立严格的检查体系和灵敏的质量信息反馈系统。

5. 做好提高酒店质量的基础工作，开展经常性的质量教育活动。建立有效的培训体制，运用各种形式对员工进行培训，以提高其服务水平。

6. 广泛开展各部门、各班组的质量管理小组活动。

三、酒店质量体系的结构

酒店质量体系结构一般由以下六部分组成。

1. 领导职责。质量管理工作如何，关键在于领导，酒店总经理对酒店质量目标的制定和实施负有主要责任。酒店总经理应负责组建质量体系，并使其有效运转；研究和制定质量方针和质量目标，并采取必要的措施使质量方针和目标能为全体员工所掌握并贯彻执行；要重视质量体系的审核和质量成本的分析和评估。

2. 组织机构。在酒店组织管理工作中，应建立与质量体系相适应的、能实现质量形成过程中各阶段职能的组织机构。这些组织机构应相互联系，协调配合，从保证酒店整体最佳效益出发，在酒店运行过程中发挥作用。为使酒店质量职能发挥作用，使质量体系能有效地运转，酒店应设立质量管理的专职机构，作为质量体系的组织保征。

3. 质量责任和权限。要明确规定酒店领导和各职能部门的质量责任，明确规定从事各项活动人员的任务权限。做到质量工作事事有人管，人人有专责，办事有程序，检查有标准，以达到预期的质量目标。

4. 工作程序。质量体系中的各个环节，都有大量的管理工作，其中许多活动都是重复发生的，不仅内容重复，而且方法也重复，并且有一定的规律性。把这些重复出现的管理业务活动，纳入规章制度，作为员工的行为准则，变成例行工作，就是酒店质量管理的标准化或规范化。把质量管理过程所经过的各个环节、各个岗位的工作程序如实记录下来，经过分析研究，加以改进，使之合理化，通过文字和图表定为标准，即为工作程序。质量管理工作的标准化、规范化、程序化，既是质量体系的重要内容，又是建立质量体系的一项极为重要的基础工作。

5. 资源与人员。为了实施质量方针并达到质量目标，质量体系中应保证必需的各类资源并应及时合理地安排这些资源。酒店经营的成败在于质量的好坏，质量取决于酒店人员的素质，酒店应重视培养人才，充分发挥人才的作用。为确保各类人员的工作能力，管理部门应就人员的学历、经验和必需的培训要求做出规定。

6. 质量文件。为了健全和完善质量体系并使之有效运行，应将质量体系的内容、活动、程序、制度和方法等加以系统整理和总结，形成质量文件。质量文件应包括有关质量文件标记、收集、编目、归档、存贮、保管、回收和处理，以及更改修订的办法，并贯彻实施。要保存足够的记录，证明工作达到了所要求的质量。

第三节　酒店服务质量控制

酒店管理的核心就是对服务质量的管理，服务质量的好坏直接反映了酒店的管理水平。因此，现代酒店都很注重服务质量的控制。

酒店服务质量的控制，主要表现在两个方面：一是酒店在内部管理上的指导、控制、组织、协调等工作；二是酒店在对宾客服务中自身的服务质量。而这两个方面的成效都取决于人的管理，因此，酒店服务质量的根本保证仍在于管理者的管理理念、方法、手段、艺术等。

一、酒店服务质量控制的内容

提高酒店服务水平，必须从基础抓起，最直接、最重要的有下面三项工作：

（一）质量教育工作

酒店要推行质量管理，努力提高服务质量，首先要提高人的素质，要把质量教育工作作为第一道工序来抓。

1. 质量教育的任务

总的来说，质量教育工作的主要任务在于不断增强酒店全体员工的质量意识，并使之掌握和运用质量管理的方法和技术。要使每位员工牢固树立"质量第一"的思想，认识到质量是酒店生存、发展和兴旺的根本所在，以及自己在提高质量中的责任，从而自觉提高业务管理水平和服务操作技能,严格遵守纪律和操作规程,不断提高自身的工作质量。

2. 质量教育的内容

根据质量教育工作的任务,质量教育包括两方面的内容:

(1)质量意识教育和质量管理知识的教育

树立和强化员工的质量意识是进行质量教育的首要目的。质量意识就是人们对质量的看法和认识,对质量的认识程度、重视程度。酒店员工具有高度的质量意识,就能忠于职守,努力提高自己的服务技能,为宾客提供满意的服务。同时,还要使全体员工对质量管理的基本理论和方法有所了解,并能够自觉地运用这些知识来解决工作中存在的各种质量问题。

(2)质量技能教育与培训

酒店服务水平的好坏,主要取决于员工队伍的思想素质、业务技能水平和各方面管理工作水平。因此,质量教育必须要与对员工的业务技能教育与培训结合在一起,训练有素的员工才能把"质量第一"的思想真正落到实处。

3. 质量教育的基本要求

第一,搞好质量教育工作,必须领导重视。总经理必须带头学好质量管理的基本知识。第二,要分层次进行质量教育,一般可把质量教育的对象分为三个层次:领导层、质量管理骨干层、一般员工层。不同教育对象质量教育的内容不同。对领导层进行质量教育主要是解决认识问题,重点放在质量意识教育上,使他们能在工作中重视质量管理;质量管理骨干层是质量教育的重点,对他们除了要进行质量意识教育外,重点放在质量管理理论和方法的教育上;对一般员工层,要把质量教育同业务技能培训有机地结合起来。第三,质量教育要坚持多样性、系统性和经常性。多样性是指质量教育形式的多种多样。除了办班讲课、现场教学外,还可采用一些员工喜闻乐见的其他教育形式,如知识竞赛、模拟服务过程、专题讨论、参观学习等活动,强化员工质量意识;系统性是指质量教育必须有系统的安排和计划。酒店要制订自己的质量教育计划,并将其纳入员工培训计划。制订的教育计划既要有普及性的,又要有深化提高性的;经常性是指质量教育必须持之以恒。酒店的人事培训部门要把质量教育当作一项主要的、经常性的工作,列入重要的工作日程,而质量管理部门主要从教学内容、教师、教材等方面给予配合和协助。

(二)质量责任制

1. 质量责任制的意义

质量责任制是酒店各部门、各岗位和个人在质量管理工作中为保证服务质量和工作质量所承担的义务、责任和权利。酒店建立质量责任制具有重要的意义。

首先,建立质量责任制可以把同质量职能有关的各项具体工作同全体员工的积极性结合起来,组织起来,形成一个严密的质量保证体系,更好地保证酒店服务质量的提高;其次,建立质量管理责任制,有利于酒店建立正常秩序，使酒店内部各管理机构之间、各员工之间明确划分自己的职责范围、工作或服务标准，把各种隐患消灭在萌芽阶段，防患于未然，杜绝质量事故的发生。

2. 质量责任制的要点

建立质量责任制是一项十分复杂、细致的工作，必须做到：

(1) 质量责任制要体现责、权、利三者的结合，这是责任制的实质。所谓责，就是质量责任，建立质量责任制是为了加强员工的责任感，使每个员工对自己的工作质量负责，这是实行质量责任制的前提；权，就是质量责任承担者的权力，这是建立和完善质量责任制的必要条件；利，就是经济利益，是实行质量责任制的内在动力。

(2) 质量责任制使质量有否决权。在酒店内部实行质量否决权，目的在于必须坚持"质量第一"，质量指标达不到，其他考核项目得分再高，也要按质量指标水平拉下来，就是说，质量指标的考核起着否决作用。

(3) 质量责任制要逐步完善。要分对象、分层次、分专业制定各部门和各类人员的责任制，使各部门能互相协调，共同对酒店的质量负责，使各类人员明确自己的任务和权力。要先从定性责任开始，逐步向定量责任过渡；由粗到细，先易后难，先个别后一般，先部门后全体；要严格管理，坚持考核。

(三) 制定与实施服务规程

1. 酒店服务规程的内容

酒店服务的规范化和标准化只能从本身的特点出发，用描述性语言给予规定，这就是服务规程概念。服务规程是指以描述性的语言规定酒店某一特定的服务过程所包含的内容和作业顺序，规定该服务过程所应达到的规格和标准。

服务规程不是我们所说的一般意义上的作业程序。首先，它是一种规范。这种规范是以宾客对旅居生活的需求，以宾客和酒店的主从关系，交换关系为出发点，以科学管理为指导，在对服务的动作、过程、规律的分析研究中产生的。其次，规程的对象是每个具体的服务过程。每个服务过程都有作业动作和作业过程，都有效果标准，为了达到服务的规范化而制定服务规程。最后，规程以强制性的形式规定了服务过程的内容、程序、规格、标准，一经规定每位员工都应执行。

2. 酒店服务规程的对象及范围

服务规程是以酒店某一特定的服务过程、服务内容为对象，如总台入住登记，客房整房过程，值台迎宾过程，餐厅服务员给散客点菜过程等。只要酒店有一个服务过程，那么必定有一套与之相适应的服务规程。服务规程既然以服务过程为依据，那么它就有个始终。通常把某一特定的服务内容从开始到结束称为一个服务过程。这样就对服务过程的范围做出了规定。

3. 酒店服务规程的内容和作业程序

服务规程要规定每个服务过程所包含的内容和作业程序。服务内容要规定业务内容的本身，如总台入住登记的基本内容就有接受订房、登记、排房、收取押金等服务规程，还要具体规定内容细节，如动作、语言、姿态、手续、信息传递、用具、权限、时限、例外处理等。

服务的作业程序是指前后的顺序；服务程序和规定要求符合作业过程的规律，同时要考虑减轻员工的劳动强度，减少物资消耗。

4. 服务规格和标准

服务规程要规定服务的规格和标准，就规格来说，不同星级不同档次的酒店有不同的规格。根据酒店的档次等级，以规程的各具体内容来核定服务的规格。就标准来说，不管哪一规格的服务都有标准，按照服务质量的具体内容确定具体标准。

5. 服务规程的衔接和系统性

每套服务规程的首尾都要有与其他规程互相衔接、互相连贯的内容。如客房各规程和总台规程的衔接，餐厅值台和传菜规程的衔接。规程间的相互衔接和连贯，就形成了服务的系统性。

6. 服务规程的制定

（1）服务规程制定的依据。服务规程不能只是一纸空文，要真正成为酒店工作的准则，规程要建立在坚实的基础之上。服务规程的制定要有科学的依据，其主要依据为：

宾客的市场需求。服务规程要适合市场需要，制定规程前必须对市场需求作详细的调查和分析。

酒店的特点。包括酒店的星级、风格、管理等特点，酒店接待对象、组织形式、业务特点、员工素质等特点。

（2）服务规程的编制过程。服务规程的编制有两种方法，一种是由集体讨论，一人执笔编制；另一种是由一人或数人编制出草案，再交大家讨论。不管采用哪种形式，其原则和过程基本相同。

编制的基本过程为：

一是由总经理统一领导部署召集以制定服务规程为主要内容的店务会议，对酒店的决策计划、质量目标进行深入透彻的研究分析、提出制定服务规程的目标和基本要求。

二是各部门组织服务规程编制小组。任务是：排列本部门的全部服务内容，并确定本部门有几个服务过程；针对每个过程进行作业研究，编制出服务规程。

三是规程修改。修改分两步进行，第一步是草案修改，把草案交酒店人事部和本部员工，由大家讨论修改；第二步是实践，在小范围内进行规程的试行，在实践中去发现问题，进行修改。

四是规程改进和完善。随着时代的进步，酒店的发展，规程也要不断改进和完善。

7. 服务规程的实施

（1）对员工进行服务质量基础教育。服务质量基础教育主要从两个方面进行。一方面，要从思想观念上教育员工懂得服务质量的重要性，懂得服务质量管理的科学方法，提高执行服务规程，维护酒店声誉的自觉性。另一方面，要经常联系实际，进行酒店服务质量的总结、分析、讲评，分析典型实例，使大家对酒店服务质量有透彻的认识。

（2）对员工进行规程作业培训。让员工实施规程，先要员工掌握规程。酒店对全体员工要进行规程作业培训，服务规程培训。可通过课堂培训、观看录像、实践操作培训三个阶段；培训后进行考核，合格后才能上岗。

（3）对服务规程实施监督检查。全体管理人员对服务规程的实施情况要进行监督检查。一方面通过原始记录和信息系统，反映服务规程执行情况，以此来检查控制各班组、各部门的规程实施；另一方面通过管理人员经常的检查巡视，监督控制规程的实施。服务规程实施和检查结果要有记录，并有分期的统计资料。

二、酒店服务质量控制的方法

在实际工作中，主要从三个方面对质量进行控制。

（一）事前服务质量控制

事前服务质量控制是提高服务质量的前提条件，其根本目的是贯彻预防为主的方针，为提供优质服务创造物质技术条件，做好思想准备。酒店各部门的服务性质不同，事前准备工作的内容、形式、时间也不同，因此要根据各部门的不同情况来控制事前服务质量。

1. 硬件质量控制。包括酒店设施、设备的安全程度、舒适程度以及配备的合理程度。

2. 物品供应控制。包括各种生活用品、服务用品的数量、质量、规格、供应时间、保证程度等。

3. 食品原材料质量控制。包括食品原材料的采购时间、品种规格、储存保管和加工质量等。

4. 服务人员的思想准备。包括职前培训，岗位培训，重要接待任务前的思想动员等。

事前准备阶段的检查是控制服务质量的重要环节。只有做好上述工作，才能为提高服务质量提供前提条件和物质技术保证，这是酒店服务质量控制的重要内容。这些工作做得越好，越细致，提高服务质量就越有保证。

（二）服务过程中的服务质量控制

服务过程中的服务质量控制贯穿于酒店业务管理的全过程。其重点包括两个方面：

1. 层级控制。即通过各级管理人员一层管一层地进行。它主要是控制重点程序中的重点环节，如总台预订、接待质量、餐饮产品的生产质量、客房的卫生质量等。

2. 现场控制。酒店服务质量的偏差往往是一瞬间发生的,有些偏差需要立即纠正,因此要加强现场控制。各级管理人员要尽可能深入第一线去发现服务质量中的问题,及时处理。如客人投诉要尽可能及时解决,在客人离店前尽量消除不良影响,以维护酒店声誉。

(三)事后服务质量控制

事后服务质量控制是指及时收集各种信息,并针对各种信息进行分析,发现问题要找出原因,从而有针对性地采取措施,保证酒店服务质量目标的实现。

事后服务质量控制主要是找出经验教训,这与传统的事后质量检查是相类似的。但它又有更进一步的做法,因为这种事后服务质量控制是面对未来的,它和PDCA循环融为一体。对事后控制中发现的问题,必须到下一个PDCA循环中去,提出更高的目标,由此不断提高酒店的服务质量。

酒店的服务质量在酒店各项工作中占有重要的地位,服务质量是无形的最好的广告,它吸引成千上万的旅游者,正如一位著名酒店管理专家所说"酒店出售的只是一个东西——服务"。也正如一句至理名言所说"质量是做出来的,而不是检查出来的",酒店必须视服务质量为生命,在日常的工作中切切实实把好质量关,创出自己的牌子来。

第四节 现代酒店全面质量管理

随着酒店业供需关系的变化和市场竞争的日益激烈,酒店的经营管理观念和方法不断更新,酒店的经营管理水平也不断提高。从进入20世纪90年代以来,西方的酒店开始引入制造业普遍推行的"全面质量管理"的全新管理观念和方法,强调服务质量是酒店关键,酒店的根本职能是达到百分之百的顾客满意,为顾客提供无差错的服务,这一管理观念为西方酒店业带来了极大的效益。

一、全面质量管理的含义

全面质量管理(Total Quality Management 简称 TQM),源于60年代伟大的管理思想家克罗斯比在美国推行的一种质量管理思想,即"零缺陷(Zero-deeects)"质量管理。后成为日本制造业广泛推崇的质量控制(Quality Control)方法,80年代为西方国家所普及,90年代开始应用于西方的服务行业。

全面质量管理强调以满足顾客需求为导向,企业的全体员工都要参与质量管理,并创造了"质量管理循环图"的系统方法,对质量的全过程进行科学管理;这个过程中还出现了"质量管理四项基本原则""十四步质量改进方案"等质量新概念，以及后来的"六西格玛"管理理论，使"全面质量管理"逐渐形成和完善(参见附录)。

全面质量管理主要包含两方面的内容：一是企业要提供顾客满意的产品和服务，仅靠数据统计的方法进行生产和服务过程控制是不够的，还需要一系列管理手段和组织工作。所以，全面质量管理的"全面"两字是相对于统计质量控制的"统计"而言的。二是产品和服务的质量是一个形成和发展的动态过程，其中包括市场调研、产品设计与生产、产品销售和售后服务等各个环节，质量就是在这些过程的螺旋式循环中形成并不断提高的。全面质量管理就是要抓好各个环节的管理工作，而不仅限于产品的生产过程。

大多数经营管理者认为，全面质量管理的核心是强调一致性，克服随意性，消除差错，使顾客得到全面的满足。因此，全面质量管理可以归纳为四项基本原则：以顾客为中心，不断改善，全员参与，一次到位，最终达到顾客的全面满足。

二、酒店全面质量管理

酒店的质量概念与制造业有所不同，它包含有形和无形两个方面，即酒店的技术质量和功能质量。

酒店的技术质量，也可称为有形质量。顾客的满足，一是通过酒店的设施设备质量，即酒店硬件的完好程度、安全程度、舒适程度和方便程度以及与酒店的档次、规模、规格的吻合程度来实现的。它覆盖了酒店各个角落和空间的有形物体，甚至包括了酒店的温度和湿度；二是通过酒店的实物产品质量，即酒店提供的有形产品，如购物品和餐饮产品的花色品种，外观颜色，内在质量与价格之间的吻合程度来实现的。

酒店服务技术质量的高低有非常具体细致的客观衡量标准，通常是可以衡量并且容易衡量。

酒店的功能质量由服务质量和工作质量构成，也可称为酒店的无形质量。酒店的服务质量指酒店的员工向顾客提供服务时所表现出的行为方式，包括员工的服务技巧，服务方式，服务态度，服务效率，职业道德，团队精神，礼节仪表等，是酒店服务质量标准和程序的内在体现。酒店的工作质量，指酒店同服务质量直接相关的各环节，包括各部门的经营管理工作质量、技术工作质量和组织工作质量以及良好的人际环境。酒店的工作质量是酒店质量达到质量标准的保障，体现为酒店的管理人员、服务人员和顾客三者之间友好、和谐、理解的互动关系。功能质量的高低虽然也有许多客观衡量标准，但很大程度上取决于员工在服务现场的心理状态和顾客接受服务时的主观感受，常常因人、因时、因地而异，因此，功能质量一方面是可以衡量的，另一方面又难以衡量。

因此，酒店全面质量管理具有更强的整体性、系统性和复杂性。

酒店全面质量管理是指把酒店作为一个整体，以酒店的全体员工和各个部门的共同参与为保证;以提供最佳服务为目标;以专业技术和各种灵活的科学管理方法为手段;以获得最大的社会效益和经济效益为目的;以实际效果为最终的评价点,全面满足被服务者需求的活动。酒店的全面质量管理是酒店经营管理的中心环节。

酒店实行全面质量管理的基本点是:宾客需求便是服务质量;宾客满意便是服务质量标准。

酒店的全面质量管理运用科学的质量管理思想方法,改变了传统的事后检查,把质量管理的重点放在"预防为主",将质量管理由传统的检查服务质量的结果转变为控制服务质量问题产生的因素;通过对质量的检查和管理,找出改进服务的方法和途径,从而提高酒店质量。

三、酒店全面质量管理的原则

（一）以顾客为中心

酒店组织依存于顾客,因而应理解顾客当前和未来的需求,满足顾客需求并争取超过顾客的期望。

1. 全面地理解顾客对于产品、价格、可依靠性等方面的需求和期望。
2. 谋求在顾客和其他受益者(所有者、员工、社会)的需求和期望之间的平衡。
3. 将这些需求和期望传达至整个酒店组织。
4. 测定顾客的满意度并为此而努力。
5. 管理与顾客之间的关系。

（二）发挥领导作用

领导者建立组织相互统一的宗旨、方向和内部环境。所创造的环境能使员工充分参与实现组织目标的活动。

1. 努力进取,起领导的模范带头作用。
2. 了解外部环境条件的变化并对此做出响应。
3. 考虑到包括顾客、所有者、员工和社会等所有受益者的需求。
4. 明确地提出组织未来的前景。
5. 在组织的各个层次树立价值共享和精神道德的典范。
6. 建立信任感、消除恐惧心理。
7. 向员工提供所需要的资源和在履行其职责和义务方面的自由度。
8. 鼓舞、激励和承认员工的贡献。
9. 进行开放式的和真诚的相互交流。
10. 教育、培训并指导员工。
11. 设定具有挑战性的目标。
12. 推行组织的战略以实现这些目标。

（三）全员参与

各级人员都是组织的根本,只有全员的充分参与才能使员工的才干为组织带来受益。

1. 承担起解决问题的责任。
2. 主动地寻求机会进行改进。
3. 主动地寻求机会来加强员工的技能、知识和经验。
4. 在团队中自由地分享知识和经验。
5. 关注为顾客创造价值。
6. 对组织的目标不断创新。
7. 更好地向顾客和社会展示自己的组织。
8. 从工作中得到满足感。
9. 作为组织的一名成员而感到骄傲和自豪。

(四)过程方法

将相关的资源和活动作为过程来进行管理，可以更高效地达到预期的目的。

1. 对过程给予界定，以实现预期的目标。
2. 根据组织的作用识别过程的设计。
3. 明确地规定对过程进行管理的职责、权限和义务。
4. 评价可能存在的风险、因果关系以及内部过程与顾客和其他受益者的过程之间可能存在的相互冲突。
5. 识别过程内部和外部的顾客和其他受益者。
6. 在设计过程时，应考虑过程的步骤、活动、流程、控制措施、培训需求、设备、方法、信息、材料和其他资源，以达到预期的结果。

(五)系统管理

针对制定的目标，识别、理解并管理一个由相互联系的过程所组成的体系，有助于提高酒店组织的有效性和效率。

1. 通过识别或展开影响既定目标的过程来定义体系。
2. 以最有效地实现目标的方式建立体系。
3. 理解体系的各个过程之间的内在关联性。
4. 通过测量和评价持续地改进体系。
5. 在采取行动之前确立关于资源的约束条件。

(六)持续改进

持续改进是一个酒店组织永恒的目标。

1. 将持续地对服务、过程和体系进行改进作为酒店每一名员工的目标。
2. 应用有关改进的理论进行渐进式的改进和突破性的改进。
3. 周期性地按照最优准则进行评价，以识别具有改进的潜力的区域。
4. 持续地改进过程的效率和有效性。
5. 鼓励预防性的活动。
6. 向酒店的每一位员工提供有关持续改进的方法和工具方面的教育和培训。
7. 制定措施和目标，以指导和跟踪改进活动。

8. 对任何改进给予承认。

(七)以事实为决策依据

有效的决策是建立在对数据和信息进行合乎逻辑和直观的分析基础上。

1. 对相关的目标值进行测量,收集数据和信息。
2. 确保数据和信息具有足够的精确度、可靠性和可获取性。
3. 使用有效的方法分析数据和信息。
4. 理解适宜的统计技术的价值。
5. 根据逻辑分析的结果以及经验和直觉进行决策并采取行动。

(八)互利的外部关系

酒店和外部之间保持互利关系,可增进自身创造价值的能力。

1. 把与外部的关系建立在兼顾酒店和社会的短期利益和长远目标的基础之上。
2. 清楚地、开放式地进行交流。
3. 分享信息和对未来的计划。

酒店全面质量管理的原则是现代酒店在质量管理方面的总体原则,这些原则需要通过具体的活动得到体现。

四、酒店全面质量管理的方法

在推行全面质量管理的方法上,世界各国普遍运用 PDCA 循环法,即质量工作的计划(Plan)、落实(Do)、检查(Check)和质量问题的处理(Action)。

PDCA 的四个环节中又包含了八个步骤,体现出质量管理工作是一个不断循环的过程。

(一)第一环节——计划阶段

这个阶段的工作内容包含了四个步骤。

第一步:分析现状,找出存在的质量问题。例如,酒店可从服务质量、设施质量、工作质量等方面来分析现状,并找出存在的质量问题。如服务质量中,服务人员的着装是不是统一、美观、大方;服务态度是不是热情、诚恳、礼貌;服务技巧是不是熟练、过硬;服务方式是不是规范化;服务项目是不是多样化等。在分析现状时,要注意用掌握的事实说话。如果问题很多,应当抓住几个主要问题作为突破口,先加以解决。

第二步:分析产生质量问题的原因。产生质量问题的原因,一般可归纳成五大类:人、设备、材料、环境和方法。分析时应注意要逐个问题、逐个原因评价分析。

第三步:找出影响质量的主要原因。影响质量问题的原因可能是多种多样的,但重点要放在解决主要问题上。

第四步:制订解决主要质量问题的措施计划。这一步很重要,所制订的措施计划要明确具体,切实可行。

（二）第二环节——落实阶段

这个阶段只有一个步骤。即：

第五步：实施计划。首要工作就是按照制订的措施计划严格地去执行，同时，原始记录一定要做好，及时反馈执行中出现的各种情况。

（三）第三环节：检查阶段

这个阶段也只有一个步骤。即：

第六步——检查计划执行情况。看预期效果是否已经达到，检查时要做到及时、认真、客观、公正，能真实地反映执行情况。

（四）第四环节：质量问题处理阶段

这个阶段包括两个步骤。

第七步：总结经验和教训。经过总结，把成功的经验纳入有关的标准、规范、制度中去，巩固和扩大质量改进的成果。失败的教训也可作为一种收获，体现到标准化和规范化管理中去，以免重犯错误。

第八步：遗留问题转入下个循环。对在这一循环中没有解决的遗留问题，加以清理，并把它作为制定新的质量改进方法的根据，转到下一个PDCA循环的第一个阶段中去。

至此才算完成一个PDCA过程，可继续转入下一个PDCA过程的循环，如此延续下去，成为无止境的PDCA循环运动。可见，PDCA循环法具有如下特点：

首先，循环不停地转动，每转动一次提高一步，每次循环都有新的目标和内容，质量问题才能不断得到解决，酒店水平才能不断提高。其次，大环套小环，小环促大环，环环相扣，相互联系，彼此促进。整个酒店循环是一个大环，各部门则是大环中的小环，小环以大环为整体，大环以小环为保证。

第五节 酒店ISO贯标管理和绿色管理

一、酒店ISO贯标管理

ISO是国际标准化组织（Internation Oranization for Standardization）的简称。成立于1947年，是一个非政府性国际科技组织，是世界上最大的国际标准制定修订机构，也是联合国工业发展组织的甲级咨询机构。

根据行业和专业的不同需要，ISO目前设有200多个技术委员会（TC），与质量管理密切相关的是：TC176。TC176于1997年更名为"质量管理和质量保证标准化技术委员会"。

ISO已成为世界最权威最具广泛基础的标准化组织，世界上有100多个国家和地区加入。TC176是一个非常重要的委员会，它负责有关质量管理和质量保证方面的标准制定及相关的研究工作，世界上有50多个主要国家参加了TC176，并积极采用了它所制定的标准。我国是ISO、TC176的正式成员国。

(一)ISO9000/14000简介

ISO9000是一套科学的质量管理标准，作为质量保证体系，它能帮助企业明确目标，厘清管理思路、厘清企业与顾客、供方之间以及企业内部之间的关系，明确质量管理各个方面的过程和要求，使企业目标明确，各级各类管理人员职能明确，最终实现能够持续提供符合规定要求的产品和服务，降低质量成本，提高竞争力，巩固现有市场并扩大市场份额的目的。

ISO14000环境管理标准是继ISO9000质量管理和质量保证系列标准后推出的又一个国际管理性标准，它旨在支持环境保护工作，改善生态环境质量，减少人类活动对环境、资源造成的污染与破坏，促进环境、经济与社会可持续发展的一套国际性标准。

两个标准均为管理性标准而非技术性标准，它们的最大特点是可以让被动管理变为主动管理，强制管理变为温和管理，以强调自我约束、自我完善。

(二)酒店实施ISO9000/ISO14000的意义

酒店在导入ISO9000/ISO14000的过程中，本身就是一个从经验化管理向文件化、系统化管理的飞跃。

ISO9000/14000通过有效的文件体系来规范我们的行为，并通过定期的内、外部评价，以达到持续改进的目的，从而使我们的服务更为完善。究其实，ISO9000是一个提高效率的过程，而ISO14000是一个提高效益的过程。因此，两个体系的建立，不仅可作为酒店管理活动的行为准则，更为酒店获取顾客及社会公众的认同和信赖提供了有力保证，益处是多方面的。

1. 保障顾客满意率、提高环境绩效

实施ISO9000/14000，有利于增强全体员工的服务质量意识，确立优质服务的新观念，"多一份绿色行动，就多一份生存空间"这一环境方针充分贯彻到实际工作岗位上去，推动员工树立先进的"服务理念"和"绿色酒店理念"。

2. 规范管理行为

首先，ISO9000/14000是一种量化控制的方法，讲究逻辑性，它将原先感性的或凭经验论的判断和管理变为可计量、可测量、可比较的量化管理，从中清楚地比较出管理的效率和效益；其次，它是一种客观公正的评审方法，如供应商的评审，通过导入体系可将原来传统管理中的凭印象、凭感觉、凭关系的供应商选择，转为供应商资质评审、供应经验与经历的评审、市场价格的评审、供应商供货信誉的评审，从而达到降低采购成本，保证采购质量的目的；最后，它能够重新审视原先的管理流程，发现运作中不合理的、降低效率的环节，精简、协调、整合，从原来经验式、口头式、感性化的管理转为文件化设定的程序管理，减少因人员操作不当带来的服务质量风险。

3. 控制成本，节约能源，创造效益

实施质量和环境管理体系可以带来两种效益，一种是可以衡量的经济效益，主要体现在ISO14000通过节能降耗，污染预防，给企业带来直接的经济效益；另一种是无法以经济数量来衡量的效益，如竞争力的提高、员工协作精神的加强等，给企业的持续发展带来不可估量的长期效益。

4. 树立良好外部形象

酒店导入ISO9000质量管理体系和ISO14000环境管理体系，给消费者、管理操作者以信心，从而给企业带来稳定的质量形象，在规范内部管理的同时，也为酒店树立良好的外部形象起到积极的作用。

5. 接轨国际市场，提高市场竞争力

随着全球经济一体化进程的加快，我国加入WTO后，国内国际的市场竞争将更为激烈，酒店与国际接轨显得十分迫切和需要，这就对我们的规范管理、个性化服务、程序化操作提出了更高的要求。通过认证，不仅可以提高酒店的整体素质，也是提高每位员工尤其是管理人员自身素质的一个良好途径。

（三）酒店实施ISO9000/14000的几个重要环节

1. 领导重视是贯标成功的关键。

酒店面临着激烈的市场竞争，没有导领的重视，没有登高望远的气魄，要搞贯标活动是不可思议的，贯标活动是一项复杂的工程，离开酒店领导人的重视，简直是寸步难行。

2. 质量体系文件的编制是贯标的重要一环。

编写质量体系文件时要结合实际，实事求是，不照搬别人的模式，更不能把需要几年努力才能达到的目标过多地写入体系文件中，否则会增加质量体系运行的难度。要简明扼要，易于操作。贯标活动不是要推翻我们原来的好的质量管理制度，而是要将其纳入ISO9000系列标准中。

3. 全员培训，通力合作，是贯标认证的重要条件。

4. 扎实运行，有效内审，是贯标的重要保证。

贯标活动建立起来的质量文件，数量很大，如果不注重实际运行，无异于废纸一堆，而且只有在运行中才能提高质量水准，纠正某些不符合实际之处。内审员制度，是自律、自控之需，要把那些真正符合内审员要求、懂行、负责的成员吸收到内审队伍中。

5. 重视信息反馈，及时整改是贯标的最终目的。

贯标过程中，要重视反馈的功能。内审互查，发现问题，抓紧整改，才能从根本上改进管理，提高服务质量和工作质量。

酒店及早适时地建立两个管理体系，必将大力改善自己的服务质量与环境形象，最终提高酒店的市场竞争力。

二、绿色管理

绿色管理是指运用环保健康理念，倡导绿色消费、保护生态和合理使用资源的绿色酒店建设，其核心是在为顾客提供符合环保、健康要求的绿色客房和绿色餐饮的基础上，在生产过程中加强对环境的保护和资源的合理利用。

当今社会，人们不断追求经济的发展和生活质量的提高，但在这个过程中，人们的生存空间遭到了严重破坏。随着全球生态环境的日益恶化，保护环境、倡导绿色消费日益受到人们的关注。人们不得不选择一种既满足发展需要，又能保护环境的发展方式——可持续发展。保护环境的最根本目的是保护人体健康，保护人享有健康生存空间的权利，所以，实现可持续发展，创造良好的生存空间是绿色酒店管理的基础。

（一）"绿色酒店"的定义

"绿色酒店"可以简单地翻译为"Green Hotel"，但国际上又把"绿色酒店"翻译为"Eco – efficient Hotel"，意为"生态效益型酒店"，由于"eco"也是"Economy"的前缀，因此也隐含着"经济效益"的含义，意思是充分发挥资源的经济效益；也有将"绿色酒店"翻译为"Environmental – friendly Hotel"即"环境友好型酒店"。应该说，"绿色酒店"或"Green Hotel"只是一种比喻的说法，是用来指导酒店在环境管理方面的发展方向。它可以理解为与可持续发展类似的概念，即指能为社会提供舒适、安全、有利于人体健康的产品，并且在整个经营过程中，以一种对社会、对环境负责的态度，坚持合理利用资源，保护生态环境的酒店。绿色酒店只提出了一个原则和框架，并不涉及具体的内容和目标、指标。在操作过程中，酒店要根据这些原则，研究本企业的实际状况及对环境保护应做的贡献。

通过对理论的探索和实践的总结，在现阶段，我国的绿色酒店应尽可能做到：整个酒店的建设对环境的破坏最小，运行过程中资源、能源消耗尽可能低，向客人提供满足人体健康需求的产品并能积极参与社会的环境保护活动。

（二）"绿色酒店"的特点

1. 安全

这个概念，是绿色酒店的一个基本特征。如果消费者的人身安全不能得到保障，生命不能受到尊重，何谈绿色？西方国家提出绿色环保的根本动因，也正是因为20世纪五六十年代，出现在发达国家的一系列水体、大气污染引起的公害事件，不仅严重影响生态环境，进而危害当地居民的生命安全。因此，"安全"在任何时候都是绿色概念的一个基本因素。在酒店中影响安全的主要是公共安全和食品安全这两个因素。

2. 健康

健康是指给消费者提供有益于健康的服务和享受，具体来讲就是绿色客房和绿色餐饮。我们在建立绿色酒店的过程中，其出发点就是秉承以人为本的宗旨。但在有些酒店的客房里，消费者呼吸的是低劣的空气品质，甚至是充满了高浓度的甲醛、苯以及超标的 VOC 等有害气体，卫生间的陶瓷、洁具释放出伤害人体健康的放射性气体，在一些餐厅里食用的蔬菜、水果里农药残留量、重金属严重超标。而这些因素由于在感官上很难直接识别，消费者处于信息不对称的地位，甚至我们有些酒店的经营者对此也不甚了解。因此，绿色酒店应该把是否提供健康的服务和产品作为一个重要的特征和因素进行考虑。

3. 环保

（1）减少浪费、实现资源利用的最大化。比如在餐厅就餐，让消费者适量点菜，注意节约，提供剩菜打包、剩酒寄存服务，这些都是绿色酒店的内容。

（2）在酒店建设和运行过程中，对环境的影响和破坏降低到最小。这些内容在酒店就很多了。比如针对一次性消耗用品的过度使用导致的污染，我们就可以采取对没有使用完的用品不再添加的方式进行控制；我们以前酒店服务规范中要求的每天更换棉织品，绿色酒店则可根据顾客的意见更换，这样既可以降低酒店成本，又可以减少对环境的污染。

（3）酒店的物资消耗和能源消耗降到最低点。比如在客房随手关灯，随手关空调。

（三）"绿色酒店"的发展进程

20 世纪 80 年代末期，在全球"绿色浪潮"的推动下，欧洲的一些酒店意识到酒店应对环境保护起到积极作用，逐渐开始改变经营策略，加强环境意识，实施环境管理，极力营造酒店的"绿色"氛围，并将绿色酒店作为企业新的形象，来提高经济效益和社会效益，取得了较好效果。1988～1995 年，"大陆酒店集团"通过开发绿色活动，减少能源成本达 27%，仅 1995 年就节约能源 400 万美元。该集团是较早实施环境管理的酒店集团之一；加拿大太平洋酒店和度假集团只有 26 家酒店，1 万余间客房，集团自 1991 年开始在所属的 26 家酒店内开展"绿色伙伴指南"的大型活动，成为卓有成效的绿色酒店集团。

1991 年，"威尔士王子商业领导论坛"创建了"国际旅馆环境倡议"机构，该机构是由世界 11 个著名的酒店管理集团组成的一个委员会，由英国查尔斯王子任主席。1993 年，查尔斯倡议召开了旅游环境保护国际会议，通过了这 11 个酒店管理集团签署的倡议，并出版了《酒店环境管理》一书。这次会议的召开标志着酒店业的环境管理发展到了一个新的阶段，环境管理不再是一家酒店、一个集团的行为，而是全球酒店行业的行为。

20 世纪 90 年代中期，国外"绿色酒店"的理念传入我国，在北京、上海、广州等一些大城市的外资、合资酒店和一些由国外管理集团管理的酒店中实施"绿色行动"，其他也有一些酒店自发开展"绿色行动"。这一阶段的行动大部分局限于降低物资消耗和减少固体废弃物上。

在这个时期，绿色消费也在逐步深入人心，人们的消费观念也在相应发生变化。绿色产品、绿色消费、绿色工程、绿色酒店在人们的心目中,由接受到追求,由追求到自觉行动,绿色产品和绿色酒店有了较好的市场和前景。

(四)"绿色酒店"的理论体系

绿色酒店的理论体系包括绿色理念、绿色设计、绿色生产和管理、合理处置废弃物、绿色产品等一系列相互联系的概念。

绿色理念是绿色酒店从理论向实践转换的一个重要环节,它体现绿色酒店的思想,又对绿色酒店创建提供具体的指导。绿色理念主要包括:环境的全球性观念、持续发展的观念、全员参与的观念、国情观念等。

绿色设计是指在设计阶段,对产品的生命周期进行综合考虑,如尽量选用可再生的原材料;产品生产和使用过程中能耗低,不污染环境;产品使用后易于处置、回收和再利用;使用方便、安全、寿命长等。

绿色生产也称作清洁生产。在生产过程中,将综合预防的环境策略持续地用于生产过程和产品中,减少对人类和环境的风险。清洁生产通过改进工艺技术和改变管理态度来实现。清洁生产是绿色理念在生产过程中的反映,两者在指导思想上是一致的,都体现了社会经济活动,特别是生产过程中对环境保护的要求。绿色生产强化了生产过程中的技术要求,这是目前我国的酒店管理中非常薄弱的环节,即管理技术的含量极低,这在一定程度上影响了绿色生产的开展。

绿色生产和管理需要有绿色标准来指导,近年来,用于指导环境管理实践的非官方标准 ISO14000 系列标准开始作为企业环境管理中的主要推动力而出现,并得到世界各国的响应。除此以外还有其他的行业、产品标准直接用于规范产品的环境问题。

绿色酒店的理论体系核心是酒店环境管理理论。

酒店环境管理是一项微观环境管理活动,它通过对酒店的经营机制、企业战略、组织机构、管理模式、服务方式、操作方法等酒店经营管理诸要素的调整或改革,在酒店内部建立相应的环境管理体系,使酒店的各项经营满足环境保护和酒店生存发展的需要。酒店环境管理是酒店管理的有机组成部分,环境管理与酒店管理的各个内容有机融合,是酒店管理的新发展。

(五)绿色酒店的建设和管理原则

1. 把酒店的设计、建设或改造对环境的破坏降到最小

酒店的建设需要使用土地、绿地、森林、水体等资源;同时酒店的建设风格也会影响到自然景观、城市景观的质量;酒店的建设和经营产生的废弃物排放将影响酒店周围的生态环境的质量。所以,酒店的建设必须经过科学的论证、合理的规划设计,充分利用自然资源,减少人为的影响和破坏,将周围环境质量损失降到最低点。

2. 把酒店设备运行对环境的影响降到最小

酒店设备运行对环境的破坏主要表现为两个方面:一是设备消耗的能

源，二是生产过程中产生的"三废"（废水、废气、废渣）污染。酒店所需的燃油、煤在地球上的储存量是有限的，它们在燃烧的过程中会对大气产生污染；同时酒店有大量的设备是以电力为动力的，电的生产也会对环境造成污染。所以酒店应选择节能设备，减少对能源的使用及由此带来的污染，酒店还应合理操作和配料，采用自动化控制技术，提高设备的运行效率，减少对外界环境的排放。

3. 把酒店对资源的消耗降到最小

酒店的生产经营离不开对各种物资的消耗，客人的消费过程和对客人的服务过程将会大量消耗物资。而物资生产本身又会使用各种资源，生产的过程会产生废弃物的排放，影响环境。由于物资使用的低效率，酒店生产将产生大量的废弃物，而固体废弃物是目前的一个重要的环境问题。所以酒店要在内部尽可能实现物资的回收循环利用，提高物资的使用效率，减少浪费，减少固体废弃物的排放，并以此推动全社会对物资回收再利用的实现。

4. 让酒店能最大限度地为客人提供健康的物质和精神享受

酒店是一个提供人们生活、休憩、娱乐的场所，其内部生存空间质量是酒店产品质量的重要组成部分，直接关系到人们的健康。所以酒店首先要确保室内外环境符合安全卫生的标准，同时应努力开发各种环保型产品、绿色产品以满足人们的需要。例如，酒店开设绿色客房、无烟餐厅、提供绿色食品、开展保健服务项目等。酒店还需要通过室内外的环境绿化为客人创造一个良好的自然空间。

5. 让酒店积极参与社会的环境保护活动

环境保护工作是一项全社会的工作，每个人、每个企业的存在都不同程度地破坏着环境，所以每个人、每个企业都有义务为环境保护做出贡献。酒店参与社会的环境保护活动表现在以下几个方面：

（1）严格执行国家颁布的各项环保法规；

（2）积极配合政府进行的各项环境整治工作；

（3）主动为社区环境保护做贡献。

上述要求虽然有了一些具体的内容，但仍然是抽象的，这是因为每个酒店的具体情况不同，也因为支持这些要求的环保技术是不断提高和发展的，所以，绿色酒店的建设和管理是一个持续发展、不断深入的过程。

（六）绿色酒店的创建要求

1. 自觉遵守环保法律、法规，不对周边环境造成污染；
2. 酒店经营不产生扰民问题，采用清洁燃料，不烧原煤；
3. 不经营国家、地方明令禁止的野生动物食品；
4. 不使用白色泡沫餐盒和造成资源浪费的一次性餐具，餐具有完备的消毒措施；
5. 积极经营绿色无污染食品，做到餐桌无公害；
6. 提倡节约，能主动建议顾客带走剩余食品；

7. 环境整洁、空气清新，体现绿色风格；
8. 服务员服饰整洁，室内设置环境公益宣传画或警语；
9. 推行标准化管理，符合卫生防疫标准。

重点思考题

1. 什么是酒店质量管理？酒店质量管理由哪些内容构成？
2. 酒店质量有什么特点？
3. 酒店管理者应树立怎样的质量观念？
4. 酒店质量分析的主要内容是什么？
5. 什么叫 ABC 分析法？试述 ABC 分析法的具体步骤？
6. 什么叫因果分析图法？运用此法分析酒店质量的程序是什么？
7. 什么是酒店质量体系？其主要任务是什么？
8. 简述酒店服务质量控制的方法。
9. 酒店服务质量控制的基础工作有哪些？
10. 什么是酒店全面质量管理？酒店全面质量管理有哪些基本原则？
11. PDCA 循环工作步骤有哪些？
12. 酒店 ISO 贯标有什么重要意义？
13. 什么是绿色酒店？绿色酒店有哪些主要特点？
14. 如何创建和管理绿色酒店？

第十章 现代酒店信息管理

● **学习提要**

本章主要讲述管理信息系统的概念、现代酒店管理信息系统的产生、发展及其具有的特征和构成形式,酒店办公自动化的建设与实施,以及管理信息系统的高级形式——决策支持系统的功能特点和构造方式。

● **学习目标**

掌握现代酒店信息管理的基本概念;掌握现代酒店管理信息系统的构成形式;理解决策支持系统与管理信息系统的异同;理解酒店决策支持系统的基本特征;了解酒店办公自动化系统的主要功能以及酒店决策支持系统的设计与构造特点。

第一节 酒店信息系统

电子计算机科学的飞速发展,给酒店计算机应用带来了蓬勃生机,计算机在酒店中的应用,已深入酒店的各个部门,特别在信息处理领域,计算机已成为最重要的工具。在现代酒店管理理论中,酒店管理信息系统已成为酒店现代科学管理的重要内容,是酒店经营不可缺少的现代科学工具。

一、管理信息系统概述

管理信息系统(Management Information System,简称 MIS)是信息科学的一个分支,是由人和计算机设备或其他信息处理手段等组成的,能进行信息的收集、传递、储存、加工、维护和使用的管理系统。

有效的管理来自对信息的科学分析与运用,计算机设备使 MIS 更有效,在现代社会,MIS 已和计算机设备紧密联系在一起,因此一般来说,MIS 就是计算机 MIS。

MIS 包括计算机、网络通信设备等硬件成分和操作系统、应用软件等软件成分。完善的 MIS 具有确定的信息需求、信息可采集与可加工、可以通过程序为管理人员提供信息、可以对信息进行管理，信息通过 MIS 实现增值。具有统一规划的数据库，用数学模型统计分析数据，实现辅助决策是 MIS 成熟的重要标志。MIS 按组织职能可以划分为办公系统、决策系统、生产系统和信息系统。

二、酒店管理信息系统

酒店管理就是要实现酒店经营过程中计划、执行、监督、反馈四大功能系统的有效链接，我们常说，在酒店管理中要抓住四个流，即人才流、物质流、资金流、客源流，归根结底，就是要抓好信息流。我们在介绍酒店管理信息系统以前，必须先熟悉酒店的信息流程，熟悉酒店信息的基本管理。通过对酒店信息流程的了解，有助于我们用计算机进行酒店的信息管理，也有助于我们对酒店计算机信息管理的设计和实现。

酒店的信息包括酒店外部信息和酒店内部信息两种。

酒店外部信息是指客源市场动向。包括客源构成、客流量、客人的意见和要求，或国内外政治经济动态以及国家有关政策，特别是本地区的市场信息对客源、客流的影响。它们将直接影响酒店经营决策、计划的制订和实施。

酒店内部信息主要是内部管理资讯。包括订房预测、接待报告、客房状况分析及各种收益、财务、统计报表等。这些信息每天都发生，并随着业务经营活动的开展而变化。它们提供决策、计划和实施的信息反馈，有助于管理者深入具体地掌握企业目前的经营管理状况，针对经营目标，及时采取有效措施。

那么，如何将原始的、孤立的信息，转变成全面的、综合的有效信息呢？这就要加强信息管理，做好信息处理工作。

信息处理就是将分散的信息汇集成信息流。主要指对信息进行输入、处理、输出的过程。

酒店的信息处理大致有三种方式。即手工处理方式、机械化或半自动化处理方式及电子计算机处理方式。

手工处理方式，包括手写报告、手制表格、手工入账及手工计算。其特点是速度慢、准确性低，但成本低，使用简便。

机械化或半自动化处理方式，即利用一些机器设备，如打字机、过账机、收银机、复印机和电传等来取代简陋的手工工具，缩短了信息处理速度，提高了准确率。具有成本较低、工作效率较高的特点。

电子计算机处理方式，从根本上说就是酒店管理信息系统（Hotel Management Information System，简称 HMIS），它是 MIS 中的一个重要分支，是计算机管理系统在酒店中的具体应用。酒店管理信息系统（HMIS）是近几十年来才发展起来的新的信息处理方式，但已显示出无可比拟的优越性，使信息处理的速度和准确性获得极大的提高，而且具有功能完善，信息资源共享的明显特点。

酒店管理信息系统（HMIS）的成功应用，明显地提高了酒店业的经济效益、服务质量和工作效率，使酒店决策者能够更加全面地了解营业情况，完善和改进酒店内部的管理体制。

三、酒店管理信息系统的产生与发展

计算机在酒店业中的应用是从20世纪70年代初开始发展起来的。那时，北美等酒店业发达的国家和地区开始使用酒店计算机管理系统，经过十几年的发展，到了20世纪80年代，国外的酒店计算机管理系统整个模式已达到基本定型，技术较成熟，功能也较齐全。比较典型的有ECI、HIS等著名的酒店管理信息系统。

ECI系统是美国易可（ECI）电脑公司最早于1969年开始发展的酒店管理电脑系统，被全世界公认为装置酒店电脑系统的翘首。1970年，在美国夏威夷的喜来登酒店（Sheraton Hotel）装设了全世界第一台ECI酒店电脑系统，使酒店前台业务实现了计算机管理，主要包括了预订、排房、结账、客户、餐厅、查询、夜间作业及市场分析等。

HIS系统（Hotel Information Systems，简称HIS）是美国酒店业资讯系统有限公司开发研制的。在全世界80多个国家拥有4000多家用户，如中国的北京王府、中国大酒店、北京长城、上海锦江、上海华亭、上海希尔顿、广州花园等。

国内的酒店管理信息系统最早是在20世纪80年代初发展起来的。到了80年代中后期，随着国外酒店计算机系统的大规模引进，进一步促进了我国酒店管理技术的发展。到90年代初期形成了几个较成熟的软件系统，同时产生了许多专职从事酒店计算机管理系统设计的公司。到了90年代中期，随着计算机在酒店中的普及应用，以及计算机技术的不断发展，酒店管理信息系统的发展到了一个新的时期，不断涌现出新的系统平台、新的软件功能和新的系统特点。

目前，随着Internet的发展，现代计算机正迅速地向着高速化、网络化、智能化的方向迈进，网络的出现和广泛应用大大拓宽了计算机的功能和应用范围，为信息交流和资源共享提供了条件。计算机在酒店的应用已不再局限于酒店内部以及客我交往，而是将酒店推向全球，进入了让世界了解酒店和让酒店了解世界的个性化产品和多元化营销的新时代。这一切都有赖于信息化管理的成熟和发展，有赖于酒店管理信息系统运用能力的不断提高，特别是系统集成化、DSS决策支持、CRM客户关系管理、OA办公自动化、Internet网络中心实施订房等在现代酒店活动中的有效运用。

那么，如何利用好计算机管理信息系统整合新的酒店产品呢？

传统的酒店计算机管理系统主要包括前台管理系统和后台管理系统两大部分，但传统的酒店管理系统基于财务管理为主线的设计理念，无法满足酒店全面信息化管理的需要。

现代酒店业的迅速发展，新的管理观念和模式层出不穷。酒店管理系

统应随着酒店管理理念的发展而发展。因此，现代酒店管理系统不能只局限于财务核算。而应把网络技术、酒店的管理业务、酒店的客户管理系统、酒店的供应链系统相结合，联系起来应用于酒店经营管理中。同时，除了横向的拓展外，酒店管理系统还应把酒店管理系统与订房网络有机结合，把 Web 技术、多媒体技术、数据仓库等技术融入酒店管理系统中，将是酒店管理系统的发展趋势。

首先，要充分体现酒店智能化的优势。为酒店日常事务管理提供灵活方便的管理服务，实现高效、高质的管理。改变传统管理模式，实现全面有效的内部人事、财务、后勤、消防安全等多方面的管理与控制；改变传统服务模式，全面运用电子商务进行客户服务，如电子预订、电子入住、电子查询、电子点菜、点唱点视、电子刊物和电子结算等，全方位实现大众化、个性化、定制化的服务，使每个客人都成为 VIP。

其次，要充分体现酒店网络化的优势。彻底改变传统营销模式，建立电子商务平台，有效地实现网上查询、网上发布、网上采购、网上销售、网上订房和网上订餐，实现个性化营销及全球性营销服务，提升酒店品牌形象，增进顾客关系，改善顾客服务，开拓网上销售渠道并最终扩大销售。

四、酒店管理信息系统的特点

酒店信息管理系统和其他 MIS 系统一样，具有自身的特点。HMIS 首先是为酒店经营服务的，是酒店经营的辅助管理工具，是酒店经营管理信息化的主要手段。作为一个系统，特别是为酒店经营服务的信息系统，HMIS 具有四大特点。

（一）HMIS 是一个辅助系统

酒店管理的主导是人，计算机仅是数据处理的工具。HMIS 是一个以人为主体的人机综合控制系统，经过 HMIS 的快速数据处理，酒店管理人员可以迅速得到所需信息并根据计算机数据处理的结果信息，做出管理决策，从而做到有效经营管理。

（二）HMIS 是一个开放系统

HMIS 是一个具有输入、输出功能的开放式系统。HMIS 不仅可以适应环境，而且能够在一定范围内、在一定程度上改造环境，例如，通过 HMIS 制订的促销推广计划，可以改善酒店的营销活动。

（三）HMIS 是一个反馈系统

作为一个综合控制系统，HMIS 处理的是酒店具体业务数据。而酒店的经营是处于不断变化环境中的，因此，必须根据 HMIS 输出的结果信息以及外界的信息，随时调整内部处理方式或扩充相应处理功能，这种反馈系统使得 HMIS 输出的结果信息更加精确、更加实用。

（四）HMIS 是一个分级系统

HMIS 适应现代酒店管理的等级制，系统一般分为三个层次：作业层，主要是录入和管理一些基础数据，使用 HMIS 的主要目的是提高工作效率和服务质量;管理层,主要功能是管理综合数据,目的是提高管理精确度,使得整个酒店的计划、组织、控制及激励更加有效、更加精确;决策层,使用对象是酒店高层决策者,他们根据 HMIS 输出的结果信息做出经营管理决策,以提高经营管理的效益,这是计算机在酒店中应用的真正价值体现。

HMIS 在决策层的应用将是其发展的必然方向,如酒店的营销策略制定、成本控制决策、财务计划决策、目标利润制定等都是计算机应用的主要领域。事实上,HMIS 的高级阶段应用,就是酒店决策支持系统(HDSS)阶段。

五、酒店管理信息系统的作用

(一)提高酒店的管理效益及经济效益

酒店管理系统的应用,可以节省大量的人力物力,增加酒店的服务项目,提高酒店的服务档次,减少管理上的漏洞,从整体上提高酒店的经济效益。如完善的预订功能可防止有房不能租或满房重订的情况出现,随时提供准确的房间使用和预订情况,从而提高客房出租率;完善的分析功能可用于市场销售,如确定宣传的重点地区和如何掌握价格的浮动等。

(二)提高酒店的服务质量

由于计算机处理信息的速度很快,可以大大减少客人入住、结账的等候时间,提高对客服务质量。快速的客人信息查询手段,使客人得到满意的答复;餐费、电话费、洗衣费等费用的一次性结账,不仅方便了宾客,也提高了酒店的管理水平;回头客自动识别、黑名单客人自动报警、VIP 客人鉴别等均有利于改善酒店的形象;完善的客史档案管理更使客人的"个性化"服务得以很好的实施。

(三)提高工作效率

计算机管理可大大提高业务运作的速度和准确性。如电脑的自动夜间稽核功能结束了手工报表的历史,电脑资料的正确、严格的数据检查避免手工操作的疏忽而造成的错误,票据的传送、登记、整理、复核等一系列的繁重劳动也可大为减少。

(四)完善酒店内部管理体制

酒店管理系统在酒店管理体系中还发挥着强有力的稳定作用,可明显地减少员工及管理人员的流动对酒店管理运作的不良影响。系统提供的多种安全级别,保证各类数据不被无权过问的人查阅和操作;每天的审核制度,各种费用的优惠控制,应收账款的管理,员工工作量的考核,员工操作过程的跟踪,均可加强酒店管理。

(五)全面了解营业情况,提高酒店决策水平

酒店信息系统能提供完备的历史数据,又可提供各种分析模式,可使管理人员很方便地完成复杂的统计分析工作,并加强对酒店运营的内部控制,增强管理人员的控制决策水平。

六、酒店管理信息系统的构成

酒店管理系统由计算机硬件、系统软件和应用软件组成。

(一)计算机硬件和系统软件

硬件指电脑设备,系统软件指系统的运行平台,它们一起构成酒店电脑系统的体系结构。

现代酒店管理系统使用的体系结构一般是分布式处理结构。以高档微机或小型机作为网络服务器,通过网络连接各个工作站,而各工作站都是一台独立的微机,本身具有数据处理的能力,需要时可联机入网在服务器内进行数据处理。

随着 Internet 的普及,分布式结构实现了远程数据处理。这种广域网分布结构更适合酒店集团的信息管理。集团总部可以通过 Internet 有效地管理各地的酒店,及时了解各酒店之间的经营情况,各酒店之间也可通过 Internet 实现信息互传。

(二)应用软件

应用软件实现酒店管理系统的功能。各种功能之间相互联系,构成了一个有机结合的整体,形成一个完整的软件功能结构。因此,酒店管理系统通常分为前台系统、后台系统、接口系统、辅助系统、决策支持系统五大部分。

前台系统涵盖了酒店管理的基本业务流程,为客人提供简便、快捷的优质服务。

后台系统提供酒店对内部的人、财、物进行综合管理。

接口系统提供了同辅助系统及其他系统进行信息交换的手段,既确保内部信息合法外传,又能充分利用各种高新技术为酒店提高服务档次,提供技术保障。

辅助系统是指相对独立的、可单独使用的应用子系统,一般同前台系统有紧密联系,有时包含相关接口。

决策支持系统是酒店管理信息系统的高层部分,它可以单独存在,也可作为一个子系统存在于酒店管理信息系统的高层。决策支持系统主要为酒店管理层提供动态信息和历史信息的采集、转换和处理,形成对决策有直接支持的数据信息,包括实现总经理综合查询、办公自动化、销售分析、经营分析、质量检查、营销信息、成本费用、分析决策、资源管理、薪资管理、经营管理等业务功能。

一般酒店软件的功能结构,如图 10-1 所示。

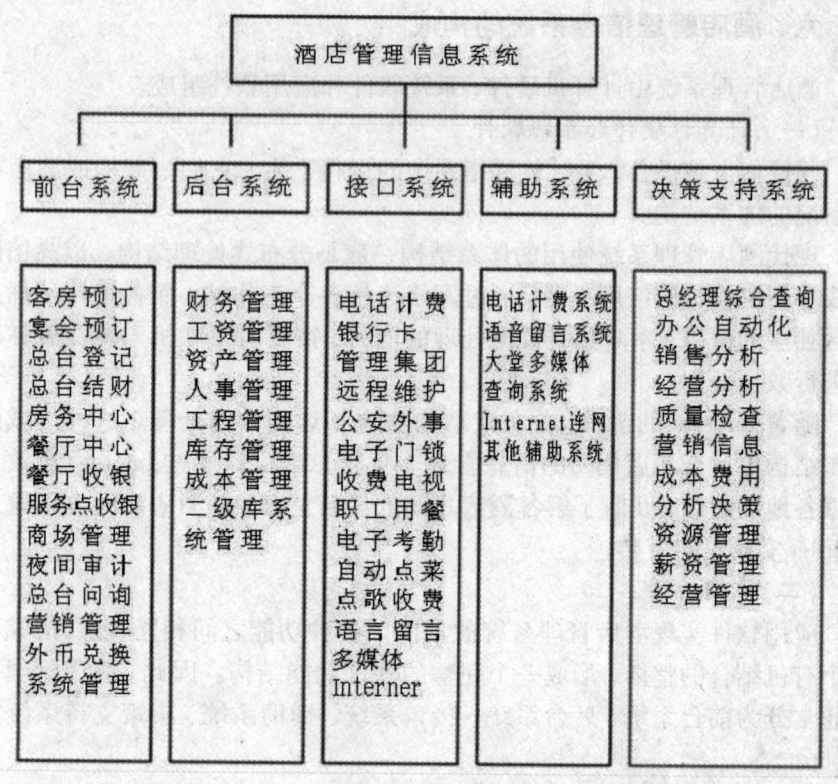

图 10-1 酒店管理信息系统功能结构示意图

酒店管理软件可以是一个覆盖整个酒店管理所有方面的非常庞大的系统。实践中，对不同规模的酒店，这些功能模块还可以增减和完善，而且各种软件系统之间的功能名称和分法也可以不一样。

第二节 现代酒店办公自动化

信息技术的发展推动了社会信息化的进程，信息时代的到来彻底打破了人们习惯的生活、工作方式。随着社会组织管理职能的不断增强，手工办公方式与不断增长的办公业务量之间的矛盾日益尖锐。同时，随着社会信息量的迅速膨胀，单纯依靠人工手段及时对大量信息进行收集、处理、分析以及科学决策是难以实现的。因此变革传统办公模式，将办公业务的处理、流转、管理过程电子化、信息化，实现办公自动化已势在必行。

一、办公自动化系统

办公自动化（Office Automation，简称 OA）就是利用先进的计算机网络技术和信息技术，处理和控制日常的办公事务，使办公室事务和文件管理电子化，提高处理事务的效率。并实现信息共享、交流和协同工作，也就是我们通常所说的"无纸办公"。它是以电子邮件技术和网络技术为群体协作的基础环境，一个比较完整的办公自动化系统应包括信息采集、信息加工、信息传输、信息保存这四个基本环节。具有完善文字处理功能、较强的数据处理功能、语音处理功能、图像处理功能、通信功能等。核心任务是为各领域各层次的办公人员提供所需运用的信息。

从根本上来讲，办公自动化是一个以管理决策者为核心的应用系统，通过实现办公自动化，可以优化现有的管理组织结构，调整管理体制，在提高效率的基础上，增加协同办公能力，强化决策的一致性，最后实现提高决策效能的目的。因此，在一个完备的管理信息系统中，它往往成为决策支持系统的重要组成部分。

办公自动化系统的应用在我国已有多年的历史。但早期主要是作为简单的公文处理系统在使用，并没有将其建设成为一个为组织提供全面信息化管理的服务平台。近年来，随着社会的发展、技术的进步，其功能不断得以完善，内容日渐丰富，才逐渐成为实现组织内外信息的高度共享和合理有序的流动，从而达到提高工作效率，优化管理，节约运营成本的全面信息化管理服务平台。

二、酒店办公自动化系统

随着酒店业竞争的加剧，酒店之间客源的争夺越来越激烈，客房销售的利润空间越来越小，现代酒店需要使用更有效的信息化手段，拓展经营空间，降低运营成本，提高管理和决策效率。而传统的酒店管理系统仅以加强财务管理为主线的设计理念，无法满足酒店全面信息化管理的需要。

因此，引入开放的酒店办公自动化系统，作为酒店全面信息化管理的平台，实现各种信息的高度共享和合理流动，全面提高酒店的竞争力和管理水平已成为现代酒店业发展竞争趋势。

酒店办公自动化系统根据酒店的业务特点，对 OA 系统进行了相应的调整，以适应酒店个性化管理的需要。它涵盖了酒店业务流程的各个方面，显著地提高了工作效率，实现了酒店高度的信息共享和业务流程控制并具有很好的开放性和互联性，因此受到酒店企业的广泛青睐。

三、酒店办公自动化系统主要功能

根据酒店的特性，酒店办公自动化系统一般体现以下几个方面的管理需要：

办公管理：包括公文管理，档案管理，E-office，会议管理，日程安排，活动安排，工作流程控制等；

内部业务管理：包括计划管理，客户管理，安全管理，质量管理，工程、维修管理，车辆管理，洗涤管理，部门资产管理，培训管理等；

系统公共平台：在这个平台上，酒店各独立的业务子系统能够有机地

联系起来,实现信息的高度共享和各类数据的分类、汇总、统计、分析等功能;

远程办公:随着互联网技术的应用和发展,酒店办公自动化系统必须具有开放性和互联性的特点,支持经理人员及决策者的异地远程办公,支持集团化酒店的异地信息共享。

通过酒店办公自动化系统所建立起来的开放性平台,可以方便地查询酒店前台管理系统、后台管理系统、库存管理系统、人事管理系统等各个业务子系统的数据,并通过办公自动化系统特有的数据分类、汇总、统计、分析等功能,对这些数据进行加工和处理,使酒店的管理人员和决策者能够及时准确地掌握酒店经营各个环节的变化情况,为支持科学决策提供充分的依据。

从现阶段来看,酒店 OA 系统应具有如图 10-2 所示的功能。

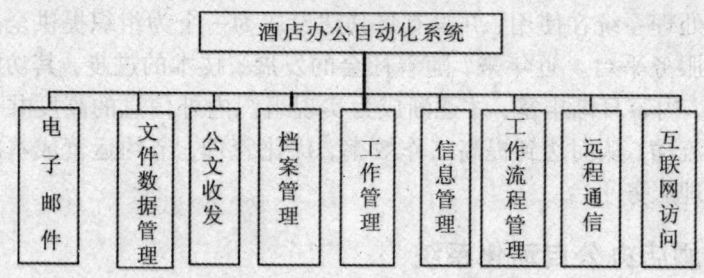

图 10-2 酒店办公自动化系统

(1)电子邮件子系统

电子邮件是酒店 OA 系统的一个重要功能。所谓电子邮件,就是将日常工作中的邮件收发、管理等工作采用计算机软件来处理,各部门的工作联系都以电子邮件方式进行,必然使管理工作的效率大大提高。

(2)文件数据管理子系统

酒店 OA 系统的文件数据库中存储各种文件、声音、图像、图形、视频等多媒体信息。数据库可以存放在本地计算机上,由个人使用,也可以放在服务器上,由大家共享。

(3)公文收发子系统

主要实现收文管理和发文管理的自动化,由电子行文替代手工行文,解决公文传递慢,信息不及时、不同步,不易查阅等问题,实现文档一体化。

(4)档案管理子系统

主要实现对酒店或部门各种档案和资料的分类管理、归档保存,完成档案的组卷、拆卷、移卷、封卷、注销、借阅、全文检索、统计等管理功能。

(5)工作管理子系统

是用户对工作全过程进行控制和协调的工具。它同时将工作时的各种信息(如针对客人投诉、意见反馈、各部门的协调工作)在酒店的内部实现传达与共享。

(6) 信息管理子系统

酒店 OA 系统提供了很强的全文信息检索功能。

(7) 工作流程管理子系统

酒店 OA 系统对工作流程的应用提供了很强的支持。在 OA 系统中，一项工作的有关人员只需要将数据库中的有关记录或视图作为电子邮件传递给有关人员，系统就会形成一套规范、有序的工作流程。

(8) 远程通信子系统

这项功能主要针对的是远程用户和出差人员。当管理人员出差在外或下班后，只要他有笔记本电脑，就可以通过电话线保持和酒店 OA 或其他人的通信联系，使管理人员完全可以和在办公室一样进行工作，处理办公或其他的公务事务。

(9) 互联网访问子系统

网络是酒店的信息工具，酒店 OA 系统可以访问 Internet，并与外界进行信息交流。

第三节　酒店决策支持系统

管理信息系统，是服务于管理决策的，它能够大大地提高组织日常的信息处理效率和处理量，对结构化的管理决策提供有力的支持。然而，随着社会经济的发展和科学技术的进步，人们发现管理信息系统并没有发挥像预期那样巨大的效益，因为管理者所面临的往往是复杂的决策问题，很难用规范化的步骤描述清楚，必须将计算机信息处理技术同管理决策有机的结合在一起，才能充分发挥人的决策和计算机的信息处理的效能，提高管理决策的能力和效率。因此，以解决非结构化和半结构化决策问题为目标的决策支持系统，成为人们研究的重要课题。

一、决策与决策支持系统

(一) 决策的概念

所谓决策，就是指针对某一特定的问题，为达到预期的目标，在多种可以互相替代的方案中选择一个合理方案的分析判断过程。现代决策理论创始人、美国的经济学家西蒙(H. A. Simon)指出：决策就是管理。首先，决策贯穿于企业经营管理过程的始终，任何一项管理活动，包括计划、组织、控制和协调，都存在着如何做出合理决策的问题；其次，决策涉及企业经营管理的各个方面，如产品或服务的生产决策、原材料采购决策、市场营销决策、人力资源管理决策等；最后，对于组织的各级管理人员来说，在其日常的工作中均要做出决策。正确的决策不但取决于建立在长期经验积累之上的决策分析技术,还依赖于人的主观直觉判断的能力,因此人们常说决策是一门科学,又是一种艺术。

第二次世界大战后,随着管理科学、行为科学等管理理论和技术的发展建立起来的决策理论认为,一项科学的决策包括三个方面:第一,决策目标合理;第二,决策过程合理;第三,决策结果合理。这三个合理性又受到决策者个人、决策目标及决策环境三个要素的影响。

(二)决策支持系统

本章第一节中,我们已经提到过,决策支持系统是管理信息系统的高层部分,它可以单独存在,也可作为一个子系统存在于管理信息系统的高层。

决策支持系统(Decision Support System,简称 DSS)的概念,最早是由美国麻省理工学院学者 Michael S. Scott Morton 于 20 世纪 70 年代初在《管理决策系统》一文中首先提出的。它是以计算机为基础,辅助决策者利用数据和模型,解决半结构化或非结构化管理问题的人机交互信息系统,其功能是协助管理人员进行辅助决策,帮助各级管理人员提高决策能力和水平。

我国的一些学者认为能对决策者提供支持的系统就可以称为 DSS。

二、决策支持系统(DSS)与管理信息系统(MIS)

计算机应用于管理领域,主要经历了电子数据处理(EDP)、管理信息系统(MIS)和决策支持系统(DSS)阶段,后一阶段总是在前一阶段的基础上,对信息处理提出更高的要求发展起来的,采用了更复杂综合的技术手段。就目前的计算机应用情况来看,在一个完善的信息系统中,EDP、MIS 和 DSS 各有其不同的特征、目标和功能,发挥着不同的作用。DSS 是在 MIS 的基础上发展起来的,是 MIS 的高级应用形态,它继承了 MIS 的某些功能和目标,但又同 MIS 有所区别。

(一)从基本目标来看

DSS 与 MIS 都是对企业经营管理的各种信息进行综合处理以提高信息资源的利用率,为管理者的决策提供支持。

(二)从解决决策问题的性质来看

MIS 从企业组织的现实状况出发,侧重提高结构化决策问题的效率;而 DSS 则侧重于对企业内难度更大而意义深远的半结构化和非结构化决策问题提供支持。

(三)从设计思想上看

MIS 是实现一个相对稳定的协调的工作环境,确保日常的经营管理工作顺利地进行;DSS 的运行是以模型驱动的,按使用者的要求灵活地构造决策模型,辅助决策者解决较为复杂的决策问题。

(四)从系统应具备的基本功能上看

MIS 强调对企业的各种信息实施综合的管理和综合的利用;DSS 则强

调利用模型和方法以启发式的手段对管理者的决策全过程提供支持；DSS尤其强调人的主观判断与计算机系统的输出的高度综合，以引导和帮助决策人员做出恰当决策，但它并不能取代人的逻辑思维和辩证思维，强调的是支持而不是代替。

（五）从系统实现的技术手段上看

MIS主要通过采用先进的数据库技术和计算机网络技术，保证系统内数据的一致性、综合性和系统性；DSS强调采用智能技术，处理问题的过程是交互的，DSS综合地引导决策者充分使用系统中的数据、方法和模型。

（六）从使用者的操作方式上看

MIS往往被设计成特定的工作模式，不希望操作者过多地干预；DSS强调人机界面的友好性和灵活性，不遵从固定的操作模式，以人机交互方式引导操作者利用系统的各种资源解决决策问题。

三、酒店决策支持系统

近年来，随着酒店对计算机应用要求的越来越高，酒店管理信息系统不断向高层次发展。在酒店经营的各个环节中，只靠人的智慧和判断力来进行管理决策，已无法胜任信息社会的发展要求，一个灵活方便的决策支持系统才能适用于酒店。

一般地讲，借助于计算机这个科学工具，综合利用酒店各种数据、信息、知识和模型技术，以支持非结构化和半结构化酒店管理辅助决策的人机交互系统，就是酒店决策支持系统（Hotel Decision Support System，简称HDSS）。

（一）酒店决策支持系统的基本功能特征

1. 自然拓展决策的制定过程

HDSS是用以支持决策制定的，它能够帮助酒店管理人员寻找新的经营目标和解决问题的思路，以保证酒店持续兴盛和繁荣。第一，管理人员常常需要决策的是不曾预料到的问题，HDSS可以极为方便地构造和协调这些问题；第二，HDSS能很好地适应客观具体情况，恰当处理许多例外和定性问题；第三，尽管计算机的数据处理能力极强，但要在有限的时间内给出决策者针对某些问题的完整解决方案，通常要花费较长时间，而对HDSS来讲，可以在任何阶段开始或终止；第四，随着酒店各级管理人员及其辅助人员决策制定的不断改进，对于问题了解的日趋深入，就需要更深入的分析方法和更多的信息，而HDSS可以自然拓展决策的制定过程，帮助决策者探索和简化解决复杂问题的方法。

2. 支持半结构化和非结构化决策

HDSS可以帮助管理人员进行结构化决策，但HDSS支持决策的重点在于半结构化、非结构化的问题。

所谓的结构化决策，是指决策者可以确定决策过程的所有要素，可以对问题的答案做出定量描述，决策具有良好的结构性。解决结构性问题的方法可能是相当简单的,有直接明了的规则和程序。

非结构化决策,是指在决策过程中,决策者并不能具体地识别有意义的参数,为了得到相应的决策,除了使用适当的计算机系统和可能的数学模型以外,更需要的是有关管理经验、知识、技能、感觉、判断和过去知识性积累,决策是非结构性的。在非结构性决策中,人的直觉判断通常是重要的。

而半结构化决策,则是介于结构化决策和非结构化决策两个极端之间,这类决策问题既包括可构造的因素,又包括不可构造的因素,决策是半结构性的。半结构性的决策更强调计算机系统、数学及统计学模型,以及人的判断力三者间的平衡协调。

3. 应用丰富的数学和统计学模型

成功的决策支持系统,需要应用丰富的数学和统计学模型。HDSS 利用人机交互接口,帮助决策者利用智能信息处理能力构造出各种分析和决策模型,由于有管理人员直接参与模型构造,这些模型能够反映出酒店管理面临的客观问题,并给出同一问题的多个答案,决策者可以对这些答案做出判断或选择。

4. 通过交互作用获取决策信息

HDSS 提供信息的交互作用模式,依靠对话或交互式处理模式给管理人员提供信息,具有多重优越性。最为显著的是,交互作用模式使得使用者可以得到每一个问题的具体答案,而且据此方式得到答案的速度直接、迅速。这就意味着,HDSS 可以帮助管理人员对任何一项新的政策做出迅速的反应,面对市场上的任何变化,通过人机对话,管理人员都应该可以从 HDSS 那里得到需要的东西。HDSS 提供的迅速反应,也使得使用者可以适时考虑多个方案,对各个方案做出详尽的分析,从中选择最佳方案。

5. 支持各个管理层次的决策

HDSS 能够为酒店组织各个层次的管理人员以及在新环境下工作的人员提供决策支持。也就是说,成功的 HDSS 能够支持酒店组织各个管理及作业层次,完成被分配的或既定的任务。例如:支持制订更有效的长、中、短期计划;支持更有效地组织酒店资源;更好地促进员工间的通信过程和诱导;更有效地控制酒店资源的使用过程等。

HDSS 支持酒店高层决策,主要是提供战略信息,用于制订酒店长远的发展计划,以及分析某些总体性的问题,发现某些特殊问题的基本机理。HDSS 支持中下层管理决策,主要是提供战术与作业信息,帮助酒店的中级管理层在现有的资源配置情况下,完成功能层次的战术筹划,做出有关的管理控制决策,并协调酒店中下层管理人员和作业人员完成本职工作。低层管理人员,诸如部门经理和操作督导人员,可以利用 HDSS 提供的信息和方案来测度和评价实际的工作绩效,为更高效而经济地完成被赋予的任务和期待的目标,对自己或下属的工作做出适当的调整。

除了为各个管理层次的经理人员,以及在实际工作环境下的作业人员提供决策支持外,HDSS 还负有使各个管理层及作业层次行动协调一致的重要使命，以实现酒店整体上的效益最佳或满意。

6. 子系统协调一致

HDSS 从一处获得的信息，常常可为多个子系统所共享，这就避免了不必要的重复。在 HDSS 环境下运转的各个子系统，都是协调一致的。这样它们才能够作为一个整体而发挥其功能。采用使各子系统协调一致的方法，就有可能将所有相关的数据和功能汇集成为一个内容广泛的系统，以使得有关管理人员可以提取和使用与他们有关的信息，进而支持任何决策制定过程。

7. 数据库信息广泛

HDSS 数据库提供的信息，包含当前和过去决策及作业的历史信息，按一定的时间段提供作业状态和预算执行分析结果，同时还能够提供支持未来决策的有关信息。HDSS 还能够获取一定的环境（外部）信息，与内含于企业数据库里的内部信息相协调，包括某个酒店所置身的竞争性环境信息。诸如行业环境信息、服务定价信息、竞争性广告运动、参与竞争的各个酒店的优劣势等等方面的信息。

8. 易于操作

酒店各级管理人员都是非计算机技术人员，对计算机的工作原理和相关技术不甚了解，因此，有效且成功的 HDSS 的最显著的特征是它的易使用性。系统通过人机对话方式来支持操作者寻找新的解决问题的方法，做出决策，解决在 HMIS 环境下通常不能解决的问题。

(二) 酒店决策支持系统的结构

1. HDSS 的概念结构

一个 HDSS 在概念上由三个基本部分构成。

(1) 语言系统

决策支持系统提供给使用者的语言处理能力的总和称为语言系统。语言系统是使用者与 HDSS 其他部分的通信机制，是用户与 HDSS 对话的工具。

(2) 知识系统

没有包含相关决策领域知识的系统，是没有支持决策的使用价值的。HDSS 的许多功能来自具有酒店相关领域的知识，这些知识通常包括决策者没有时间或者不愿意收集的大量的事实，这些事实的某些子集对于一个特定问题的合理决策又是至关重要的。

(3) 问题处理系统

问题处理系统使计算机能够效仿人的智能，也就是效仿人的感知问题和判断问题的过程，是 HDSS 的核心机制，是 HDSS 的职能所在，是 HDSS 决策支持能力和使用者具体决策问题的实际接口，因而也是构造决策支持系统的关键点和困难点。

2. HDSS 的实现结构

HDSS 系统一般由四个模块组成：

数据管理模块。它是由各种不同的数据源（内部数据源或外部数据源)构成的综合数据库,及其运行在其上的数据库管理系统、模型接口系统和面向操作者的数据管理模块构成,提供多种数据提取方式。

系统软件模块。计算机软件、硬件系统。

决策科学模块。包括各种科学决策过程方法、决策模拟模型、常规的决策知识、自学习知识和自组织模型模块。

用户界面模块。良好的用户使用界面。

从系统实现的角度看,一个完整的 HDSS 一般包括五个部分:用户接口管理系统、模型库系统、数据库系统、方法库系统和系统管理。

(1)用户接口管理系统

HDSS 用户具有不同的经验、问题、技巧和要求,为使系统能被不同的用户接受并易于操作,就应充分考虑人的使用特性,使 HDSS 成为对用户"友好"的系统。不同用户具有不同的"友好"标准。

(2)模型库系统

模型库系统由模型库、模型字典和模型库管理系统组成。模型库主要用于存储和分类保管各种类型的决策模型,如战略模型、战术模型和作业模型等。模型字典主要用于用户查询和了解模型的使用要求,为模型管理者提供有关模型的历史、使用等情况,为模型的完善收集用户意见。模型库管理系统,可分为建模管理、存取管理、模型运行等几个主要部分。建模管理系统为建模者提供一套完整的建模语言,用户在特定编辑状态下可利用该语言书写一个个模型。模型的存取管理类似一般数据库的管理功能,它完成模型的装入、维护、删除、更新、检索等功能。模型的运行管理包括:运行环境的创造,主要检验模型运行所需的子模型和数据是否具备,如果不具备,则提醒用户创造条件,使之满足模型运行要求,否则,输出有关的错误信息。

(3)数据库系统

数据库系统,由数据库、数据字典、数据库管理系统和数据准备管理系统组成。数据库主要存储有关的酒店内部和外部数据。数据字典则对数据库中的各种数据元素、属性等进行描述和说明。数据库管理系统则提供对数据的操作。数据准备管理系统在 HDSS 中的作用和应具有的功能首先在于它应具有数据管理的一般功能,如数据的增加、删除、修改和检索等能力;其次,还应具有结合各种数据源的能力,数据既能来自内部,又能来自外部,以及个人数据和非正式数据;最后,还应具有从广阔的数据库上迅速检索和抽取数据的能力。这些是对数据准备管理系统的基本要求。

(4)方法库系统

方法库系统由方法库和方法管理系统组成,其基本功能是对 HDSS 中各种模型的求解分析提供必要的算法。通过内部的格式化接口与数据库系统、模型库系统和求解问题的过程进行联系,完成对已构成的模型进行分析求解和处理的功能。

(5)系统管理

HDSS 的系统管理包含以下几方面内容：

系统帮助环境。HDSS 的用户来自各方面，为方便用户使用，HDSS 应提供有关系统的使用说明、系统性能、各种命令执行的一般使用过程。

HDSS 是一个自适应系统，能随着各种新技术的引入而不断变化、扩充和完善，同时原有系统在引入新技术后，数据库和模型库不应有较大的变动。因此，系统管理中应提供对命令语言、数据和模型结构等进行专门管理的功能。

HDSS 应提供对用户使用效果的反馈渠道，将用户在使用中存在的问题及时反馈给系统管理人员，如命令使用频率、系统的回应时间、经常出错的地方、各类错误的统计、用户对系统的评价等，以便系统管理人员对系统进行评价，并及时根据用户要求进行修改。

【案例】

我必须掌握一切情况
——哈罗德·杰尼的启示

哈罗德·杰尼是美国企业界最有影响的人物之一，从 1959 年起任美国国际电报电话公司（ITT）总裁达 20 年。在其任期内，无论是经济上升的时期，还是经济不景气的年份，ITT 的利润每年都以不低于 10% 的增长率上升，一次又一次震惊了华尔街。在杰尼领导下，ITT 把经营范围扩大到出版业、旅馆业、保险业、房屋建筑业、汽车出租业，其属下的喜来登酒店是美国第二大联营旅店，哈特福德保险公司是美国第四大意外保险公司，艾维斯汽车出租公司是美国第二大汽车出租公司，ITT 拥有 250 个分公司，遍布 115 个国家，有 37 万雇员。杰尼的业绩在于振兴一个经营不善、萎靡不振的电话公司，将它改造成世界上最大、最盈利的多元化跨国公司之一。

杰尼整顿 ITT，先从网罗人才开始，其办法高明而简单：重金聘请人才，然后委以重任。众所周知，分权管理在现代企业管理中显得越来越重要，但是分权制会给企业管理带来一系列问题。杰尼说："权力下放不等于放弃权力。""他的原则是——我必须掌握一切情况。"

ITT 总部有 400 名各方面的专家，包括行政、法律、金融、工程、电信、电子等。他们有权在任何时候到下面分公司去了解情况，可以查阅文件、找任何人谈话、问任何问题。他们可以直接向杰尼汇报他们的发现。这些人没有权力向下属单位的经理发号施令，但是对于他们的意见，即使最执拗的经理也不能掉以轻心。总部的工程专家监测下属单位的工程工作，市场营销专家监测市场营销，会计人员监测利润。总部人员下访是杰尼的一大发明，构成了一个有效的企业内部管理信息收集和控制系统。

杰尼还任命了十几位专职经理负责监测 ITT 各分公司的竞争厂家的产

品,他们从旁观者的角度,分析各个分公司的竞争能力,向它们提供客观估计以及对付竞争的建议。这种被人们称为产品经理的专职人员构成了有效的市场信息收集和控制系统。ITT 巨大的经营规模使杰尼感到必须设计严格的计划和报告制度,他规定每个分公司要制订短期和长期计划,而且总部具体参与计划的制订和落实。ITT 250 个分公司每月要向总部送交一份 20 页的报告,详细分析一切影响业务的因素。杰尼每月率领 5 名副总裁和 40 多名高级经理前往 ITT 欧洲总部开会一周,与欧洲各分公司的主管人员讨论月度报告,另一个星期则在纽约与美国及美洲各分公司的主管人员开会。会议都是由杰尼主持,并且在会前他和副总裁审阅每一份报告。每次开会总是从上午 10 时到晚上 10 时,甚至午夜以后。这一整套系统的计划管理方法突出了详细的预算(相当精确的计划)和严格的控制,构成了 ITT 内部管理控制系统的重要部分。

分 析:

  杰尼的成功告诉我们信息和控制是多么重要,他出色地又比较早地将系统论、控制论、信息论具体地应用于企业经营管理的实践中。ITT 的成功显然得益于它比许多企业拥有更有效的内部信息收集和控制以及更好的市场信息分析。

  杰尼的示例告诉我们,一方面,没有可靠的信息收集和控制,企业不能成功,企业的规模越大越是如此;另一方面,正是企业管理上的进展,例如企业规模扩大、企业竞争加剧,促进了企业管理信息系统的发展。

  哈罗德·杰尼的成功案例至今仍列在美国哈佛大学管理教程中,而他已经退休 20 年了,现在的企业规模越来越大,规模之大甚至超出了人们过去的想象,全球化市场的网络交易在迅速增长,今天的企业家当然不可能停留在杰尼的工作方式,人们要努力地利用先进的信息技术,推动信息系统的新发展。

重点思考题

1. 酒店管理信息系统有哪些主要功能?
2. 什么是酒店办公自动化?
3. 酒店办公自动化系统的主要功能有哪些?
4. 什么是决策?什么是决策支持系统?
5. 酒店决策支持系统的基本功能特征有哪些?
6. 试叙述决策支持系统与管理信息系统的异同点。
7. 叙述酒店决策支持系统实现结构的组成以及各组成部分的作用。

附录一

克罗斯比(Philip B. Crosby)的十四步质量改进方案

ITT 前任经理克罗斯比在他 1979 年出版的《质量免费》(Quality Free)一书中阐释了质量改进的十四步方案。

克罗斯比的观点主要有:强调产品质量和服务质量的重要性;对于错误,重在预防而不是纠正;提高质量可以降低成本;质量主要是管理人员的责任;恰当管理员工比投资技术更重要。克罗斯比根据上述出发点提出了十四步质量改进方案:

1. 最高管理层必须明确对质量的态度。
2. 务必由部门经理组成团队,监督质量改进。
3. 必须针对各个质量环节定出适当的衡量办法,以利于找出改进余地。
4. 至关重要的一点是,确定改善哪些方面收益最高。
5. 必须提高员工的质量意识。
6. 问题应在主管一级解决,或者上交给管理层。
7. 应当成立质量缺陷特别委员会。
8. 各管理层都必须接受培训,做到在实施质量方案过程中各司己责。
9. 设立零缺陷日,提醒员工公司采用了新的绩效标准。
10. 人人必须给自己和所在小组设定改进目标。
11. 应当鼓励员工向管理层反映妨碍他们做到无缺陷的任何问题。
12. 必须对达到目标并且工作态度优异者予以公开的、非物质的奖励。
13. 专职质管人员和质量改进团队的负责人应定期碰面,讨论问题,交流看法。
14. 为强调质量改进永无止境,整个方案(1~13 步)务必重复操作。

克罗斯比的十四步质量改进方案普及了零缺陷概念,要求管理人员要一丝不苟地确保零缺陷精神持续并光大。他确信,只要领导有方,培养员工具备更佳的工作态度,就能促使员工达到理想目标,实现零缺陷。十四步质量改进方案还涉及:理解质量成本;把它作为一项管理工具;实现质量目标的核心是塑造敬业精神;优质工作应得到表彰,在有高层领导参加的仪式上给予奖励等全新的质量管理理念。

附录二

克罗斯比的零缺陷管理思想和质量管理四项基本原则

一、"零缺陷"管理思想

"零缺陷"思想是被誉为全球质量管理大师、"零缺陷"之父和伟大的管理思想家克罗斯比,在20世纪60年代初提出的并在美国推行的一种质量管理思想。后传至日本,在日本制造业中全面推广,使日本的制造业产品质量迅速提高,并达到了世界级水平,继而扩大到工商业所有领域。

"零缺陷"又称无缺点"ZD"。"零缺陷"的管理思想主张企业发挥人的主观能动性来进行经营管理,生产者、工作者要努力使自己的产品、业务没有缺点,并向着高质量标准目标而奋斗。它要求生产工作者从一开始就本着严肃认真的态度把工作做得准确无误,在生产中从产品的质量、成本与消耗、交货期等方面的要求来合理安排,而不是依靠事后的检验来纠正。

"零缺陷"强调预防系统控制和过程控制,其关键是"第一次把事情做对并符合承诺的顾客要求"。开展"零缺陷"运动可以提高全员对产品质量和业务质量的责任感,从而保证产品质量和工作质量。

二、质量管理四项基本原则

原则一:什么是质量?

质量的定义就是符合要求而不是好。"好、卓越"等描述都是主观和含糊的。

原则二:质量是怎样产生的?

预防产生质量,检验不能产生质量。

产生质量的系统是预防,不是检验。检验是在过程结束后把不符合要求的挑选出来,而不是促进改进。

检验告知已发生的事情太迟,缺陷已经产生,不能产生符合项。预防发生在过程的设计阶段,包括沟通、计划、验证以及逐步消除出现不符合项的可能性。

通过预防产生质量,要求资源的配置能保证工作正确完成,而不是把资源浪费在问题的查找和补救上面。

原则三:什么是工作标准?

"零缺陷",而不是"差不多就好"。

工作标准必须是"零缺陷",而不是"差不多就好",差不多就好是说,我们将在某些时候满足要求,或者是每次都符合大部分要求而已。而"零缺陷"的工作标准,则意味着我们每一次和任何时候都要满足工作过程的全部要求。它是一种认真的符合我们所同意的要求的个人承诺。如果我们要让工作具有质量，那么，我们决不向不符合要求的情形妥协，我们要极力预防错误的发生，而我们的顾客也就不会得到不符合要求的产品或服务了。这是"零缺陷"工作标准的重要意义。

"零缺陷"管理作为一种心态：事情第一次就做对；避免双重标准；绝不允许有错误；非常重视预防；只有在符合全部要求时才行。

原则四：怎样衡量质量？

不符合要求的代价（金钱），而不是指数。

质量是用不符合要求的代价来衡量的，而不是用指数。指数是一种把不符合项用相关的坏消息进行软处理的方法。不管怎样，如果我们软化了坏消息，那么管理者将永远不会采取行动。而通过展示不符合项的货币价值，我们就能够增加对问题的认识。

不符合要求的代价：当要求没有符合时所产生的额外的费用。不符合要求的代价是浪费的代价：浪费时间、人力和物资。这是不必要的代价。

许多人总是认为工作中缺陷是不可能避免的，也习惯接受缺陷并允许其不断发生。但我们在个人生活中，却常常会坚持"零缺陷"的标准。我们会对酒店上菜的片刻延误而喋喋不休，会对汽车的误点而牢骚满腹，对服装的一处线头的外露不厌其烦地反复更换，会为工资奖金比同伴低一点点而心情不畅，我们会对小孩考试得99分而未得到满分而高声呵斥……

总之，生活中的一些细小的缺陷、错误，我们均不能容忍。

实际上我们大部分人一直坚持双重标准，一个是生活上追求完美无缺陷的"零缺陷"标准，一个是工作上马马虎虎、差不多就行的标准。如果我们在工作上也坚持"零缺陷"的标准，每个人都坚持第一次做对，不让缺陷发生或流至下道工序或其他岗位，那么我们的工作中就可以减少很多处理缺陷和失误造成的成本，工作质量和工作效率也可以大幅度提高，经济效益也会显著增长。

克罗斯比极富艺术性地提出：质量是芭蕾舞，而不是曲棍球。

曲棍球是一种体育运动项目，曲棍球比赛时球员必须根据球场上瞬息万变的情况，判断如何进攻和防守，人们欣赏的是球员的激情"表演"，更多的是一种力量与速度的展示。在曲棍球比赛中，如果球员因失误被对方进一个球，他可以努力多进对方几个球，最终也许还会获胜。而芭蕾舞在演出前都经过设计、讨论、规划、检查以及详细节目安排。每一个布景道具的放置、每一段乐章的时间、每一段剧情的展开及每一个音乐的节拍，都经过周密的考虑和精心的策划。芭蕾舞演员追求的是一种"零缺陷"也就是完美的境界。因为任何一个细小环节的疏忽，都会影响最终的演出质量和观众（顾客）的美感。

因此，在当今快节奏的市场条件下，必须建立一个行之有效的质量管理体系规范，在内部形成一个质量持续改进的良性循环，才能实现"零缺陷"的目标。

附录三

六西格玛管理法

"西格玛(Sigma)"是一个希腊字母 σ 的中文译音,统计学用来表示标准偏差,即数据的分散程度。Sigma 的定义是根据俄国数学家 P. L. Chebyshtv(1821 – 1894)的理论发展形成的。它以数据为基础,用来衡量一个流程的完美程度,显示每 100 万次操作中发生失误的次数,"西格玛"的数值越高,失误率就越低。相关数据表示如下:

1 西格玛 = 690000 次失误/百万次操作
2 西格玛 = 308000 次失误/百万次操作
3 西格玛 = 66800 次失误/百万次操作
4 西格玛 = 6210 次失误/百万次操作
5 西格玛 = 230 次失误/百万次操作
6 西格玛 = 3.4 次失误/百万次操作
7 西格玛 = 0 次失误/百万次操作

六西格玛(6s 或 Six Sigma)最早作为一种突破性的质量管理战略是 20 世纪 80 年代末在摩托罗拉公司(Motorola)成型并付诸实践的,它真正致力于最大限度地满足客户需求,是一种追求几乎完美的质量管理方法。

它把客户作为组织绩效的唯一评判人,认为只有客户的需求满足了,组织才会得到相应地回报。而衡量客户满足程度的标准是组织业务的流程能力,通常用 Sigma 的水平来表示。

业务流程的西格玛值表示该流程的实际结果相对于期望、平均或所要求的结果的偏离程度。六个西格玛流程能力等于百万个机会中只有 3.4 个缺陷。

六西格玛管理法,与其他的管理策略或方法不同的是,六西格玛系统是一个连续性的提高循环圈。它要求用统计数据和分析方法来构筑对影响组织绩效的关键变量和最优目标的理解。

同时它又是一种管理哲学和方法。六西格玛要求组织完全从客户角度,把管理的重点放在懂得客户需要、产生缺陷的根本原因上;而不是从自己的角度,来看待组织内部的各种流程,要求用客户的需求来建立标准,以此来评估组织流程的有效性与合理性,并最终依此设立产品与服务的标准和规格。

六西格玛认为质量是靠流程的优化,而不是通过严格的对最终产品的检验来实现的。组织应该把资源放在认识、改善和控制原因上而不是放在售后服务、质量检查等活动方面。六西格玛管理战略与从前的质量方法和运动还有一个最大的不同就是质量不是组织内的一个部门或功能，质量是每个人的工作，追求完美成为组织中每一个成员的行为。

  六西格玛管理法最初局限于制造流程的控制，是一种单纯的、面向制造性业务流程的质量管理方法，随着其理论的延伸和发展，越来越多的服务性组织，也纷纷采用六西格玛管理法来提高服务质量、维护客户的忠诚度，使六西格玛成为一种有效的提高服务性业务流程的管理方法和战略。

参考文献

1. 刘裔远主编：《新编旅游酒店管理概论》，立信会计出版社，2003.2。
2. 吕建中、蒋丁新主编：《现代旅游酒店管理》，中国旅游出版社，2002。
3. 朱冰如主编：《酒店微机应用》，中国商业出版社。
4. 吴映鹏主编：《酒店信息化管理》，旅游教育出版社。
5. 赵涛主编：《酒店经营管理—理论、案例、制度、实务》，北京工业大学出版社。
6. 杨铭魁主编：《酒店计算机信息管理》，旅游教育出版社。
7. 罗明义、仇学琴编著：《现代酒店经营管理》，云南大学出版社。
8. 黄震方主编：《旅游酒店管理》，中国林业出版社，2002,11。
9. 张楠主编：《酒店管理180例》，东方出版社。
10. 齐善鸿主编：《现代酒店管理新原理与操作系统》，广东旅游出版社，1999.5。
11. 唐德鹏、张文娟、黄宇海编著：《现代酒店经营管理》，2000.12。
12. 赵惠时主编：《酒店管理概论》，中国商业出版社，1996.5。
13. 王大悟、肖潜辉、李任芷编著：《中国旅游酒店发展蓝皮书1979～2000》，中国旅游出版社，2002年。
14. 徐红主编：《旅游酒店财务管理》，南开大学出版社。
15. 李勇平主编：《餐饮企业人力资源管理》，高等教育出版社，2003.12。
16. 晟辉人力资源网——理论篇。
17. 王彤主编：《酒店管理概论》，东北财经大学出版社。
18. 张宗道主编：《现代酒店管理知识大全》，广东旅游出版社。
19. 浙江省旅游局人事教育处：《四、五星级酒店业务知识》，浙江人民出版社。
20. 黎洁、肖忠东编著：《酒店管理概论》，南开大学出版社。